中国孔子研究院《安乐哲儒学大家项目》
"中国走向世界丛书"成果之一

本书获得山东社会科学院出版资助

李文娟◎著

安乐哲 儒家 哲学研究

中国社会科学出版社

图书在版编目（CIP）数据

安乐哲儒家哲学研究/李文娟著. —北京：中国社会科学出版社，
2017.10

ISBN 978 - 7 - 5203 - 0954 - 7

Ⅰ.①安…　Ⅱ.①李…　Ⅲ.①安乐哲—儒学—思想评论
Ⅳ.①B712.6②B222.05

中国版本图书馆 CIP 数据核字（2017）第 220263 号

出 版 人　赵剑英
责任编辑　孙　萍
责任校对　杨　林
责任印制　王　超

出　　　版　中国社会科学出版社
社　　　址　北京鼓楼西大街甲 158 号
邮　　　编　100720
网　　　址　http://www.csspw.cn
发 行 部　010 - 84083685
门 市 部　010 - 84029450
经　　　销　新华书店及其他书店

印　　　刷　北京君升印刷有限公司
装　　　订　廊坊市广阳区广增装订厂
版　　　次　2017 年 10 月第 1 版
印　　　次　2017 年 10 月第 1 次印刷

开　　　本　710×1000　1/16
印　　　张　18
字　　　数　208 千字
定　　　价　76.00 元

序　一

安乐哲（Roger T. Ames）

　　早在四年前，我就听老朋友梁涛说，他门下有一个很有潜力的学生，其学位论文以研究我的著作为主题。在文娟博士的这部专著中，她已经对毕业论文进行了有价值的修订，并且对我的学术观点有了自身更为清晰的立场。本书是一部优秀的学术成果，能够题写序言我深感荣幸。

　　可以说，这部专著是对我在中国切身经历的理性表述。1966 年，我以外国留学生的身份从加拿大来到香港。旅居香港的那段日子里，我最先意识到的问题就是，在东西方哲学之间存在着严重的文化还原主义，今天为止，我仍然坚持此观点。事实上，一种历久弥深的、看似无法逆转的不对称现象一直存在于世界哲学体系中。步入中国书店，或中国一流大学图书馆，我们能够找到几乎所有当代西方哲学家的高质量的代表作译本，包括比较哲学家和汉学家的专著在内，它们现成地摆在书架上，随时等候着每一个热切的中国读者去翻阅。然而，当你走进美国或欧洲的书店，抑或是图书馆，即使是中国最著名的当代思想家，也几乎找不到关于他们的任何可用的译本，根源在于根本不存在这样的读者群。西方学界对中国当代学术成果的漠视，以及相关读者群的缺失，传递出最可怕的信号。因为在美国人和欧洲人那里有一个心照不宣的、不加鉴别的、妄自尊大的假设，认为我们西方文化是"老师"，除了个别尚古学派之外，无须向中国同行学习。

那么，认为西方文化是"老师"，或中国文化是"学生"的这些令人不安的不对称性臆想到底由何而起？追根溯源，这与那些"善意"的西方传教士有关。起初，是他们通过一种富有感染力的、万能的宗教词汇将中国文化介绍到了西方神学院。他们的救世情怀无处不在，为了"保全"中国的灵魂，从而将中国文化中的"天"塑造成"上帝"（Heaven），将"义"理解为基督教中的"公义"（righteousness），将"礼"理解为"宗教仪式"（ritual），将"道"理解为"朝圣之路"（the Way），刹那间，中国文化拥有了一个亚伯拉罕宗教所具有的全套"装备"。就这样，受文化简化主义的持续影响，儒家哲学在很大程度上被彻底依据字面意思而转化成为一种次等基督教，没有得到"哲学"所应有的尊敬。这种带着宗教色彩的儒家哲学被西方各所大学的宗教系或亚洲研究系拿来教授学生，并且被埋没在书店和图书馆的宗教类书籍中。因此，从西方的视角来看儒家哲学，很容易把它当成我们自身宗教情感的衍生品，认为可以随心所欲地用西方的框架去推理和定义它，而从未担心会遗漏什么。

但是中国的概念化和理论化不仅仅是西方哲学家们的"职业倾向"，它也是中国自身的问题。正如刘禾教授所讲述的那样，19世纪下半叶，从日本开始，席卷到东亚，甚至整个亚洲文化都沉迷于西方，被西方的现代化所淹没，继而在日语、汉语、韩语及越南语等亚洲语系内产生了一种以现代词汇为基础的新的中国语言。再次，欧洲大学体制结构在文化渗透中的强化和欧洲概念的覆盖，持续影响着东亚国家，他们更倾向于主动地用西方文化结构去重塑一个自我殖民的精英话语体系。

我穷尽毕生精力，尝试着去扭转那些在中西哲学比较中所造成的不对称性解读。这种不对称性削弱和曲解了中国哲学，并且妨碍它从西方学派所设定的"哲学"中走出来。本书首章已经把我从事此学术的来龙去脉表达得非常清楚。她从我与诸位学术伙伴合作的诠释研究出发，然后谈及我们的哲学译本，确定了一些重要的容易引起争议的观点，最后以她前一段时间对我的采访结束。文娟的确比较了解我的想法。

首先，正如文娟转述的那样，儒家文化传统和人格修养理念给了我一个非常重要的启示，那就是"合作"，所以我总是以合作的方式来完成我的学术研究。我对儒学事业的理解是，我们都竞相追求成为完美的人（仁），但仅凭一己之力是无法达到的，要么一起合作，要么一无所有。在学术合作中，我最重要的伙伴刘殿爵、郝大维和罗思文改变了我，通过我们的共同努力，他们已经成为我个人身份中不可或缺的部分。坦白而言，每当我现在有新的成果问世时，我感觉应该让我们所有人的名字并列出现在这些文章或著作上。

我的合作伙伴与我，我们从对儒家传统的诠释研究入手，这个独一无二的传统是中国最古老的价值所在，也是它与西方哲学叙事相比最鲜明的聚焦点。重要的是，在诠释研究领域，葛兰言、李约瑟、唐君毅、费孝通、李泽厚、劳思光以及葛瑞汉等一些学者前赴后继，并将其作为共同使命去奋斗。事实上，我们的工作就是把这些重要的思想者已经说过的事情用更清晰的语言诠释出来。

在许多诠释研究中，我们惯用一种考古学的观念，盲从着拼命去挖掘那些"不同寻常的假设"，以表明中西哲学叙事方式如此大相径庭。当然我们原本就知道两个传统本身间的差异，因为人类文化都会随着自己所处的环境而发生改变，这就是《易经》所谓"穷则变，变则通，通则久"的"变易"之道，所以我们不仅要尊重变化和差异，也要对文化传统的延续性身份做出一个厚重的概括。那些关于"本质化"中西方文化传统的指责不足为惧，我们的努力唯一更危险的，是原本想做出负责的归纳概括却没能做出负责的归纳概括，主要原因就是我们以"每个人都和我一样"的默认立场为出发点做出文化预测，这本身就是一种不负责任的断言。

需要指出的是，我们的诠释研究不仅开始于《易经》和儒家哲学文本，也包括道家经典。所谓"和而不同"，作为一个神圣格言来形容中国哲学和传统文化，不仅仅是儒家的立场，《淮南子》的折中主义和杂糅性也给了我们启发，它们都以一种深刻的方式体现出"汉"传统的整体审美哲学。从1987年到1998年这十余年间，郝大维与我合作完成"中西思想比较三部曲"——《通过孔子而思》《汉哲学思维的文化探源》《期望中国：中西哲学文化比较》，此后，我继续与郝大维及其他伙伴合作，研究工作始终在三个截然不同的方向上持续前行。第一，我们想用"悖常假定"作为预测当代中国经济发展和民主化进程的一条路径，把"儒家民主"看作替代西方自由民主模式的一个更佳选择。第二，我们想在承认文化差异的前提下对经典文本进行哲学解读，创作出新的、具有自我意识的"哲学的"译本。第三，我们已经形成了儒家角色伦理学的哲学理念，这是一种符合儒家愿景的道德生活的表达方式，摒弃了西方特征的范畴和超越性概念。就目前社会来看，个人主义已然成为一种普遍的意识形态，我们试图努力去证明，儒家哲学对未来世界秩序最重要的贡献，很可能在于它所特有的互系性思维模式。

　　再者，我们对经典文本的二次翻译引起了几个问题上的争论，文娟在本书导言进行了集中讨论，并谈到她自己的看法。最先提到的，是关于中国哲学是否有超越性的问题，我们认为，严格哲学意义上的"超越"，来自古希腊的物质本体论和它的二元论思想，与中国哲学传统毫不相干。儒家思想塑造了一种以人为中心的宗教，通过"礼"赋予每个人恰当的角色，以此来强化家庭和族群之间的关系，因此它缺乏严格"超越"情境的原则或规范，不能将其与以神为中心的亚伯拉罕传统的制度性宗教归为一类。

　　我想表达的是，中国哲学具备一套与西方超验主义截然不同的思想体系，先正确理解而不是去削弱中国文化传统，才能够"走进"儒家哲学。事实上，20世纪的西方哲学领域内部就已经对超验主义产生排斥，约翰·杜威将其称为"顶级哲学谬误"（the philosophical fallacy），关键就是意识到它阻碍了西方哲学自身的进步。在20世纪之初，西方哲学进入自我批评时代，这种"顶级哲学谬误"越来越成为现象学、诠释学、实用主义、存在主义、后结构主义等内部学派抨击的对象。然而，系统哲学的超验主义已经根深蒂固，成为二元范畴的基础，并演化为本质主义、形式主义、客观主义、绝对主义等多种不同的形式。相比之下，当代西方哲学发生转向，后达尔文主义开始去追寻人类经验中的那些固定不变的元素（eidos），威廉·詹姆斯把哲学定义为"特别固执的思维清晰的努力"，意味着向理性主义发出挑战，呼吁人类经验复杂性的回归。更确切地说，令人欣慰的是，在我们这个历史时刻，西方哲学和中国的叙事方式正在逐渐融合，使得中国互系的阴阳宇宙观直接与西方哲学的新方向相关联起来。

　　我们一直坚持的另一个观点是对孟子人性论中"性"的叙

事性理解，而不是中西方文献里流行的质相性解释或进化论演绎。

文娟以我们几年前的一次长谈作为论著的结束，这很巧妙。归根结底，对于我们每一个学术中人来说，最重要的"公开出版物"就是我们成就的自己，因为我们的工作和生活已经变得不可分割。探知个人旨趣的最好方式莫过于交谈，文娟为这几次愉快的谈话准备了很多敏锐的问题。

感谢文娟的辛勤付出，她在与中国同仁分享我的想法，衷心希望她的书将帮助我们继续我的终生事业。还是那句话，让中国哲学以自己的方式和自己的声音说话，直到它与西方哲学成为有价值的合作伙伴，以平等的姿态进行持续对话的那天，我们才能够真正欣赏到这一传统的深度和广度。

2017 年 1 月 28 日

序　二

梁　涛

　　李文娟曾跟我攻读博士，入学前她在中国孔子研究院已经工作一段时间，在礼学研究方面有了一定的积累。入学后，她征求我对博士论文的意见，考虑到文娟的硕士论文是研究《仪礼》，且以前的工作与礼学有关，故建议她研究《礼记》。文娟接受了我的建议，开始系统阅读《礼记》。不过一年之后，文娟告诉我，她更想研究安乐哲的思想。我知道文娟对这一问题有浓厚的兴趣，发表过相关的论文，打算做系统的研究，也理解她想利用读博的宝贵时间完成自己夙愿的想法，于是对她表示支持。这样，文娟就改变了博士论文题目，转为研究安乐哲儒家哲学。她集中研读了安乐哲的几部专著和译著，并对安乐哲教授做了访谈，获得了第一手资料。凭借勤奋和努力，文娟最终写出了十余万字的博士论文，顺利通过答辩，受到评委的好评。毕业后，文娟又对论文反复修订，补充完善，现在呈现在大家面前的，就是文娟研究安乐哲儒家哲学的最终成果。安乐哲、田辰山教授都曾对我说，文娟的研究是最系统，也是最深入的。我为文娟感到高兴，也为有这样的弟子感到自豪。

　　安乐哲教授是目前在国内最为知名，也最为活跃的西方汉学家——尽管可能安教授不喜欢这样的称号——也是我的师长和朋友。大概十几年前，我读到安乐哲与郝大维教授合著的《孔子思微》（此书后来又有新的译本）一书，就留下深刻印象。不过真正促使我关注安乐哲教授的，则是他关于过程哲学与先秦儒学的研究。1998 年，我到中国社会科学院历史所做博士后研究，当时申报的题目是：先秦儒学与宋明理学比较研究。之所以报这个题目，是因为在之前的研究中，逐渐形成这样一种看法，先秦儒学是一种过程哲学，孔子的仁、《中庸》的诚、孟子的心，还有《易传》的易或道，都可以从过程、活动来理解，是一种过程本体，由于受佛道本体思想的影响，宋明理学家某种程度上将以上概念本质化或实体化了，这尤其反映在对孟子心的理解上。孟子的心乃四端之心，端是开端、初始的意思，由恻隐、羞恶、辞让、是非四端扩而充之，发展出仁、义、礼、智四德，故孟子的"仁，人心也"是指从四端到四德的扩充发展过程。但理学家不论是主张"心即理"还是"性即理"，都以仁义礼智为理，以恻隐、羞恶、辞让、是非为情，仁义礼智之理表现、发用为恻隐、羞恶、辞让、是非之情，端被解释为端倪、端绪之意。所以理学家特别是陆王心学一派，虽然自认为是承继孟子，但在对心的理解上与孟子已经有所不同，这从一个方面反映了先秦儒学与宋明理学的区别和差异。不过到北京后，发现这一年公布的郭店竹简备受关注，有成为显学之势，故与合作导师商议后，将课题改为研究郭店竹简与思孟学派。以前的课题虽然放弃，但问题一直存在脑海中，遇到相关的研究仍会关注和留意。

大概是 2004 年，我得知安乐哲教授在北大访问，故征得研究室主任姜广辉的同意，邀请安先生来社科院历史所围绕西方过程哲学的兴起以及与中国古代哲学融合的可能性做了一场学术报告。当时社科院历史所中国思想史研究室有一份内部刊物

《中国思想史研究通讯》，由我具体负责，主要介绍学术动态及前沿成果，在思想史、哲学史圈内有一定影响。安先生的报告被整理后，以《当代西方的过程哲学与中国古代哲学》为名发表在《通讯》上。除了这篇报告外，我还主动向安先生约稿，他欣然允诺，不久给我一篇《孔子对道的理解》。阅读后我感慨系之，研究孔子的文献汗牛充栋，但将《论语》中的道阐释得如此清晰、富有新意的，恐怕要算安先生这篇了。这一定程度上得益于他的过程哲学视角，诠释学讲视域的融合，一种新的视角往往能将经典中被遮蔽的意义呈现出来，安乐哲教授对孔子道的解读就充分体现了这一点。2006 年初，我调到人大国学院工作，随后去哈佛燕京学社访问一年。大概在 2007 年，安乐哲教授受杜维明先生之邀，来燕京学社演讲，我们约好在哈佛见面，但安教授到来时，我临时有事外出了，错过了见面的机会。2007 年中旬，我结束了在美国的访问，回到了国内。当时人大国学院虽然已成立两年，但社会上仍有一些不同的声音，国学的合法性没有得到普遍认可。这时我除了教学科研之外，还负责起《国学学刊》的工作，故我利用办刊物的便利，对一些国际知名学者进行访谈，请他们对国学发表看法，为国学正名、造势。这其中自然包括安乐哲先生，正好 2008 年，安乐哲教授在北大讲学，于是我对他做了一次访谈，这就是大家后来所看到的《国学、实验主义与中国文化的重建——安乐哲教授访谈录》一文。2009 年 5 月，安乐哲教授在香港道风山组织了"实用主义与儒学对话"，邀请我参加。这次会议除了学术讨论外，还组织与会者阅读一些实用主义的重要文献，如杜威的《达尔文对西方哲学的影响》等，使我对过程哲学有了更深的理解。之后的几年，安乐哲教授在夏威夷与北京之间常来常往，特别是他的高足温海明博士来人大哲学院任教后，他来人大的次数也多起来，并在哲学院开设中西比较哲学的课程。我也邀请他来国学院做过几次学术报告，并挤出时间旁听了他的课程。当时海外学术界流行以德性伦理研究儒家伦理，安乐哲教授对此有不同看法，主张儒家伦理是角色伦理，于是我请人翻译了他与罗思文教授合写的《早期儒家是德性论的吗?》一文，发表在《国学学刊》上，后来他出版的《儒家角色伦理学》一书，就是在此文基础上的进一步拓展。前两年，安乐哲教授从夏威夷大学转到北大任教，并被山东省聘为"儒学大家"，在曲阜孔子研究院兼职，我也在邹城孟子研究院兼任秘书长工作，从空间上说，距离更近了，但由于彼此工作繁忙，见面的机会反而少了。不过我依然关注着安先生的研究，看到他的学术信息仍会主动请益，安先生也会不时将他的最新学术成果通过电子邮件寄送给我。

上面不厌其烦讲述我与安乐哲教授的交往，是想说明我对安乐哲教授哲学研究一直保持着关注，所以文娟打算系统研究安乐哲的儒家哲学，我自然表示支持，某种程度上也是了却我的一个心愿。虽然在研究立场和某些观点上，与安乐哲教授存在一定的分歧，但我仍视他为当代最有影响、最有创造力的学者之一，他对中国哲学尤其是儒学的研究，值得国内学界的关注。现在文娟研究安乐哲儒家哲学的著作即将出版，我在向她表示祝贺的同时，也愿向学界做出推荐。

需要说明的是，我虽然一直关注安乐哲教授的研究，与他有长期交往，但由于研究领域的缘故，我并没有系统阅读过他的所有著作，也没有能力对其学术研究做出全面、客观的评价。故我要求文娟不要受我的影响，一切都从自己的研究、判断出发。这里我只想谈谈我对安乐哲教授为学为人的几点直观感觉和印象，首先，安乐哲的过程哲学主要是来自实用主义，对怀特海的过程哲学反而评价不高，其思想倾向是反客观主义，本质主义，绝对主义，强调历史、文化、情景的重要性，将人视为关系性的存在，反对个人主义对人的预设，这种后现代的视角固然具有新意，与中国古代哲学也具有某种相似之处，但也存在分寸拿捏的问题。安乐哲教授在解读中国古代哲学时尽量将其经验化，甚至将孟子的性也看作后天经验的塑造，未免矫枉过正，我们在访谈中就有过讨论。其实从方法论的角度看，一切用西方理论解释中国哲学的尝试，都会出现这种过度诠释的问题，值得研究者的反省和思考。其次，安乐哲教授长期生活在西方社会，其真正关注的还是美国社会的问题，他之所以对中国文化充满情感，给予较高的评价，主要还是认为可以在中国文化尤其是儒家哲学中找到治疗西方疾病的良药。记得在2009年山东尼山"安乐哲师生论道"会上，安先生曾点名让我发言，我说"安乐哲先生爱美国胜过爱中国"。虽然安先生情绪激动，反复强调"我爱美国，也爱中国"，可这并不是个人的主观意识或动机问题，不是个人的辩护可以说明的。安先生对古代的礼仪充满温情，认为其解决了中国人的权利问题，而不去剖析礼教吃人的现象；他称赞儒学中有丰富的杜威式的民主，也就是生活态度的民主，而不去思考为何中国没有产生制度化的宪政民主；他对儒家所论及的角色、身份津津乐道，甚至发展出一套角色伦理，但忽略了传统社会的角色往往是建立在人身依附关系之上的，忘记了梅因所讲的，从身份到契约代表了社会的进步运动。如果没有契约基础上的平等关系，所谓角色、身份关系其实是根本无法保障的。这些当然已经不是学术观点的问题，而是涉及出发点和立场。还有，也是我感受最深的一点，安乐哲先生是一位真正的儒者，我称之为"西儒"——一个西方人却体现了儒者的精神。安先生喜欢使用

"切中"一词，他的研究是否切中了儒家哲学，可能不同的人会有不同的看法，但他温文尔雅的君子之风切中了儒家的精神品格，则是和他有过接触的人较为一致的看法。儒家讲"道德文章"，又有"礼失而求诸野"的说法，来自遥远夏威夷的安乐哲先生不仅为华夏的儒学研究带来新的思想和方法，更为我们树立了人格的典范和榜样，这恐怕才是安乐哲先生对于华夏儒学的意义所在。

世纪城时雨园

2017 年 10 月 22 日

目　录

1

导　言

一

　　本书以安乐哲儒学思想为研究对象，并将其放在中西比较哲学视域下予以考量。安乐哲（Roger T. Ames, 1947—　），伦敦大学亚非学院博士，当代中西比较哲学领军人物，现为北京大学哲学系人文讲席教授。曾任美国夏威夷大学哲学系教授，夏威夷大学和美国东西方中心亚洲发展项目主任，《东西方哲学》和《国际中国书评》主编。采用中西方比较哲学阐释学方法，将《论语》《中庸》《孝经》等儒家经典文献翻译成英文出版，构建起一座东西方哲学对话的桥梁，也让更多的西方人认识到中国古典哲学思想的卓越不凡。

　　安乐哲看到了孔子及儒家思想对当今世界的重要价值，反对西方那种视孔子为"迂腐的道德家"的观点，并在多部论著中竭力加以澄清。同时，他也看到了儒家思想发展中的困境。为了展现儒家思想的学术价值，他立足于两个基本理论出发点：一是辨明西方传统对儒家思想的误读；二是向西方哲学界论证和宣传儒家古典哲学的内涵。在此基础上，他完成了《通过孔子而思》《汉哲学思维的文化探源》《期望中国：中西哲学文化比较》《儒家角色伦理学》等多部学术专著。这些著作释解了

1

西方人几百年以来对中国哲学思想的误会，消弭了西方学界长期持有的"中国没有哲学"的偏见，拓宽了中西方哲学深层次对话的路径。

重点需要指出的是，安乐哲作为享有国际盛誉的比较哲学家，其主要学术成果是与东西方不同背景的优秀学者合作展开的，也正是在与这些学术伙伴的合作与交流中，他对儒家思想的研究形成了根植于传统并力图突破传统的理论特色。故而，本书以"安乐哲"为主题的思想研究，不仅仅是指安乐哲先生本人，也包括他的学术伙伴郝大维等人的思想贡献。另外，题目中的"儒家哲学"，可界定为中西比较哲学视野下对儒学经典文本的突破性翻译、儒家哲学内涵的诠释、儒学思想的理论创造，以及儒家哲学的现代性反思等内容。依据于此，本书选取了安乐哲的代表性译本和著作、创造性观点和理论学说加以研究，试图清晰地表明安乐哲对于儒学思想的基本态度和学术贡献，对一些富有争议性的问题——"儒学的超越性""孟子人性论""儒学角色伦理""以礼仪为权利""儒家式民主主义"等进行重点讨论，并提出笔者的个人观点。

安乐哲对儒学的理论创见是中西方思想结合的一个典范，为两种文明深入对话搭建起一个平台，具有重要的学术价值和现实意义。自 1995 年起，安乐哲的名字开始出现在中国国内学术文章中，他的思想渐渐引起注意，学界对这种用中西比较哲学阐释学方法翻译的经典文献和"儒家民主主义"论说感到新奇，那时，他仅仅被看作一个"国际汉学家"。2012 年以后，随着中西方交流的增多，对安乐哲学术思想的关注也开始升温。2013 年，山东大学儒学高等研究院召集了国内外 20 余名专家学者，主要围绕安乐哲学术思想举办了以"儒学前沿问题高端论坛·儒家角色伦理"为主题的国际学术研讨会。年近古稀，安乐哲笔耕不辍，并频繁奔走于中美之间传播儒家的传统智慧和价值，目的就是要使儒学成为整个人类可以共享的文化资源。他的这种精神，许多学术同道为之感动。他的中西方比较哲学方法，为儒学研究开辟了一条新的道路。2013 年，安乐哲获得中国文化部和山东省政府共同设立的国际奖项"孔子文化奖"；2016 年，获得会林文化基金和中国文化国际传播研究院主办的、面向国际的学院奖"会林文化奖"。两项国际文化大奖对安乐哲在儒学研究和中西文化交流方面所做出的突出贡献予以一致肯定。

事实上，安乐哲对儒家思想的关注有其自身的选择性。无论从问题意识还是论说方式上看，都包含着对西方文化的反思和对促进多元文化共生所做的努力，很明显地能够感觉到一个美国哲学家具有孔孟式的人文情怀。一方面，他反思西方文化，通过孔子思想研究获取有效信息，以中国哲学为中介，弥补西方文化之不足。另一方面，他肯定中国哲学，力争在西方学界为中国哲学开辟出一块阵地。他反复强调，不应把中国内涵丰富的哲学术语加以西方式的弱化，这也是西方世界不能真正理解中国思想的一个重要因素。因此，在已有研究之外，有必要从安乐哲自身，尤其是从为学立场方面来理解其思想的发展和变化。

本书的学术意义在于，我们在花很大力气总结安乐哲对儒家思想所做出的研究及其所采用的方法时，其目的也是想借助其哲学分析方法的引领，发掘儒家思想中潜在的创造力，反过来可以补充国内儒学研究之不足。现实意义在于，通过儒家思想与实用主义相结合的研究方式，探寻出一条对社会行之有效的以儒学为底蕴的现代化之路，并在中西文化交流中达成更深层次的共识。

二

关于安乐哲儒学思想的研究成果，现有的学术著作和学位论文较少，会议论文和期刊资料较多。这些成果主要集中于对以下四个问题的讨论。

1. 关于儒家古典文献译介的问题

对于儒家文本的译介问题，安乐哲的基本态度是，希望从尊重中国哲学的特殊性入手，站在中国传统的角度去加以理解。第一，摒弃以前传教士们主导的带有强烈宗教色彩的翻译，如"命"不是上帝的律令，而是"to realize through effective communication"（在有效沟通之间的实现）；"德"不同于西方绝对理念中固有的"virtue"（泛指人与事物的优良性），而是特指人本身所具有的"excellence"（优秀品质）和"efficacy"（有效性）；"仁"不是带有宗教情感的"benevolence"（仁慈），而是带有模范和权威意味的"authoritative conduct"或人性意义上的"humanity"；"义"也不是宗教概念中的"righteous"（正义），而是"appropriate / fitting"（合宜）。第二，对于没有对应物的学术词汇，他主张直接用拼音代替，如将"天"译成"tian"，"道"译成"dao"，"性"译成"xing"，"气"译成"qi"并加以解释。第三，他认为由于历史文化背景的不同，相关的词汇都需要重新翻译和诠释，如"君子"是"exemplary person"（表率的人），而不是"superiorman"（高位的人）或"gentleman"（绅士）；"心"不是传统译法传达的静态的"heart-and-mind"，而是动态的"thinking-and-feeling"；"性"不是不变的，而是随境而变的"natural tendencies"（自然倾向）；"道"不是单纯的道路，而是"way-making"（行走的、创造的路）。

安乐哲对儒学术语的本色翻译得到了很多学者的认可。有学者认为，安乐哲从中国思想文化本有的框架出发，对中国儒学核心词汇给出了新的哲学阐释，可以消除"西方文化中心主义"对孔子儒家思想的误读。① 还有学者以《中庸》译本为例，分析译者对待儒学典籍的态度和方法，认为安乐哲的翻译揭示了译本所代表的美国"中国学"学者的实用主义思想；通过"天""诚"等关键词的翻译把《中庸》全篇有机地联系起来，以表达儒家的宇宙观和道德形上说；同时，译者又倚重西方汉学家及海外新儒家的诠释，以寻求经典对当下西方社会的意义。② 有的学者对《孝经》译本提出看法，认为其与以往传教士和汉学家的译作相比，有很大的不同，首先表现在《孝经》的诠释突出了家庭的重要性；其次表明了以"孝"为中心的儒家伦理学不同于以个人主义、自主、理性、自由为基础的西方伦理学，可以被称作"角色伦理学"；最后在翻译时尽量尊重汉语"事件性""联系性"和"过程性"的特点，避免给《孝经》文本置入太多西方哲学或宗教意味的概念，这种诠释和翻译有利于中华优秀传统文化价值的阐扬。③

同时，也有一些学者提出了不同看法。其一，关于《论语》中"爱人"的解释，安乐哲译为"love others"。但是在孔子"爱人"的思想中，很多学者都认为是包括"自爱"的。"自爱"是"爱人"的基础，"爱人"是"自爱"的扩大化。安乐哲译的"others"把原文中"人"单纯地理解为"他人"，

---

①　参见李钢《〈论语〉翻译的哲学之维——论安乐哲、罗思文〈论语〉英译》，《译林》（学术版）2011 年第 Z1 期。

②　参见谭晓丽《安乐哲、郝大维〈中庸〉译本与美国实用主义》，《中国翻译》2012年第 4 期。

③　参见曾春莲《罗思文、安乐哲对〈孝经〉的诠释和翻译》，《学术研究》2013 年第 3 期。

较之原文语义，显然缩小了范围。比较原文及其译文，读者在读到"love others"时，显然不包含"自爱"这一层含义。① 其二，有学者认为安乐哲的译本中，存在对词义理解不足的情况。以《论语》中的数字"三"的翻译为例。在古代，"三""九"等字一般表示次数多，不需要着实地去对待，例如"三思而后行"（《论语·公冶长》）、"三嗅而作"（《论语·乡党》）等句中的数字均是"多次"的意思，与具体的数字无关，但安乐哲却将其翻译成了"three"或"thrice"。② 其三，对于《中庸》的译本，学者倪培民认为，安乐哲对形上学的强调遮蔽了《中庸》里一个重要的层面——工夫指导的层面，如对《中庸》的核心概念"中""庸""诚"的翻译。倪培民认为，把"中"译成"focus"或"equilibrium""impartiality"虽能表达场域的意思，然而完全抹杀了"过"与"不及"这两端之间的"中"这层含义，用"centering"更恰当。把"庸"译成"familiar"（家庭），不如译成"communal"（社团），因为社团所包括的范围大于家庭，因而也更有利于表达儒家工夫的场域之广阔。用"creativity"（创造性或创造力）来翻译"诚"，不如用"sincerity"，这样可以保留原文中拟人的、比喻的含义。③

　　学界对其译本中的学术价值有着一致肯定，但是其对"爱人"等哲学术语和"三"等抽象数字的误读也确实存在。从总体来看，安乐哲译本还是在尊重中国传统理解的基础上做出的分析和诠释，对摆脱宗教色彩的解读做出了很大努力，也提出

---

① 参见钱亚旭、纪墨芳《〈论语〉英译之差异的定量研究：以威利英译本和安乐哲、罗思文英译本中的"仁"为例》，《山西大学学报》（哲学社会科学版）2013 年第 2 期。

② 参见梁海波、高丽丽《〈论语〉英译中的文化误读：从理雅各到安乐哲》，《时代文学》2009 年第 7 期。

③ 参见倪培民《从功夫论的角度解读〈中庸〉——评安乐哲与郝大维的〈中庸〉英译》，《求是学刊》2005 年第 2 期。

了一些突破性的看法。在本书第三章中将做出详细论述。

2. 关于"儒家角色伦理"问题

"儒家角色伦理"是安乐哲的创新性学术论点之一。2014年，他在《齐鲁学刊》发表"心场视域的主体——论儒家角色伦理的博大性"一文，对之前的相关论述做了补充和推进。他强调，儒家角色伦理不诉诸抽象的主体、行为、动机、理性、选择、结果、人格特征等，而是植根于对人更为整体和多变的叙述性理解。因此，儒家角色伦理不是作为区别于儒家道德伦理的另一种伦理理论而被提出，而是赋予道德生活的一种更加广阔而独特的视角，这种道德生活始于在相对直接的人类经验中寻求保证。"仁"，从一个人生活的开始便融入其中，逐渐形成一种个体的道德生活方式，使得生理和外界关系网趋于一致，从而获取独特的社会认同。获得这个认同，必须置身周围关系和角色当中。"仁"在社会群体的道德生活中持续被继承，由此无限展开并不断彰显自身。① 儒家角色伦理，重在强调"关系"和"道德生活经验"。

对于这一问题，安靖如（Steve Angle）曾经做出回应并部分赞同，他认为角色伦理很独特，足以抵御而非滑入现存的西方道德理论。他推测，我们强调这些道德理论和儒家角色伦理的差别，是因为在二者的比较中持续存在严重的不对称，似乎这种最近的相遇是儒家伦理的决定性时刻。不过，安靖如也提出了一点建议，认为应该在读儒家文本时建立一个诠释背景。继而，安靖如承认，坚持儒家角色伦理是道德生活的独特自述，使我们"不须声称角色伦理不能与西方道德理

---

① 参见安乐哲《新场视域的主体——论儒家角色伦理的博大性》，《齐鲁学刊》2014年第2期。

论兼容"①。安乐哲坦言，应承认人的观念上的巨大区别，在此基础上取得与西方伦理理论之间"建设性的、相互有利的对话"。安乐哲的上述看法在中国不乏赞成者。早在 2001 年，万俊人在一篇题为《儒家美德伦理及其与麦金太尔之亚里士多德主义的视差》②的论文中，借鉴安乐哲的观点，反复讨论了亚里士多德之"个人"与儒家之"人伦"，亚里士多德之"成就"与儒家之"成人"之间的根本差异。

批评的声音来自支持"儒家德性伦理"的一方。20 世纪中叶以来，西方伦理学研究的一个重要特征是德性伦理学的复兴。万白安、艾文贺、余纪元等学者参照德性伦理学视角来重新诠释中国早期儒家伦理学，借以彰显儒家伦理与西方伦理对话的新路径。不仅如此，受到德性伦理学启发或影响的西方汉学家，开始借鉴德性伦理学视角，重新诠释儒家伦理学说，并展开中西伦理比较研究。他们认为，安乐哲理论的中西比较实际上是以韦伯的"理念型分析"为思维底色，在根本上重复而非摆脱了"黑格尔—韦伯式"论述，从而认为"角色伦理"是安乐哲等人自我指涉的理论产物，或者说是"一种完全西方化的再定义"。他们担心"角色伦理"这一理论可能成为"奥卡姆剃刀"，不仅会"眉毛胡子一把抓"地误删掉早期儒家伦理中同样有价值的德性伦理乃至义务论伦理诸面向，而且会使早期儒家伦理成为一种过度后现代化和单面化的狭隘存在，最终失去与其他伦理学说对话的可能性。关于"儒家德性伦理"，安靖如持反对态度，他认为万白安将德性伦理按之于早期儒家的做

---

① Angle Steve, Moral Vision and Tradition: Essays in Chinese Ethics, The Journal of Asian Studies. 2001, Vol. 60, Issue 4.

② 万俊人：《儒家美德伦理及其与麦金太尔之亚里士多德主义的视差》，《中国学术》2001 年第 2 期。

法，观点过于独断，对话性不够，因为他并未提供关于儒家伦理之"逻辑前设"的充分说明。

笔者认为，安乐哲倡导"儒家角色伦理"，关键在于应对西方个人主义的挑战，并无意与儒家道德伦理学一较高下。但是学界的批评除了立场之外，还对这一论题阐述的严谨性有些担忧。笔者对这一论题的来龙去脉进行了梳理，并提出了自己的看法。本书第二章第三节将作详细论述。

3. 关于儒学超越性问题

近代以来，儒学宗教性问题成为儒学研究的焦点，当代新儒家兴起后，这一问题转化为对儒学超越性的讨论。针对本杰明·史华兹提出的在中国古典文化中找到了"超越性"的看法，安乐哲提出了不同观点。他认为，如果把"超越"看成一个阴阳性的词，从汉字语境来理解"超越"，它就脱离了其本意。在西方，"超越"一定是一个独立的存在，就是柏拉图谈的那个"绝对理念"。

安乐哲用"内在性"来解释中国古典哲学。他强调，应该消解儒学的超越性本质，代之以开放性的"过程哲学"，这样可以凸显中国哲学的价值，也可以与西方观念形成鲜明对比。《通过孔子而思》书中提到："在孔子思想中，影响最深远的，一以贯之的预设，不存在任何超越的存在或原则。这是一种强烈的内在论的先决设定。"所谓的"内在性"，即"自然"（worlding）构成了中国的这个"本然世界"（world as such）；在这一过程中，事物的产生与发展都是在"自然"之中的，都是"自发"的，并没有任何外在的动力，也无法用任何外在的法则去解释。所以安乐哲称之为"内在论"。安乐哲也承认"内在论"相对地也存在一定的局限性，源自概念本身的含义。"内在论"的"与生俱来寓于"和"存在于……之中"会造成

"存在"形式与存在于其中的物质的二元区别。但在注释孔子哲学思想时，"内在论"又是他不得不用的方法，他强调用"内在论"的语言去解释孔子思想是正确的。李泽厚提出了相似的看法，反对任何形式的超越性。李泽厚强调，儒学所关注的是现世世界，而非超越世界或宗教世界，无论是西方宗教式的所谓"外在的"超越性，还是新儒家所谈的"内在的"超越性，他均表示反对。他认为，儒学的特点在于长期历史积淀下的思维方式、生活习惯等，其已经内化为中国人内在的文化心理结构，这才是儒学得以绵延不绝、持续发展的基础，而在海德格尔和德里达之后再去建立某种以"理""性""心"为本体的形而上学，已经是很困难的事情了。不同的是，他主张以"情本体"来取代超越性。

中国文化的特质是否真是可以仅用"内在性"或其他性质来概括而彻底地排除"超越性"呢？这种论说在以唐君毅、牟宗三等为代表的新儒家看来不能成立，他们认为中国儒家文化的特质恰恰就是"内在超越"。对于"内在超越"最经典的表达是牟宗三提出的，他认为，天道具有两面性，一面是超越的，另一面又是内在的。"天道既超越又内在，此时可谓兼具宗教与道德的意味，宗教重超越义，而道德重内在义。"[①] 就这样，两个意义相反的词被以一种矛盾修辞的方式结合在了一起，并试图表达着一种文化的内在特质。南开大学的陈启云教授也持有相同观点，认为中国人的超越观念和西方人的超越观念都有内在和外在属性，都有其相对性和绝对性。他从基本字义来解释西方的"超越"（transcend）一词，认为其原义只是"超出""胜过""优于"，而真正从行动上说，"克己复礼"是很够格

---

① 牟宗三：《中国哲学的特质》，上海古籍出版社1997年版，第21页。

的"超越"了。他举例来说，"吾十有五而志于学，三十而立，四十而不惑，五十而知天命，六十而耳顺，七十而从心所欲不逾矩"（《论语·为政》），这就是终生不断的、无止境的、自我超越的行为。针对安乐哲的观点，他指出其中存在几处错误：一是安乐哲所预设（而未证实）的出发点是：中西思想文化在基础上或原型上完全不同，其中最基本不同的是西方有"超越理念"而中国没有——这已经是先戴上有色眼镜来观察和论述了。二是为了证实中国没有超越理念，安乐哲和郝大维再三宣称，他们论证的不是一般广义通俗的"超越"，而是在西方哲学上严格论定的"超越哲理"；准此，他们的论断只是证明了中国人没有西方人论著中（尤其是康德的哲学）特别规定的那种"严格狭义的超越学理"。三是他们把"中国人没有康德所设定的那种严格狭义的超越理念"的论述，约化成"中国人没有严格的超越理念"，再约化成"中国人没有超越的理念"，这也是十分严重的错误推论。[①]

笔者认为，关于儒学的超越性问题，关键在于中西方哲学对"超越"一词的界定不同。安乐哲所说的"超越"近似于中国"超绝"一词。也就是说，安乐哲认为儒学不存在超绝性。这一问题将在本书第四章第三节做出详细论述。

4. 关于孟子人性论问题

安乐哲在 1991 年撰文《孟子的人性概念：它意味着人的本性吗？》，后又在《自我的圆成：中西互镜下的古典儒学与道家》一书中谈及"孟子人性论"的看法。他对葛瑞汉将孟子"性"的概念解释为"Human nature"产生怀疑，因为这倾向于将其理解为在遗传学上被赐予的东西。他强调，如果将"性"

---

① 参见陈启云《中西文化传统与"超越"哲思》，《学术月刊》2009 年第 2 期。

理解为遗传学上的"Human nature",那将失去儒学言"性"的根本精神,在这个意义上,"性"已经被轻估了。为了对"性"做出更恰当的解释,他主张应当在一种已内在化了的、普遍的、有客观化倾向的人的概念,与作为一种历史的、文化的与社会呈现的人的定义之性之间,努力保持一定的距离。这样的选择,它可以让人们懂得环境与文化对于儒家之"性"有着非同寻常的作用。

对于安乐哲的观点,华蔼仁发表文章表达了不同的意见。她认为,如果按照安乐哲的看法,将"性"视为一种文化学上的东西,那么"性"就一定不是普遍的,这和孟子的主张显然不吻合。孟子既然将"性"断定为天的恩赐,那么这种"性"就一定不能从文化上的相对主义来理解。为此,华蔼仁坚持主张,孟子的"性"一定是生物学意义的。她认为,孟子的"性"基本上是生物学上的,它是人体各个部分相互依存、内在器官生长发展与成熟的自然现象。她以"孺子将入于井"(《孟子·公孙丑上》)为例,认为"恻隐之心"古代君王有之,当代的人亦有之,古今人人都有"四端",就如同他们都有四肢一样,这是一种生命意义上的存在。[①]华蔼仁着力要表明的核心观点就在这里:孟子所谈论的"性"是一种作为基本的生物学上的观点,虽然这种"性"区别有"主流的"西方观念,但它在人类中普遍存在。

这场争论后来不断有人加入,刘述先、信广来、江文哲、M. 斯卡帕里、M. E. 刘易斯等人都撰文表达了自己的意见,但安乐哲与华蔼仁无疑是这场争论的主角。这场争论从表面看是

---

① 参见〔美〕江文思、安乐哲《孟子心性之学》,社会科学文献出版社 2005 年版,第 144—147 页。

能否以西方哲学的"Human nature"来诠释孟子之"性"的问题，实际上涉及的问题较多，如"性"是普遍的还是特殊的，"性"是固有的形态还是一个能动的过程，等等。而所有这些问题都是围绕一个中心展开的，这个中心就是：孟子之"性"的概念究竟是生物学意义的还是文化学意义的？如果是生物学意义的，则它一定是普遍的，是一个固有的形态，同时也就可以把它翻译为"Human nature"；反之，如果是文化学意义的，则它一定是有其特殊性，是一个能动的过程，因此也就不能将其与西方哲学的"Human nature"画等号。华霭仁主张前一种看法，安乐哲则赞成后一种意见。①

事实上，安乐哲对孟子之"性"的理解受到葛瑞汉和唐君毅观点的影响，倾向于以发展观的角度来理解"人性"，甚至更偏重于经验主义。在笔者看来，经验主义分析会使"人性"失去内在根基，进入盲目的经验论之中。但是，通过动态发展观的理解，安乐哲也看到了孟子人性论最重要的一面——孟子性善论的真实意图不在于对各种概念的理论分析，而在于实现它的文化价值。本书第四章第一节将作详细论述。

三

目前，国内对安乐哲的儒家思想进行专门研究的博士论文有两篇：复旦大学谭晓丽的《和而不同——安乐哲儒学典籍合作英译研究》（2011），中山大学曾春莲的《比较视域中的中国哲学——安乐哲思想研究》（2012）。硕士论文有近十篇，如华

---

① 参见［美］江文思、安乐哲《孟子心性之学》，社会科学文献出版社2005年版，第110页。

东师范大学杨鹤澜的《美国汉学家安乐哲的儒学研究》
（2006）、吉林大学石书蔚的《安乐哲孔子哲学研究与中西哲学
会通》（2007）、河北师范大学李双燕的《安乐哲过程哲学翻译
研究》（2010）、上海师范大学吴振宇的《郝大维、安乐哲中西
思想比较研究——以郝大维、安乐哲"中西思想比较三部曲"
为中心》（2013）等。谭晓丽博士的论文主要是以翻译伦理学
理论为支点，从全球化语境下儒学典籍跨文化交流的角度出发，
研究了安乐哲及合译者儒学典籍的英译情况，以典籍英译史上
译者们对待中国典籍的文化态度和翻译方法为参照，探讨了安
译的时代背景、思想动因、文化认知及翻译特点。① 曾春莲博
士的论文因为其他原因目前还没有公开。其他几位硕士论文，
如杨鹤澜的论文着重讨论了安乐哲的翻译典籍在哲学层面上的
思考，通过《通过孔子而思》一书剖析了比较哲学中的儒家思
想，对儒家民主主义思想进行了分析。石书蔚的论文则详细谈
论了安乐哲的哲学研究方法。吴振宇的论文同样涉及方法论问
题，并且简要介绍了安乐哲对孔孟荀思想的阐释。

　　其他有所涉及的论文资料近年来也有增长趋势，可以说国
内对于安乐哲的研究是比较重视的。但是，综观这些研究，仍
然多从翻译学理论入手，如王毓芳的《〈论语〉三个英译本的
研究》、程欢欢的《〈论语〉两个英文译本的比较研究》、高腾
腾的《浅析安乐哲译本对〈论语〉的哲学翻译》、曾春莲的
《罗思文、安乐哲对〈孝经〉的诠释和翻译》等，研究领域主
要集中在译本翻译方面，将安乐哲定位为一个翻译经典的汉学
家，对其比较文化思想论及较少。

---

① 参见谭晓丽《和而不同——安乐哲儒学典籍合作英译研究》，博士学位论文，复旦
大学，2011年，《摘要》第1页。

随着安乐哲研究的持续升温，国内哲学界对他的关注也逐渐增多。代表性的期刊论文有田辰山教授的《儒学国际化的必然途径是中西比较哲学阐释》，温海明教授的《安乐哲比较方法论简论》《安乐哲对中国宇宙论的新解读》，陈乔见博士的《如何理解中国古代思想与学术——郝大维与安乐哲中西思想比较三部曲之启示》，王堃博士的《角色：全息呈现的儒家生活世界——安乐哲"儒家角色伦理学"评析》，韩国茹博士的《非超越的宗教性——安乐哲古典儒学宗教性思想探析》，李慧子博士的《儒家伦理学对西方伦理学的挑战——评安乐哲的"儒家角色伦理学"》等。这些学者专门针对安乐哲的比较哲学方法或某一方面学术思想做出了详细的探讨，是本书参考的重要资料。

另外，还有一些对安乐哲的专访。主要包括胡治洪、丁四新的《辨异观同论中西——安乐哲教授访谈录》、邝勇军的《差异比较与理解沟通——美国著名哲学家安乐哲访谈录》、贺翠香的《中国儒家的民主与宗教——访国际汉学家安乐哲》、白燕的《以心为梭，经纬天下——访北京大学美籍学者安乐哲教授》、顾艳的《孔子学说正在成为世界哲学——记美国著名比较哲学家安乐哲教授》等。通过这些访谈，我们可以直观感受到安乐哲的基本观点和学术立场。

国外对于安乐哲的研究多为评论性的文章，如葛瑞汉（Graham）、陈汉生（Chad Hansen）、艾凡赫（Ivanhoe）等对《通过孔子而思》的评论，罗伊德（Lioyd）对《期望中国》的评论，塞尔曼（Sellmann）对于《汉哲学思维的文化探源》的评论。葛瑞汉并不认同安乐哲用阐释方法去翻译经典，他认为这样反而会有碍于对中国经典的解读。另外，他还认为安乐哲在古汉语的一些语法认识上存在错误，批评安乐哲关于"古汉语没有可数名词"的说法。罗伊德认为他的比较文化材料选取过于狭隘，采用了一种研究思想史过时的"伟人研究"方法。这些批评有助于笔者客观地认识安乐哲的思想。

总之，以上所说的这些学术资料是本研究的基础，使得笔者可以从多个视角、多种学术背景中去了解安乐哲的思想。当然，仅仅有这些材料是不够的，关键还在于凭借自己在中国古代哲学、儒学思想史和伦理学方面的学术基础，去客观审视、分析和研究安乐哲的儒家思想，进而表达出自己的认识和看法。

第一章　安乐哲的学术生平

第一节　求学之路

安乐哲（Roger T. Ames），1947 年生于加拿大多伦多，后搬至温哥华。安乐哲的父亲是一名侦探小说家，"二战"时，加入加拿大空军征战欧洲，其间迎娶了一名英国女子，也就是安乐哲的母亲。哥哥安乐文是英属哥伦比亚大学（University of British Columbia，UBC）的文学教授。语言和写作是这个家庭中不可或缺的一部分。

受家庭文化氛围的影响，安乐哲在幼年时期便喜欢写诗，17 岁时便得到英属哥伦比亚大学的奖学金。但是挚爱于诗歌创作的他，却毅然决然地选择了远在美国加利福尼亚州的雷德兰斯大学（Redlands College）。以人文教育专业著称的雷德兰斯大学，会定时邀请当时最著名的文学家和诗人来学校举行研习会，一想到能够在那里学习自己喜欢的专业，就让年轻的安乐哲充满向往。

1965 年，安乐哲离开温哥华，只身前往雷德兰斯大学学习。20 世纪中期的美国，西方哲学盛行，受到众多年轻人的追捧，安乐哲也一样沉浸在苏格拉底的哲学呼唤之中。西方哲学稳稳占据了美国大学讲坛和美国青年人心灵，而此时中国哲学开始悄然走进国际舞台。有一天，安乐哲在校园里看到一个通知，雷德兰斯大学计划派学生到香港中文大学做交换生。对外面的世界充满了好奇的他，认为这是一个增长见识的机会，于是就提交了申请。1966 年夏天，18 岁的安乐哲来到了香港——这个充斥着光怪陆离的标志、色彩和味道的东方世界，他开始了对中国、对中国哲学的亲身接触，他的思想也由此发生转变。

进入香港中文大学以后，安乐哲主要在新亚书院和崇基书院跟从唐君毅、劳思光两位先生学习。新亚书院作为香港中文大学的三大书院之一，以传统儒学教育为根本，兼采西欧教育制度之所长，是中西方文化交流的重要窗口。唐君毅是新亚书院的讲座教授，港台新儒家的代表人物，倡导向欧美介绍传播东方文化。他坚持汉英双语的教学方式，这也帮助安乐哲克服了学习上最大的一个困难——语言障碍。那段时间，他是唐君毅先生课堂上的一位忠实听众，深受其感染，开始沉醉于儒家哲学的思想艺术之中。

崇基书院是香港中文大学规模最大的书院，由香港基督教教会代表于 1951 年创办，融合了基督精神与中国传统文化精神，主要教授中西方文化的高等教育课程。在崇基书院，安乐哲的正式授课老师是劳思光。劳思光先生出身翰林世家，有着深厚扎实的国学功底，对中西哲学传统持开放态度，并且也喜欢写诗以自娱。劳思光先生的言传身教对安乐哲客观认识中西方哲学创造了一个好的起点。同时，香港中文大学的同学们对安乐哲这个异乡人也关爱有加。香港排外暴动期间，他留宿在同学家里，得到了很好的照顾。安乐哲被中国人之间彼此关爱的人际关系深深触动，感受到了中国哲学独特的生命力。

从那时起，安乐哲决定改变研究专业，由此开启了他的哲学之路。与别的学者不同，安乐哲学习中国哲学和西方哲学是同时开始的。这在安乐哲看来，是一件极其幸运的事情。因为，如果先从一个传统开始，第一个传统会影响第二个传统，有先入为主的负面影响。而两个传统一起开始，便有了一个良好的学术开端。在这个基础上，他可以对中国哲学和西方哲学做一个相对客观的比较。

1967年，安乐哲从香港回到了加拿大，此后又相继求学于英属哥伦比亚大学、台湾大学、东京大学、东京教育大学、伦敦大学亚非学院，并于1978年，在伦敦大学取得哲学博士学位。

在台湾大学读研究生期间，安乐哲师从方东美教授。方教授也是新儒家代表人物之一，思想贯穿古今中外，统摄儒释道各家之学，主张以开放的胸襟对待诸派学术思想。安乐哲对于其因材施教的教学方式一直念念不忘。

在伦敦大学完成学业的最后阶段，安乐哲受到了刘殿爵教授、葛瑞汉教授的悉心指导，这对他今后的翻译技巧和学术思想产生了重要影响。刘殿爵是西方备受尊崇的翻译权威、哲学家和语言学家。他翻译的《论语》《孟子》《道德经》英文版受到国际学术界公认，是西方学者研究中国哲学必读的经典版本。安乐哲对他翻译的《道德经》更是爱不释手。在刘教授的严格督导下，安乐哲反复研读《淮南子》，后来师生两人携手翻译了这部经典。葛瑞汉是伦敦大学亚非学院教授，同时，也是一位英国哲学家和享誉国际的汉学家，对中国哲学和先秦儒学进行了开创性的研究。安乐哲在读博期间得到葛瑞汉的教导，深受其思维方式的影响，以至于现如今在他著作中还能感受到葛瑞汉的语言风格。

经过13年的刻苦钻研，安乐哲熟练掌握了中国古代汉语和现代汉语，完成了中国哲学专业的学习。此时，他对中国哲学，尤其是儒家哲学已经有了一个相对全面的把握。他对儒家哲学最深刻的理解就是"关系"或"关系性"。他认为，中国哲学与西方哲学的思维不同，中国哲学是从关系开始。如孟子人性论中，人性不是个别的，而是关系性的。孟子谈"四端"的时候，"仁"是关系的，"义"是关系的，"礼"是关系的，都是从关系开始，不能把它们看成一个分离的东西，而是要考虑到语言、价值以及家庭的影响。

在他看来，儒家偏重生活中的教化。相对而言，西方哲学脱离日常的生活，依靠于理性分析。安乐哲喜欢儒学，因为中国哲学更接近生活，能够把生活提到一个很雅致、很优美的境界。他举例说，生活中的儒学就像一个祖母爱她的孙子一样，是最普遍的，也是最美好的一种现象，它是用一种审美的眼光去肯定生活的价值。儒家重视"礼"，"礼"是一种提升生活的方法，能把人类的生活提升到一个更高的层次。依据儒家的礼乐传统，人们可以把日常生活变成家庭文化。儒学既平凡而又充满魅力，正是这一点深深地吸引了安乐哲。

古往今来，中国社会中从不缺少儒者的身影。安乐哲在学习和生活中也接触到很多儒者，这让他对儒者的社会职能有独特的理解。在他看来，中国的"儒"不是一个学派，不是一个教条性的意识形态，而是一个社会阶级。儒者的职责是接受以前的文化，多了解这个文化，并用这个文化来面对现实问题，同时把这种文化传给后世，使之继承下去。

作为一个研究儒学的西方哲学家，儒学对安乐哲的生活也产生了很大的影响，尤其是影响到了他和父母、妻子、孩子、朋友之间的关系。事实上，安乐哲也是一位"孝子"。他坦言："上大学的时候，我便离开家乡，很少与父母长时间的相处，但心中依然处处记挂着父母。"父亲晚年身患重病，安乐哲在中国找到一种能够提高免疫力的药。这种药并不能根治父亲的病情，并且价格非常昂贵，但是父亲对这个药产生了心理依赖，所以安乐哲依然定期将它寄到加拿大的家中，直到父亲去世。另外，他和他的岳父之间关系也非常好，两人亲如父子，而且还是志同道合的朋友。

其实，西方的传统文化中，也有"孝"的要求。公元前8世纪的古希腊城邦制度，有一种根深蒂固的父权制观念。这种观念认为，家庭中的男性首领具有神性。如果孩子不敬或不孝，父亲就有权利杀死他，这是一种严格的行为准则且是单向的。公元1世纪兴起的基督教教义中，也提倡孝敬父母，但这种"孝"不能超过对上帝的"孝"。相比较而言，安乐哲认为儒家的孝道比较温和，而且是双向的。安乐哲与他的老师刘殿爵就是一个很恰当的例子。据他回忆："我在香港的老师——刘殿爵，他早年喜欢读拉丁和古希腊的书籍，所以我会找到汉堡出版的这些典籍送给他，他收到后很高兴。当他年事稍高、牙齿慢慢掉了时，我会给他找果酱。我对他表示的是敬意，而从他那里收获的是愉悦。如果没有刘殿爵，就没有 Roger T. Ames，我之所以成为我，是得益于他的指导。因而，孝的观念往往是双向的。有孝有谏，有敬有远，这就是孝敬。"[1] 从师生的互动中，我们能感受到安乐哲对恩师的尊敬，也能看出他对儒家孝道的深度理解。

"壹是皆以修身为本。"（《大学》）研究儒学，先学做人，安乐哲对此深有同感。他对《论语》非常熟悉，甚至可以出口成章。《论语·学而》中有一句话："入则孝，出则悌，谨而

---

① 王堃、安乐哲：《让西方和中国在哲学上共同进步——安乐哲先生访谈录》，《当代儒学》2012 年第 2 期。

信，泛爱众而亲仁。行有余力，则以学文。"安乐哲的理解是，你在家庭要做你应该做的事，在社会要做你应该做的事，如果还有余力，就要看书。看书不是儒学，做人才是儒学。正如他之前说过的那样，研究中国哲学的个人意义远远超过学术意义。

研究儒学，还给了安乐哲一个重要的启示，那就是合作。合作，是一个很好的研究方法。在他看来，合作的过程很难，可是效果很大。经过互相切磋，互相研磨，会提高到另外一个层次。安乐哲的大部分著作都是和其他学者合作完成的。他的学术伙伴包括郝大维、罗思文、刘殿爵等，尤其是与郝大维之间长达二十年的合作传为一段佳话。

1978年，安乐哲来到夏威夷大学哲学系工作。这时的安乐哲，熟悉中国哲学的特质，切身感受到了儒家文化中所蕴含的创生力量，对儒家创始人孔子充满了深深的敬意，在周围的西方人眼中，安乐哲俨然成了一位对中国了如指掌的"金发碧眼的加拿大导游"①。遗憾的是，安乐哲发现在西方很难找到教授中国哲学的地方，夏威夷大学哲学系是美国为数不多的开设中国哲学专业课程的教育机构。西方国家的哲学系大都是欧洲哲学的天下，美国哲学及亚洲哲学根本无立足之地。从那时起，安乐哲便暗暗下定决心，要向欧洲哲学的权威地位挑战。在这一点上，郝大维也有一致的看法。到夏威夷大学后不久，安乐哲开始了与郝大维的学术合作。因为安乐哲认为，这样的合作对"非此即彼"的传统存在着极大的"互补性"，可以尽可能地改变中西方哲学互相排斥的立场。②

郝大维（David L. Hall, 1937—2001）是毕业于耶鲁大学及

---

① ［美］约瑟夫·格伦治：《"齐物之论"——以此纪念郝大维》，《先贤的民主：杜威、孔子与中国民主之希望》（第2版），江苏人民出版社2007年版，第236页。

② 参见［美］安乐哲《我的哲学之路》，《东方论坛》2006年第6期。

芝加哥大学神学院的哲学博士，是仅有的几位通晓怀特海（Alfred North Whitehead）哲学的专家之一，他对西方文明的主线做出了令人惊羡的系统整理，著有《经验的文明》（*The Civilization of Experience*）、《不确定的凤凰》（*The Uncertain Phoenix*）、《爱欲与反讽》（*Eros and Irony*）等哲学著作，对探究人类基本经验之间的相互关系的问题做出了卓越贡献。安乐哲与郝大维身处两个互不关联的文化传统，却建立了互补式的友谊，这被称为"20世纪后期最丰富也最重要的合作之一"①。两人"中西合璧"式的合作持续了二十多年，安乐哲对中国的博学深识为郝大维开启了东亚文化的大门，而郝大维西方文化百科全书式的知识和哲学原见也注入了安乐哲的学术之中，由此产生了这个时代"最具创造性的探索之一"②。

遗憾的是，郝大维在64岁时不幸离世。在安乐哲的印象里，郝大维哲学方面的能力很强，眼界很宽，非常聪明，他能把各种关系用详细的图表分析出来，他不仅精通西方哲学，对中国哲学也理解得非常透彻，尽管他一个汉字都不认识。郝大维对待学术非常严谨和专注。他对中国哲学形成了系统性的想法，在《通过孔子而思》《期望中国》等书中都有所体现，通过宇宙论来了解中国思想的语境，并用哲学分析的方法来阐释这种语境。

安乐哲从郝大维那里学到了很多，对他的思想和生活影响很大。按照安乐哲的说法，他们之间是彼此创造的过程，直到最后两个人的思想都融合在一起，不分你我。以至于郝大维去世后很长一段时间，安乐哲在写书时都仍感觉应该把他的名字

①　［美］南乐山：《文化哲学家郝大维》，《先贤的民主：杜威、孔子与中国民主之希望》，第216页。

②　同上书，第223页。

写上去。

在学术方面，安乐哲坚持以下立场。

第一，应该打破欧洲哲学独霸天下的局面。目前为止，欧洲哲学是权威哲学、专业哲学，而印度哲学、伊斯兰哲学、中国哲学、日本哲学、韩国哲学、非洲哲学等都属于边缘哲学。安乐哲认为，造成这种局面的原因，一方面是欧洲哲学的排他性，另一方面是没有哲学家参与把其他哲学介绍到西方去的工作。要想打破这种局面，就需要实现其他哲学与欧洲哲学的平等对话。实现平等对话最基本的要求就是要有达到哲学高度的经典的翻译著作。

第二，让中国哲学呈现出它自己的完整性。就中国哲学来说，现在所存在的障碍，一是西方人对中国哲学经典的英文版本存在基督教色彩的误读；二是中国人仍然致力于自己的传统，而忽视了中国概念的现代转型；三是现在中国的译者依然按照西方的理论预设来翻译自己的传统文化。也就是说，正确的方法应该是——中国人在对外传播中国哲学时，要重视自身的独特性和系统的完整性。

第三，要持一种开放性的心态。近两百年以来，中国哲学界有些人认为西方哲学无助于中国文化的发展，甚至认为西方人根本不懂中国哲学，从而排斥中西方哲学的对话。安乐哲不赞成这种保守的态度，他认为中国哲学的国际化对其自身的发展只会越来越有意义，不应该排斥外来文化。事实上，中国人对于外来文化一向宽容，比如佛教在中国的传播，尽管历史上出现过几次强烈的排佛运动，但是在这种碰撞和摩擦中取得相互了解，并最终以中国人可以接受的方式内化为中国自己的文化。

第四，要回到自己的文化传统。安乐哲认为，一个理想的儒家需要开明和自信，只有勇于自我批判才会取得进步。我们要做的是找出它的弱点，然后去改造它们。更重要的是，还要了解自身的优势，去充分利用它们。要回到自己的根，来找到传统文化的将来。当然要接受外来文化，但最重要的还是回到自己的传统。另外，还要改变"自我殖民地"的问题，也就是说，包括美国、中国、日本等国家在内，不能只关注西方哲学，还要重视自己的本土哲学，并且要将本土哲学发扬光大。

从 18 岁开始接触中国文化至今，安乐哲已经走过了近 50 年的学术历程，当年的热血青年也已成为中国哲学研究领域的著名学者。他对中国文化的感情甚至胜过许多土生土长的中国人，正因为抱有这份坚持和热爱，他孜孜不倦地为中国哲学泽被于世而风雨兼程。他的主要学术贡献在于，不遗余力地向西方人阐释中国哲学，为中国哲学找寻它在世界哲学中应有的地位，同时也消解了西方人对中国哲学的误会与隔阂。因此，安乐哲被称为"中国文化的传播者""儒家文化的布道者"。当然，有人会指出，安乐哲学术研究的起点和终点都不是中国，而是旨在美国，甚至整个西方世界，但是我们并不能因此而抹杀他对中国哲学所做出的重大贡献。2013 年，安乐哲成为"孔子文化奖"① 获得者，这或许是对他最好的肯定。

第二节　治学之道

安乐哲的学术研究方法深受港台新儒家和美国实用主义哲学的影响，在此基础上，形成了一套更加独特而纯熟的中西哲

---

① 孔子文化奖，由中国文化部和山东省人民政府设立。自 2009 年起，从世界范围评选出对全球儒学研究和孔子文化传播做出突出贡献的团体、个人和非政府组织，是中国文化部的最高奖项之一。

学比较方法，并将关联性思维模式运用其中，此后便如庖丁解牛般对儒家哲学乃至中国文化逐步做出剖析和阐释，引起了学术界越来越多的关注。所以，要想理解他的哲学思想，首先要了解他的治学方法。

一　港台新儒家对中国哲学的解读方式

安乐哲受港台新儒家的影响颇深，尤其是唐君毅，对他的学术起到了至关重要的点拨。唐君毅学贯中西，一生致力于中西文化的比较研究，为建立以道德自我为中心的文化哲学殚精竭虑。他把道德自我视为根本，视为"一"，统摄一切文化理想；把文化活动视为末，视为"多"，成就文明现实。① 这种"一本万殊"式的文化观是他文化哲学体系的奠基石，他对重建人类精神文明的努力和企望皆源于此。事实上，这一理论可以追溯到《道德经》《易经》，后由朱熹在《朱子语类》中提出"一本万殊"，宋明儒者将其发展为"理一分殊"，唐君毅则以此思想为根基，提出"一多不分"的宇宙观。简而言之，"一多不分"其思想来源有四：合动静有无观、无往不复观、无定体观、不自全体中划出部分观。② 安乐哲正是受了唐君毅"一多不分"观念的影响，将其运用到孟子人性论、儒家角色伦理学、儒家式民主主义等问题的解读上面，发展出一种变化性、关系性、创造性的人文世界观。这种观念也贯彻到了安乐哲所有的学术著作中，成为其汲取知识力量的源泉。另外，唐君毅的中西文化比较方法非常到位，这一点也是安乐哲建立中西哲学比较方法论的基础。除此之外，安乐哲的文化哲学解读

---

① 参见唐君毅《文化意识与道德理性》，台湾学生书局1986年版，"自序二"第5页。
② 参见唐君毅《中西哲学思想之比较论文集》，台湾学生书局1988年版，"导言"第16—17页。

方式也与唐君毅文化哲学存在共鸣之处。

　　尽管受到港台新儒家思想的启蒙，但是安乐哲对中国哲学的理解在某些方面也存在不同。尤其是在中国哲学超越性问题上，安乐哲对牟宗三的观点并不认同。众所周知，牟宗三先生对康德哲学深有研究，并主张以康德哲学来解读中国哲学。在对待中西方哲学的超越性问题上，牟宗三认为"中国哲学中的天道观与康德哲学中的超越之间存在相关性"[①]。借助康德哲学，牟宗三认为中国的"天道"高高在上，同样存在超越性；只不过当"天道"与"人道"贯通时，它又是内在的。也就是说，这种观点可以解释宗教的超越意义，也可以解释道德的内在意义。[②] 安乐哲坚决反对将"超越"运用到中国哲学中，他认为中国哲学不存在超越性。因为西方哲学中的"超越"是一个绝对理念，相当于中国哲学中的"超绝"。[③] 也就是说，安乐哲认为中国哲学不存在超绝性。另外，安乐哲也反对用西方康德的理论来解释中国哲学，认为中国哲学应该形成自己的解释传统。

　　此外，港台新儒家中钱穆、徐复观、方东美等几位先生的思想，也是安乐哲在研究过程中加以参考的对象，这一点在其《通过孔子而思》《先贤的民主》等著作中都有所体现。

二　美国实用（验）主义的哲学理论

　　美国实用主义是安乐哲学术思想的主要理论来源。美国实用主义是美国本土的一个哲学流派，于 19 世纪 70 年代兴起，

---

　　① 温海明：《安乐哲比较哲学方法简论》，《云南大学学报》（社会科学版）2009 年第 1 期。

　　② 同上。

　　③ 同上。

代表人物有皮尔士、詹姆斯、杜威等。美国实用主义是对美国文化精神的哲学思考，对形而上学的欧洲哲学持批判态度，主张建立以人为中心的哲学体系，强调经验，注重效果，具有一定的功利性。实用主义哲学因此也称为"实践哲学""经验哲学"或"行动哲学"。

安乐哲认为，美国实用主义尤其是杜威的实用主义与中国的儒学有很多相似之处。在欧洲哲学面前，美国实用主义和中国哲学似乎"同病相怜"，它们都来源于各自的文化传统，具有各自的文化特色，但并未受到国际学术界，甚至自己国家的足够重视。在学术层面上，两者也有许多共通之处，如充分强调"人"的作用、把社会视为"一个关系性的共同体"、重视自律和道德教化、反对个人主义、具有丰富的民主观念等。

从某种程度上来说，安乐哲是一位新实用主义者，他对美国实用主义有着特殊的理解。我们可以看到，安乐哲有时会把杜威的实用主义称为"实验主义"。这是为了与胡适所理解的杜威的实用主义相区分。胡适认为杜威的实用主义倾向于自由主义，而安乐哲却有意要纠正这一点。他认为实用主义与实验主义更为接近。"实验主义"就是在现实生活当中带有实验性质的，带有经验性的效果，如果有效果就去做，如果不正确就去修正。安乐哲提倡实用主义的出发点在于，一方面用它来批评西方超绝的、形而上学的、二元对立的理论；另一方面要强调人的生活、经验、现实的内容。

安乐哲找寻实用主义与儒学的共通性，目的在于向西方推介中国哲学理论，使西方人产生足够的重视，甚至希望把它转化为美国文化的一部分。这一点基于他对美国社会问题的反思。受西方启蒙运动的影响，美国社会普遍存在个人主义至上的观念，偏重于追寻个人利益，而忽视了共同体秩序的维护。爱默生在《美国学者》为题的演讲词中，告诫美国学者不要让学究习气蔓延，不要盲目地追随欧洲传统，进行纯粹的模仿。这篇批评美国社会拜金主义，强调人的价值的演讲词，被誉为美国思想文化领域的"独立宣言"。在安乐哲的思想中，也存在对"走出传统""强调人的价值"的呼吁，以及对个人主义、自由主义的批判。如果跳出美国传统看儒学，最受安乐哲关注的应属关系性，他既重视人与人之间的关系，也重视天与人之间的关系，"儒家角色伦理"便是在这一基础上的发挥。在这个基础上，儒家强调人的价值，但又反对"一己"之私，它所倡导的是人类整体的价值，是与宇宙相联系的价值。安乐哲认为"关系性"的儒学，对当今美国社会来说是一种可资借鉴的理论资源，有利于实现实用主义所倡导的社群主义民主，有利于建立一种审美的社会秩序。

三 中西比较哲学方法

在跨文化研究中，中西比较哲学方法是一种比较有效的沟通手段。通过比较哲学的阐释，可以消除中西方之间的误解，也可以建立起彼此之间的联系。比较哲学方法的运用，可以追溯到 17 世纪的德国哲学家莱布尼茨，他曾经把宋明理学中的"理"与西方的"上帝"进行比较，尽管有以"理"附和"上帝"之嫌，但也开创了一条中西哲学对话的新途径。此后，伏尔泰、卢梭等西方学者相继开始了比较研究，在西方掀起了一股中西比较哲学的浪潮。与此同时，明代哲学家方以智也对中西方哲学进行了比较研究。西方学者惯以西方哲学为标准来衡量中国哲学的价值，方以智则反过来以中国哲学为标准来衡量西方哲学的价值。近现代以来，中西方学者如罗素、李约瑟、狄百瑞、牟宗三、唐君毅、张君劢、王国维、胡适等也大都采用这一方法贯通中西方文化。

尽管众多学者都循着这一路径去探讨中西方文化，但是各有各的研究角度。安乐哲的比较方法重在哲学阐释，所以也可以称为中西比较哲学阐释学。安乐哲认为西方传统上对中国哲学的阐释多有误读，甚至带有基督教色彩。要想让西方人认识真正的中国哲学，必须要指出中西文化上的差异，回到中国哲学本身去阐释它的思想。这种阐释学方法论在夏威夷大学哲学系形成了一种新的治学风格，所以安乐哲及其学生们被一些学者称为"夏威夷学派"。

事实上，中西比较哲学阐释学方法的价值在于，指明中西方文化之所以存在差异，是因为它们有着两套根本不同的信仰系统。不同的信仰系统导致了双方哲学概念的内涵不同，不能直接翻译或互换，只能通过详细阐释才能解除误会。受到基督教传统的影响，西方哲学是一个包含二元对立、超绝主义、天人相分、至上神（唯一真理）的价值体系。而中国哲学受到传统文化，尤其是儒家思想的影响，倡导以人为本、天人合一、相对存在的价值理念。

中西方信仰系统的不同，导致了中西方文化基本认知上的差别。从哲学与宗教的关系来看，两者是难以割裂的。根据西方人的理解，宗教是信仰，哲学是追求唯一真理的知识。西方宗教，信仰唯一的神。西方哲学追求这个唯一的神（一般指上帝），神就是唯一的真理。而根据中国人的理解，宗教是一种信仰，但不是一神论，而是多神共存。中国哲学不是去追求高高在上的神灵，而是去寻找极高明的生活智慧，即"道"，并且"道"可以有多种选择。在某种程度上，中国的宗教与其说是信仰，不如说是一种智慧。简而言之，西方的哲学与宗教以"神"为中心，中国的哲学与宗教以"人"为中心。两套不同的信仰系统，导致了中西方文化形成了不同的思维方式、语言结构、价值观及宇宙观。所以，在中西文化沟通时，需要做出特别的说明，这也正是阐释学的价值所在。

四　关联性思维模式

"关联性思维模式"是安乐哲解读中国哲学时所采用的重要学术方法。他认为无论是儒家，还是道家，甚至是佛家都把世间万物看成是相互联系，不可分开的，事物之间没有严格划分出界限。《易经》就是典型的中国关联性思维的开始，中国的儒释道思考问题都是如此，包括中国人的语言、中国人的宇宙观都是关联性思维模式。

那么，西方是否存在这种关联性思维模式呢？公元 5 世纪以奥古斯丁的作品出现为标志的那一时期，西方也曾经产生过类似于中国的思维方法，即关联性思维。这种思维既不带有宇宙演化论的含义，也不带有宇宙论的含义，它并没有设想出一种初始的发端，也没有认定存在着一个单一秩序的世界。这一思维承认变化或过程要优于静止和不变性，并不妄断存在着一个构成事物一般秩序的最终原因，而是寻求关联过程。遗憾的是，关联性思维在西方并没有形成主流。整个西方基本模式是因果性思维，即涵盖着超越、绝对理念、二元化、单一秩序等概念的思维。中国也有因果性思维，只是这种思维没有成为主流，而是发展出了一种关联性思维模式为主导的文化。

不同的思维模式形成了不同的宇宙观。安乐哲认为，关联性思维用审美的眼光去看待宇宙秩序，形成了一种"审美秩序"；因果性思维用理性的眼光去看待宇宙秩序，形成了一种"理性秩序"。以一件艺术品为例，用审美的眼光去看待，就要关注到它整体的完美性，各部分之间的协调性，而不需要严格地按照理性、科学、机械思维那样分清楚各个部分，各个部分也不是单线联系的。审美秩序也一样，中国人的宇宙观强调事物之间的相互联系性、协调性，不需要把任何事情对立或者分割开来，它追求的是一种积极的模糊性。以审美的眼光来看，中国人所追求的宇宙的理想状态就是我们通常所说的"和谐"。

长久以来，西方人认为中国人为"和谐"放弃了太多的个人利益，甚至认为我们被这种思想所禁锢。事实上，这是一种误解。在出现利益纷争时，中国人往往会考虑到与自身相连的各种因素、各种关系，当追求个人利益会让某个环节失去协调性时，或者会损害到与之亲近的团体利益时，个人就会考虑放弃小我的利益。当然，团体利益不存在至高性，也会考虑到个人利益的得失，从而维护整体环境的协调。由此来看，中西方思维的差异性很值得关注，"差之毫厘，谬以千里"。因此，安乐哲指出，西方学者在看待中国哲学时，有必要放下西方人自己的思维套路，只有这样才能去接近中国。

第二章　中西哲学比较视域下的
儒家思想研究

本章要讨论的是安乐哲最重要的三部著作，即《通过孔子而思》《期望中国：中西哲学文化比较》《儒家角色伦理学》。这三部著作记录了中西方哲学理论探索的广度和深度，为安乐哲今后的哲学研究和思想诠释奠定了基础。由于三部著作都是借助西方哲学来进入儒学系统的，所以对中国读者来说，理解中会遇到一些困难。本章主要以介绍为主，对三部著作的内容分别进行了梳理，从中提炼出作者要表达的儒家思想和创新观点。

第一节　著作选读一：《通过孔子而思》

本书原名为"*Thinking Through Confucius*"[①]，由纽约州立大学出版社于 1987 年出版。中文译本《通过孔子而思》由何金俐翻译，北京大学出版社于 2005 年出版。这本译著是何金俐与安乐哲的第二次合作，之前曾经为其翻译过《道不远人：比较哲学视域中的〈老子〉》，此后又为其翻译过《生民之本：〈孝

[①] David L. Hall and Roger T. Ames. *Thinking Through Confucius*. Albany, SUNY press, 1987.

经〉的哲学诠释及英译》一书，对安乐哲的哲学思想和语言习惯把握得相对准确，能够体现中国哲学的意蕴。《通过孔子而思》一书，把孔子作为一位哲学家来考量，从中西方比较哲学的角度去梳理孔子哲学，用阐释学方法展现出孔子哲学的独特魅力，打破了西方主流哲学"无视"和"简化"中国哲学的传统。

一 西方人研究孔子的几个视角

18 世纪前后孔子最初引起西方关注，那是一批从西方踏入中国土地的传教士，他们把孔子看作一位擅长道德说教的宗教领袖，并像教会推崇苏格拉底那样，将孔子塑造成天主教的圣徒[①]。他们认为，孔子孜孜以求的最崇高的真理和最完善的人生，其实是"只有基督启示才能够带来的果实"[②]。传教士和神父将孔子和他的思想以这种偏见的方式带到欧洲，之后西方的人类社会学者对孔子的认识都受这种宗教色彩的束缚。

近代以来，黑格尔作为西方最伟大的哲学家之一，他对孔子的评价并不让人乐观。在其《哲学史讲演录》中，他认为"孔子只是一个实际的世间智者，在他那里思辨的哲学是一点也没有的——只有一些善良的、老练的、道德的教训"[③]。在他看来，孔子的思想仅仅是一种道德说教，看不出西方哲学中具有的那种思辨性。事实上，《论语》中孔子对于人性、伦理、政治等方面的思辨论证并不输于黑格尔，只是对于"绝对理

---

① 参见王琨《17、18 世纪欧洲文化视野中的孔子》，《孔子研究》2001 年第 4 期。
② ［美］赫伯特·芬格莱特：《孔子：即凡而圣》，彭国翔、张华译，江苏人民出版社 2002 年版，"序言"第 2 页。
③ ［德］黑格尔：《哲学史讲演录》（第 1 卷），商务印书馆 2011 年版，第 130 页。

念""世界本原"等领域较少论及，那些被孔子视为"怪神"之事，并非所要急切关注的方面。然而，这不能作为思想优越性的理由，毕竟所处的社会历史环境不同，其关注点也会有所侧重。客观地说，黑格尔对孔子片面的认识主要原因在于翻译文本的问题。在他所生活的18—19世纪，《论语》的翻译文本大都带有基督教思想成分，甚至存在强烈的欧洲思想背景的假想观念或理论预设，不可避免地带有个人主义和主观主义的偏见。这对于不懂中文、难达古文的黑格尔来说，语言问题成为其理解孔子及中国哲学难以逾越的鸿沟。他也明确表示："我们根据他的原著可以断言：为了保持孔子的名声，假使他的书从未曾有过翻译，那倒是更好的事。"① 从这段话中，多少透露出他对真正的孔子思想难以触及的遗憾。

20世纪之前，西方人翻阅的《论语》仅仅是利玛窦和理雅各的英译本，两人的身份都是传教士，译文中难以摆脱宗教观念的束缚。进入20世纪，西方汉学家和海内外华人开始对《论语》进行英译和研究，从创造性翻译、现代性解读、哲学诠释、语言分析以及中西文化比较等多个角度诠释这部经典，先后出现了辜鸿铭、翟林奈（Lionel Giles）、韦利（Arthur Waley）、林语堂、James Ware、刘殿爵、利斯（Simon Leys）、白牧之、白妙子（Bruce Brooks and Taeko Brooks）、安乐哲、罗思文（Roger Ames and Henry Rosemont）等近40个《论语》英译本。② 这些版本作为一种介质，增强了西方哲学界对孔子和中国哲学更深层次的了解，丰富了中西方哲学的对话。现在来看，西方专业哲学领域中越来越多的哲学家表达出与黑格尔不同的

---

① ［德］黑格尔：《哲学史讲演录》（第1卷），第129页。
② 参见杨平《20世纪〈论语〉的英译与诠释》，《北京第二外国语学院学报》2009年第10期。

观点。如美国哲学家赫伯特·芬格莱特（Herbert Fingarette）、英国哲学家葛瑞汉（Angus Charles Graham）、德国哲学家罗哲海（Heiner Roetz）等对孔子认识得更为全面和深刻。他们的一致看法是：西方人对孔子有一种误解的历史根源。而他们都在努力澄清孔子的一些基本观念，为西方人提供一个更为客观的认识视角。相比较而言，这些学者的观点对安乐哲有着重要的影响。

芬格莱特最早意识到孔子对当代哲学的意义关联，他的《孔子：即凡而圣》一书激发了西方哲学界对这位圣人的思考。虽然芬格莱特不精通中文，只是依靠翻译材料进行孔子研究，但这并不影响他对孔子思想的热爱和推崇，以及对中国文化的深厚感情。这位受过西方传统教育的思想家，在看过中国的"圣经"——《论语》之后，不禁感慨在这本书中他发现了人类兄弟之情以及公共之美。通过《孔子：即凡而圣》一书，我们可以看到他试图利用当代的哲学认识，来对孔子的思想进行重新分析诠释。他认为，"孔子深切地关注于去理解人以及人在社会中的地位。他专心致力于定义和阐明我们称之为道德问题的思想学说。他是一个伟大和具有原创性的人师"。① 他进一步说明，孔子关于人性的哲学，在性质上不同于摩西（Moses）、埃斯库罗斯（Aeschylus）、耶稣、佛陀、老子或《奥义书》（Upanishadic）的教导，他鲜明地表达了一个人文主义者和传统主义者的世界观，具有现世的、务实的人文主义色彩；孔子最实质性的洞见之一，是发现人性可以通过礼的意向来理解和把握；孔子教导人们依礼而行，是想完成两件事情：一是他唤起我们关注传统和习俗的整体；二是他又提醒我们，要通

---

① ［美］赫伯特·芬格莱特：《孔子：即凡而圣》，彭国翔、张华译，第17页。

过一种比喻并透过神圣礼仪的意向来看清所有这一切。孔子发现了社会实践中普遍共享的价值，看到了普遍共享的文学形式、音乐形式、法律形式和政治形式，据此，可以指引我们看出新的社会是一种朝向崭新而普遍的文明的演进，而不是一种过去伟大文明的衰退。芬格莱特中肯地认为，孔子思想是一种普遍性和哲学性的学说。

在芬格莱特的基础上，葛瑞汉对孔子做出了进一步的研究。他认为，孔子哲学不同于西方哲学，它可以避开选择（choice）与责任（responsibility）等重要的西方人的惯性思维去审视道德，将其视为独立于个人意志之外的向善的力量，这有助于西方哲学走出二分法的怪圈。西方思想迄今为止一直被诸如上帝与尘世、心与身、实在与表象、善与恶的二元对立所主宰，前者的地位是绝对的、超验的；否定前者，后者便不能得到充分分析与解释，反之则不然。然而，孔子思想所遵循的原则摆脱了西方人对超验概念的依赖，坚持认为事物的两面都需要对方作为充分表达。葛瑞汉以天命观与宇宙论为例，认为孔子的高明之处在于，他看到了宇宙与社会秩序之间存在和谐的相互关联的审美秩序，即"天"与人相互作用，人在回应中作用于"天"，影响"命"，复归于"道"。在哲学层面上，葛瑞汉肯定了孔子思想对西方概念体系的增益，可以为哲学之"思"提供另一种范型。

罗哲海主要从伦理学的角度对孔子做出评价，认为孔子有两个伟大成就。"孔子是中国第一个寻求可以以'一'贯之的人，这构成其主要的哲学成就。"① 也就是说，孔子寻求一个基

① ［德］罗哲海：《轴心时期的儒家伦理》，陈咏明、瞿德瑜译，大象出版社2009年版，第47页。

本的道德标准，并将其哲学思维注入其伦理观。"孔子的第二个伟大成就——至少他起了很大的作用——便是让原本受到社会制约的概念得到伦理学上的升华，并且扩大了道德责任对于人本身的影响范围。"他还指出，相对温和的儒家伦理学，依赖于君子之自尊自重而非宗教先知，这让中国远离了欧洲和近东那种基于宗教而血腥屠杀的越轨行为。显然，他看到了孔子对一个国家和社会所带来的影响远远超出了一个哲学家所做出的贡献。

随着对孔子思想认识的深化，尤其在更为晚近的时代，越来越多的专业哲学家试图把孔子思想从中国古代经典文献中分离出来，对孔子的儒家概念加以发挥，以此为哲学讨论的基础。由此，一个被抽象出来的哲学家孔子和孔子的哲学理论越来越清晰地展现在我们面前。其中，郝大维、安乐哲合著的《通过孔子而思》可以看作代表性著作和阶段性的总结。

二　比较哲学视野下的孔子

在葛瑞汉的基础上，安乐哲从中西比较哲学的角度做出了更进一步的研究。他坦言，中国在过程思想方面走在西方的前面，有自己的成就；如果说在中西方文化中哪一位哲学家对人类的思想影响最大，这个人可能就是孔子。他反对西方那种视孔子为"迂腐的道德家"的观点，并在多部论著中竭力加以澄清。同时，他也看到了以孔子思想为主体的中国传统在发展中的困境。安乐哲把孔子哲学在历史上的失败归结于"自食其果"，具体讲就是实践孔子哲学的人无视理论的内在性要求，从而使之失去了根基。另外，正统思想与非正统思想之间的冲突导致了中国传统的某些观念被误读和滥用，致使中国一直难于摆脱"齐家治国平天下"与裙带关系、"忠"与特权、"敬"

与高人一等、适当的受礼与贪污混淆不分的怪圈。显然，安乐哲因孔子哲学的内在理论没有被充分发掘而感到遗憾。所以，他要借《通过孔子而思》这本书重新思考孔子，并将其"哲学化"①。那么，在安乐哲的笔下，孔子的哲学思想有何特殊之处？孔子又究竟是怎样的一位哲学家呢？

安乐哲称孔子思想中存在内在论的宇宙观，这种内在论的宇宙观包含着三层含义。一是孔子思想的事件本体论。安乐哲认为孔子是以人类为中心的环境道德论者，因为孔子重视的是人与人之间的相互依赖性与相互依存性。所以孔子关心的人是处于特定的环境中活动与言语的，而非抽象的实体本体论。二是内在论的宇宙"秩序"。安乐哲运用美学秩序来解读中国古代哲学思想，他认为决定孔子思想的还是可创出新形式的、开放性的美学秩序，孔子的这种秩序是可由人加以实现的。② 三是创造性。安乐哲认为孔子思想中的创造是"意义"的创造，因为他这种创造是本来就存在于自然世界之中的，人们对它的评估与衡量都视它对这一特定社会秩序所产生的影响而定。

在认识论中，内在宇宙论的运用必然导致概念与其对应词之间的两极性。他很赞同鲁惟一（Michael Loewe）在《中国的生死观》中提出的"没有发展出线性的时间概念，以找出一种开端，从这一开端出发，一切过程原随其后"③。认为正是中国人这种周而复始、循环式的存在方式决定了孔子思想中存在的是两极性而不是二元论。安乐哲也说过孔子是"以人类为中心

---

① ［美］郝大维、安乐哲：《通过孔子而思》，何金俐译，第 43 页。
② 石书蔚：《安乐哲孔子哲学研究与中西哲学会通》，硕士学位论文，吉林大学，2007 年，第 6 页。
③ ［英］鲁惟一：《中国的生死观》，南天书局 1994 年版，第 63 页。

的环境道德论者"①。其实两极性也是以情境主义为基础，其中的一切因素相互依存，相互依赖。同时，孔子思想中的两极性也决定了中国古代概念具有共通的内在性和对称的相关性的特点。②

除此之外，关联性思维模式也是中国哲学的一个重要特征。安乐哲认为迄今为止对关联思维"最精致的哲学论述是由葛瑞汉提供的"。在《期望中国》一书中，他花了大量篇幅描写关联性思维，通过分析中国哲学著作来证明他用关联性思维模式进行分析的合理性。同时，他又很推崇葛兰言（Marcel Granet）的观点："他把我们此处所谓的关联性思维的东西规定为彻底地信奉中国人的感悟方式，这意味着，甚至在孔子和道家这些对物理思辨不大感兴趣的思想家那里，关联性思维的模式也占优势。"③ 他认为在中国哲学思想中，真正能够代表关联性思维运用得恰如其分的例子就是汉代的哲学思想。但他始终坚持关联性思维是理解中国哲学思想甚至整个中国哲学思想不可替代的思维模式。他认为《论语》中孔子及其后学的思想都是关联性思维运用的有力证明。

安乐哲认为，孔子思想"拒斥任何超验事物或原理的存在"，用"内在性"来阐释更为恰当。④ 这源于中西方对"超验/超越"这一术语的不同认识。在中国，习惯把"超越"看成一个阴阳性的词；在西方，它却是一个独立、永恒、不变的存在，就如柏拉图谈的"绝对理念"或亚里士多德所描述的

---

① ［美］郝大维、安乐哲：《孔子哲学思微》，江苏人民出版社 1996 年版，第 6 页。

② 参见石书蔚《安乐哲孔子哲学研究与中西哲学会通》，硕士学位论文，吉林大学，2007 年，第 6 页。

③ ［美］安乐哲：《和而不同：比较哲学与中西会通》，温海明译，北京大学出版社 2002 年版，第 191 页。

④ 参见［美］郝大维、安乐哲《通过孔子而思》，何金俐译，第 14 页。

"不动的原动者"。安乐哲认为，如果从汉字语境来理解"超越"这个词的话，它就脱离了其本意；并且用"超越性"来阐释中国古代哲学会造成重大的曲解和失真，从而会掩盖其有别于西方观念所做出的贡献。他提出，在孔子思想中，影响最深远的，一以贯之的预设，不具有任何超越的存在或原则。事物的产生与发展都是在"自然"之中的，都是"自发"的，具有一种强烈的内在设定。在这种情况下，孔子思想的基础是现象本体论，而非实体本体论。依照孔子的思维模式，他是在力图揭示和打开，进而实现一种审美的社会秩序，这是一个内在的创造性的过程，而不是一个证明终极起源存在的过程。所以安乐哲称之为"内在论"。安乐哲承认"内在论"相对也存在一定的局限性，源自于概念本身的含义。"内在论"的"与生俱来寓于"和"存在于……之中"会造成"存在"形式与存在于其中物质的二元区别。但在注释孔子哲学思想时，"内在论"又是他不得不用的方法，他强调用"内在论"的语言去解释孔子思想是正确的。

　　孔子思想中的非"虚无"特征，是针对各种范畴之间的相关性而言。西方文化传统中充塞着众多分离概念：上帝与世界、存在与非存在、实在与现象、善与恶，非此即彼，非善即恶，因为一个诸如"上帝"般的根本不可知的无条件的力量的存在，事物可以在"虚无中产生"，创造源不需要借助其创造物说明。安乐哲认为，不应该用西方这种"虚无"来分析古典中国哲学。在孔子思想中，事物构成各要素如天地人之间、阴与阳、心与身、善与恶、己与人、学与思、齐家与治国之间，都是均衡地关联着的，彼此都要求充分结合且反向互补，没有任何成分在最严格意义上是凌驾于其他部分的。即一个有机体不是"虚无中产生"，而是为了特定意图或目的彼此关联协同各部分去构成一个整体。

在孔子思想中，文化具有传统的权威性，它不受先验之物的限制，而是来源于经验，并尊重经验。基于此，安乐哲认定孔子是"一个文化的实证论者"①。"这也就是说，孔子是那种认定文化传统的权威性，将其视为所有知识和行为的必要条件的人。"②针对孔子的思想来说，其具备文化实证论以下特征：它回绝或否定超越性，强调人的个体创造性，而不是上帝的创造性；强调尊重现实情况的经验，而不是形而上的、抽象的经验。的确，孔子很重视文化，他的一生也主要是从道德实践中向上升进的，"志于道，据于德，依于仁，游于艺"（《论语·述而》）即是很具体的说明。③安乐哲进一步强调，文化是孔子给定的世界，思维用来说明这个给定世界的有效性，没有任何知识会先于文化而存在，也永远不能超越文化。

与芬格莱特、葛瑞汉不同，安乐哲认为孔子既不是一个原创者，也并非一位纯粹的叙述者（transmitter）。他的理由是：

> 不管孔子如何声称自己"述而不作"（《论语·述而》），但通过此前对他思想的探讨，我们显然看到了他之"述"中确实包含个人"作"的成分。孔子不管在授学还是个人生活中，都致力于培养其文化环境的秩序与和谐。④

他认为，孔子作为一个真正的"圣人"，其最大贡献在于

---

① 在同超然绝对性的看待一切而言，实证主义和实用主义有一致性，因为都强调文化本身的根本性。但二者之间仍有差别，因为实证主义讲个体性创造，而实用主义讲实际情景。

② ［美］郝大维、安乐哲：《通过孔子而思》，何金俐译，第75页。

③ 参见徐复观《中国人性论史》（先秦篇），上海三联书店2001年版，第72页。

④ ［美］郝大维、安乐哲：《通过孔子而思》，何金俐译，第381页。

"调和"。这种"调和"是一种长时间进行的吸收过程。它同样也是一种转化过程，其中，新成分在一开始就被给予了一种传统诠释。[①] 以孔子对《诗》的运用和创造性的转化为例。在《论语》中，孔子对《诗》的原意加以巧妙处理，把历史知识与当下现实进行了和谐的沟通，将其变成了和谐而有意义的一种文化资源。如，子夏用一首描述一个美丽宫廷贵妇的诗来表达"以礼文饰朴素本质"的有效性和必要性，孔子对此十分满意：

> 子夏问曰："'巧笑倩兮，美目盼兮。'何谓也?"子曰："绘事后素。"曰："礼后乎?"子曰："起予者商也，始可以言诗已矣。"（《论语·八佾》）

在另一处，孔子也赞赏子贡把歌颂爱慕对象的一首诗解释成修身的过程：

> 子贡曰："贫而无谄，富而无骄。何如?"子曰："可也。未若贫而乐，富而好礼者也。"子贡曰："诗云：如切如磋，如琢如磨。其斯之谓与?"子曰："赐也，始可与言诗已矣。告诸往而知来者。"（《论语·学而》）

从上文所引用《诗》的这两章可以看出，孔子和他的弟子都成功地将男性对美丽女性热爱的古意转化成他们所关注的"德"的重要价值的表达。[②] 他们深化了对女性美的描写，并从中做出他们自己对《诗》的价值和意义的恰当理解，进而完成

---

① 参见［美］郝大维、安乐哲《通过孔子而思》，何金俐译，第 27 页。
② 同上书，第 73 页。

了对老生常谈的历史知识的创新和权威的树立。可以说，孔子的这一做法不仅是对历史的叙述，也是对历史智慧的保存与调和。除了《诗》之外，《书》《礼》《乐》等都是孔子思想传播的形式媒介，它们既是调和古今社会秩序的文化结构，又是意义的源泉。

在《通过孔子而思》的序言中，安乐哲指出"哲学"一词在中国和西方有着不同的含义。在中国，哲学远非只指对由哲学系统和理论组成的范型与传统的专业性讨论、扩展，而是涵盖文化价值与人们社会政治生活之间的一系列关系。在此概念限定下，孔子如何极为微妙、复杂地将个人、社会、宇宙诸意义涵摄于哲学思考的过程之中？以下是对安乐哲关于这一问题思考的梳理和总结。

（一）论人

什么是人？这是古希腊哲人常常讨论的问题。柏拉图《斐多》篇和亚里士多德《论灵魂》俱提及。从毕达哥拉斯时期以来，最常见的答案是属于本体论的：人的本质是固定、既成、自足的灵魂。① 西方传统大体上认为，人天生就是一个完整的个体，需要做的仅仅是找到一种途径去获得这种本质认识，即"认识自己"。在西方，所谓完美的人就是指能够认识自己本质，知道自己灵魂的人。在谈到人的问题时，孔子没有直接给出答案，而是换了一种稍微不同的方式来思考此问题，即人"如何成为"仁人？这才是儒家思想体系的中心问题。孔子认为，完美的人即仁人。仁人并非天生的秉性，而是行为的结果，并且需要与他人一起努力才能做到。正如安乐哲所推论的，成

---

① 参见［美］安乐哲《儒学与杜威实用主义关于"人"概念的对话》，张少恩译，《尼山铎声："当代儒学创新发展"专题》，人民出版社 2013 年版，第 198 页。

为仁人是一种创造。孔子是一位人文主义者，他将文化注入人的创造过程中。文化是思考的根基，对文化的吸收和思考程度决定了一个人的成就。即：

> "人性"之可变性来自于我们所处家庭、文化的多样化及其不同质量。如果一个人所属家庭道德意识强，文化教养浓厚，其中成员之间拥有成熟又健康的关系，那么这人便有充裕资源可取材以成人。如果家庭道德败坏，精神窘迫、文化匮乏，那么此人成仁的道路就坎坷难走。即便是传说中的舜，他侍奉的是道德败坏的瞽及其后母，但还依效尧帝之榜样，吸取社会上的良风尚俗，经过勤奋修身养性，自己也逐渐成圣了。舜的情景足以表明，人人都有足够的文化资源可以用来帮自己成为仁人，使其行为合乎圣道。[①]

这段话的意思就是说成为仁人，不必乞灵于超然又独立的上帝，也不乞灵于一种独立的本性或灵魂，而是从文化资源中寻求积累性道德习惯。

安乐哲进一步阐释，孔子的从"人"到"仁"是一个动态过程，即我们人类做人，并非一出生就是一个人，我们出生的时候什么都不是，可是如果我们把家庭关系做得很密切，很丰富，很有意义的话，我们就会变成人，我们不是 human beings，而是 human becomings。的确，在中国传统思想中，一个达到一定年龄，具备对社会基本的认知，有一定道德素养的人才能被

---

① ［美］安乐哲：《儒学与杜威实用主义关于"人"概念的对话》，张少恩译，《尼山铎声——"当代儒学创新发展"专题》，第 220 页。

社会认可为真正的"人",氏族社会时期的"成丁礼",周代以后的"冠礼",现在的"成人礼",这些都是很好的证明。在成为"人"的过程中,不仅需要对普适文化加以改造去适应自身的环境,还需要完成人际交流和相互作用,借此,人才能在自然和社会环境中完善自己。概括来说,首先就是要完成"礼"和"义"的转换。礼的范围包括宗教性礼仪,以及各种各样建构人际交往的形式化行为。人在参与这些神圣的礼仪行为中获取意义,将其内化为自身的威仪("义"),从而成为在行为中展现自我的禀性。反之,"义"会赋予"礼"新的意义和价值,使自身获得巩固和加强。从以上可以看出,"义"对实现仁人具有决定性的贡献,但问题并非到此结束。人与环境是相互依赖的,"仁"只能通过共同语境下的人际交往才能获得。成为仁人的必要前提是消除有局限性的私心,尽可能关心全体的利益,将他者利益与自我修身密切联系在一起,即孔子所言的"克己复礼"。"仁者"之爱是自我和他者彼此契合的基础。根据《荀子·子道》篇的记载,孔子将"仁者"分为三种境界。最初境界是"仁者使人爱己",即促使他人关心自己所关心的事。较高境界是"仁者爱人",即把别人关心的事当作自己的事。最高境界是"仁者自爱",即反求诸身,把自己和他人关心的整个领域并入自我的人格中。安乐哲的结论是,成为"仁人"就必须处理好人的内心与外界环境的关系,既要考虑到"私下的""内省的"和"内在的"自我,又需要关照"社会的""活动的"和"外在的"自我,且两方面能够互补。

(二)论社会

社会与秩序密不可分。论及社会,首要任务就是理解孔子的"秩序"。西方以遵从绝对法则为秩序之最高目的,而孔子追求的是社会和谐之美,所以,安乐哲把孔子的秩序称为"审美秩序"。"审美"在古希腊仅仅意味着"通过感觉感受外部世界"。它不同于"纯粹动物式的愉悦",而是对感官知觉诸状态的"专注"。"审美秩序"的目的是去寻求一个以审美行为构成的世界。孔子所强调的"秩序"是一个偏爱美学的秩序,它不强化个体对自然和社会法则的绝对服从,而是青睐于个体在共同群体中所展现出来的独特性。所以,孔子的社会哲学,不是像西方哲学那样去关注律法的地位、政治的权威、权利与义务的区分等问题,而是主要探讨修身养性、教化民众、为政以德、礼主刑辅等问题。

"民"是社会的主体,也是孔子所关心的主要对象。安乐哲分析指出,孔子在《论语》中所提及的"民"与"人"是有明显区分的。从政治角度来看,"民"所指向的是那些无权做官的个体,而"人"是拥有政治地位和特权的上层阶级;从文化角度来看,"民"同"冥"(dark),本身极少有出众的品格,无知愚昧,"人"同"仁",具有较高的人文修养和优秀才能;从社会地位来看,"民"地位低下,"人"暗含尊贵。不过,孔子认为他们之间产生差异不是先天赋予的,其根本原因在于所受的人文教化不同。孔子对教育所持的态度是"有教无类"(《论语·卫灵公》)。所以,安乐哲认为孔子给了"民"积极的出路。依照孔子的观点,"民"尽管朴拙、没有文化却拥有成长潜能。如果对其施以教化,加上在上者的干预,"民"是可以发掘潜能而"化"为人的。尽管"民"这一群体没有政治权利,但他们与"君"以社会彼此依存的观念为基础。"君"从"民"中获取某种既得利益,也要确保"民"的经济富足、安宁无忧。《尚书》是孔子授教的一个重要文献,其有论:"民惟邦本,本固邦宁。"(《五子之歌》)在这个意义上来说,没有家与国、个人与社会、私人利益与公共利益的绝对区分。

政治是社会不可或缺的元素。从词源上来看，"政"有正反两意。正面意义同"正"，为"公正"，即"国家有效治理取之于君之正（确）与民之（修）正的适当折中"①；反面意义同"征"，意思是"强迫服从"。当然，即便有模范当政者的影响，也不可避免其中会有一些人恃强凌弱，追求个人私利而不顾社会后果。但是，安乐哲指出，孔子不支持"征"者之政的合法性，而是强调"政者，正也。子帅以正，孰敢不正"（《论语·颜渊》）这一正面意义。孔子哲学不借助任何超验概念或绝对实体，而是强调对独特性的关注。因此，对孔子来说，无论是自我还是社会都不应降尊为对方赖以实现的工具化手段，它们都是彼此潜在的目的。另外，孔子意识到社会秩序的根源似乎集中在统治者身上，所以，他多次强调社会政治和谐依赖于统治者的"修身"，即"修己以安百姓"（《论语·宪问》）。除了修身之外，统治者还应该做到"不在其位，不谋其政"（《论语·泰伯》）、"群而不党"（《论语·卫灵公》）、"和而不同"（《论语·子路》）以及"可与适道"（《论语·子罕》）。

孔子理想的社会是一个无须"刑"的社会："听讼，吾犹人也。必也使无讼乎！"（《论语·颜渊》）对孔子来说，对"礼"的效仿是实现社会政治秩序的最佳模式。安乐哲指出，古典中国传统中，"礼"衍生于效仿自然秩序和规律性的愿望，这种效仿并不意味着顺从任何设定的普遍规范和法则。事实上，早期中国传统只承认自然自发产生的和谐，人类则努力与之协调以求能与之融为一体，继而同时丰富自然和自身。自然中的和谐，是建构存在过程的内在彼此相关成分相互协调、无限打

---

① Peter Boodberg, *The Semasiology of Some Primary Confucian Concepts*, Philosophy East and West, p. 323.

开的成就。① 然而，强调教化却并不妨碍卓越的实践家孔子在其政治思想中为"刑"留出余地，即"道之以政，齐之以刑，民免而无耻"（《论语·为政》）。尽管孔子相信要想获得真正长治久安的政治和谐，必须维持对"礼"富有意义的践行，但理解孔子社会哲学很重要的一点是，他青睐且追求审美和谐却并不排斥已经确立和规定的刑罚发挥固定作用，以避免内在产生的秩序的溃败。

（三）论宇宙

一直以来，揭示孔子思想中的宇宙论方面，对我们来说是个非常棘手的问题。安乐哲对此也表示认同。尽管如此，他还是试图从现代西方的观点对孔子的宇宙论加以发掘。凭借对"天""天命""德""道"等几个主要概念的独特理解，安乐哲建构起孔子宇宙论的内在理路。

自西周以降，对"天"的理解有从拟人的神——"上帝"发展到视其为自然规律和秩序的倾向，可以看出，"天"是在向非人格化方向转变的。在这一过程中，孔子的重要贡献是强调了人要对自己和环境负责。尽管如此，孔子对"天"的认识仍然保留了拟人性的神的痕迹，他认为自己肩负传承祖先文化遗产乃是"天"赋予的神圣使命。

> 子畏于匡，曰："文王既没，文不在兹乎。天之将丧斯文也，后死者不得与于斯文也；天之未丧斯文也，匡人其如予何！"（《论语·子罕》）

在《论语》中，"天"同样被描述为圣人的创造者："固天

---

① 参见［美］郝大维、安乐哲《通过孔子而思》，何金俐译，第209页。

纵之将圣，又多能也。"（《子罕》）"天"又被描述为社会地位和财富的决定因素："死生有命，富贵在天。"（《颜渊》）在孔子看来，"天"是一种有能力理解人类而不为人们所欺骗的力量，所以，人们最好"畏天命"（《季氏》），"获罪于天，无所祷也"（《八佾》）。① 显然，"天"是一个有意识、有目的、拟人的神。除此之外，孔子也感觉到有一个宇宙生命、自然法则的存在，"四时行焉，百物生焉"（《阳货》）。对孔子来说，"天"和人具有不可分割性。就这一点，杜维明和牟宗三等多数学者在分析"天"的特点时都强调"天人合一"。不同的是，安乐哲反对牟宗三将"天命"视为超越的存在。他的理由是，"天"是一个自然产生的现象世界的总称，"天"和现象是彼此依存的关系，而并非像西方宇宙起源论所说的那样创造者独立于它的创造物。

在《论语》及其他早期著作中，"天""天命"和"命"似乎是很难区分的概念。徐复观认为，天、天命，本来常常互用，天命自然含有人格神的意味；天则常与自然之天及法则性之天相混淆，而人格神之意味已趋于淡薄。西周末年，人格神的天命逐渐垮掉，于是过去信托在神身上的天命，随之转变为命运之命。天命与命运不同之点，在于天命有意志，有目的性；而命运的后面，并无明显的意志，更无什么目的，而只是一股为人自身所无可奈何的盲目性的力量。② 刘殿爵延续了这种看法，认为"到了孔子时代，它已发展为具有不同的独立意义的术语"③，并指出"命"就是"Destiny"："不是人类作用的产物"，"人类对此无能为力"。就此，刘殿爵基本上认定孔子是

---

① 参见［美］郝大维、安乐哲《通过孔子而思》，蒋弋为、李志林译，第153页。
② 参见徐复观《中国人性论史》（先秦篇），上海三联书店2001年版，第34页。
③ 刘殿爵：《〈论语〉逐字索隐》，商务印书馆有限公司1995年版，《序言》第25页。

个"温和的命定论者"。的确，从《论语·雍也》中"伯牛有疾，子问之，自牖执其手，曰：'亡之，命矣夫！斯人也而有斯疾也！斯人也而有斯疾也！'"这段话来看，孔子是有宿命论的嫌疑。一如既往，安乐哲反对将孔子归于这种超经验性的命定论者。通过对"赐不受命，而货殖焉，亿则屡中"（《论语·先进》），"见利思义，见危授命"（《论语·宪问》）等章节的理解，安乐哲认为，虽然人不能掌握自己的命运，但也并非听之任之，实际上，人是可以同经济和社会地位抗争的，也是可以掌握自己生死权利的。以"司马牛四海之内皆兄弟"的例子可以说明，人只要能做出有意义的反应，甚至最"命中注定"的环境也会显著改变。无论如何，安乐哲认为，孔子对"命"和"天命"的理解比传统认为的要开放得多。依照他的看法，"天命"和"命"的关系应该这样表述：

> 和君子或者圣人保持较高程度一致的个人，就与天保持一种特别的内在关系，使他能够理解或者影响天之"命"。[①]

> 一个人自控力越弱，他将"命"视为无法抗拒的决定性条件的感觉就越强；一个人的自控能力越强，他自觉到自己在决定外在条件时所起的主导作用就越大。当世界尊重他的道德，他就为世界"言说"，即他为"天"说话。[②]

也就是说，孔子相信人类创造了世界，一个人的道德影响力越大，他在创造世界中的作用也越大。

---

① ［美］郝大维、安乐哲：《孔子哲学思维》，蒋弋为、李志林译，第160页。
② ［美］郝大维、安乐哲：《通过孔子而思》，何金俐译，第265页。

以此推论，"德"便成为孔子贯通"天道"与"人道"的关键。芬格莱特对"道"的诠释最为充分翔实，他将"道"定义为"一贯之道"（Way without crossroads），即一种"单一、确定的秩序"。①孔子哲学思想中的宇宙论信念，就是要将人类道德纳入宇宙秩序之中，以此获得天道与人道的互相牵制与平衡发展。《中庸》对孔子的描述最能清楚地表达"天"与"圣人"之间的暗合关系："仲尼祖述尧舜，宪章文武。上律天时，下袭水土。辟如天地之无不持载，无不覆帱。辟如四时之错行，如日月之代明。"（第 30 章）"唯天下至圣……溥博如天。"（第 31 章）意思是说，一个人有德行且获得众人的尊敬，会逐渐变得可比于"天"；而"天"也相应会变成孔子式的人，滋养和爱护万物。这或许即是安乐哲所一直强调的"孔子的审美秩序"。

第二节　著作选读二：《期望中国：中西哲学文化比较》

如果说《通过孔子而思》是安乐哲对孔子思维方式的探寻，那么，《期望中国》这部著作即是他对儒家思想背景的拓展。以孔子思维方式为切入点，进而把握儒家思想特征，最终求知真正的中国哲学，这无疑是了解中国的最佳路径，安乐哲的中国哲学之旅正是沿着这一路径前行。"期望中国"这一说法包含作者本人的多重寄托。其一，期待通过对古典西方文化要素的重构，使西方读者得到一套更有效地分析中国人感悟方

---

① 参见［美］赫伯特·芬格莱特《孔子：即凡而圣》（第 2 版），彭国翔、张华译，第 16—33 页。

式的工具，由此达到对中国的理解。其二，期待借助这套新工具，对中国文化的发展勾画出一种富有新意的解说。其三，期待通过对古希腊人到奥古斯丁的西方文化感悟方式的发展的叙述，为中国读者提供进一步比较思考的立足点。这本有关中国的著作又包含了对古典西方文化的一种详述，是为中国和西方两方面读者而写，意在廓清通往中国文化的道路，鼓励中西文化双向往来。

一　中国文化的叙事倾向

半个世纪前，德国历史哲学家卡尔·雅斯贝斯提出了一个著名的命题——"轴心时代"，这一历史时期在公元前800年到前200年。在轴心时代里，各个文明都出现了伟大的精神导师——古希腊有苏格拉底、柏拉图、亚里士多德，以色列有犹太教的先知们，古印度有释迦牟尼，中国有孔子、老子。他们提出的思想原则塑造了不同的文化传统，也一直影响着人类的生活。随后，在中国和西方文化发展的几个紧要关口，他们似乎出现了更大的不同。即是说，中国和西方从其拥有的艺术、政治和宗教、科学和道德的感悟方式，两者在性质上截然不同。

安乐哲认为，西方式的解释性观念造成了真正的对中国文化理解上的障碍，要想说清楚中国文化究竟为何物，首要任务是清除堵塞着认识中国道路上的无用杂物。根据安乐哲的观点，这些"无用杂物"即是西方第二问题思维（西方主流文化）中容纳着的基本假设（固有观念教条）。在盎格鲁—欧罗巴文化框架下的西方人用自己的术语去理解中国，不可避免地会用"超越""绝对"和"主观"等西方概念来翻译中国文化。这样做的结果必然会歪曲了中国人的世界。事实上，"很难在中国找到像亚里士多德的神或是柏拉图的形式等绝对、超越的存在物，或是像充足理由律这样纯粹、超越的原理——正如在中国很难看到对自主、好思索、自命不凡的个人的颂扬一样，这种人是西方文化发展中冒出来的一类头面人物。"①

那么，第一问题思维与第二问题思维有何不同？早在公元5世纪以奥古斯丁的作品出现为标志的那一整个时期，西方也曾经产生过类似于中国的思维方法，即第一问题思维。第一问题思维既不带有宇宙演化论的含义，也不带有宇宙论的含义，它并没有设想出一种初始的发端，也没有认定存在一个单一秩序的世界。这一思维承认变化或过程要优于静止和不变性，并不妄断存在着一个构成事物一般秩序的最终原因，而是寻求关联过程。遗憾的是，第一问题思维在西方并没有形成主流。整个西方基本模式是第二问题思维，即涵盖着超越、绝对理念、二元化、单一秩序等概念的因果性思维。中国也有第二问题思维，只是这种思维没有发达起来，而是发展出一种类似于第一问题框架、类比的思维模式的文化。

基于第一问题思维与中国文化思维方式的相似性，安乐哲建议回到西方的第一问题思维来接近中国文化。重返西方古典哲学，安乐哲将其与中国古典文化进行了比对，并对中国文化的叙事倾向做出了总结。

（1）中国传统对事物起源的规范说明，并非依靠于"理性"的创造，而是倾向于家谱式的叙述，如"道生一，一生二，二生三，三生万物"（《道德经》）来揭示"万物"的发展。

（2）中国人以动态言语解释"性"等概念，而非静止不变

---

① ［美］郝大维、安乐哲：《期望中国：中西哲学文化比较》，施忠莲、何锡蓉、马迅、李琍译，学林出版社2005年版，《导言》第1页。

的二元论，这意味着偏好过程的理解，故而，中国的思想家并不存在二元论所带来的困惑。

（3）中国人的思想是典型的"赫拉克利特式的"，常常依赖于以"象"和"隐喻"来作为表达事物变化的主要手段。

（4）中国古典文化，尤其是儒家强调要保持人类中心论。在中国，人们实现社会和谐的手段，不是通过辩证的论争，而是善于对不同观点进行"审美的"调和。

（5）中国的思想家不从定义的活动中去寻找客观的内涵，也不愿去寻找"本质"或"自然性质"，而是求助"范例"来提供解释说明。这就杜绝了对理性体系和理论的依赖，取而代之的是礼仪的演示，它们是文化的意义和实践的首要体现。

（6）中国文化的形成，并不是归结于至高无上的"上帝"或"人性"，而是把它看作人类集体智慧的结晶。中国的历史，并不是由神学或哲学原则来展开，而是通过人们对自然或社会的改造来加以说明。

（7）中国文化的传递方式，不是理论化的公理体系，而是通过约定俗成的"模糊性"渠道。

安乐哲将中国文化的叙事倾向归属于第一问题框架思维，他认为：

> 第一与第二两种问题框架的思维之间的对立，实际上是关于秩序的不同概念之间的对立，在另一处我们称之为"美学的"和"理性的"秩序。①

---

① ［美］郝大维、安乐哲：《期望中国：中西哲学文化比较》，施忠莲、何锡蓉、马迅、李琍译，第138页。

他进一步指出，第一问题框架是非宇宙论的，它注重实际的特殊事物，事物之间存在各种关联，这是一种关联的思维。第二问题框架是宇宙论的，其解释离不开固有的规则，这是一种因果的思维。尽管关联思维对中国传统极其重要，但这绝不是表明中国人从不使用因果思维模式。中国人倾向于把因果思维应用到技术成就中，即对实际关切的问题上；对于文化生活的大问题采用的往往都是关联的认识模式。

为什么中国人会比西方人更坚定地、更持久地实行关联思维？葛瑞汉指明，关联的宇宙中有一种真正的价值，因为"生活于其中的那些人不仅知道是什么，而且知道应当怎样"①。此外，其中基本的社会习俗、语言还具有一种功能——"在大部分时间内，可以自动地调节到适合样式，只是在遇到一种选择的机会时才进行分析"②。安乐哲在此基础上做出阐述：

> 因果性思维和关联性思维在中国与西方何者居先的不同选择有助于说明各自社会的精神差异：西方追求的声誉是科学的合理性（这是一种因果思维模式，部分来自要求采用分析思维的动力，而分析思维又是必须面对种族和语言的多样性的局面所造成的），而中国的追求是延续了两千年的社会与文化的稳定。这种稳定可以部分地解释为能够维持自发的、自动的相互作用的结果，这种相互作用是建立在极其关注语言和社会习俗的、关联的组织模式基础之上的。③

---

① A. C. Graham, *Disputers of the Tao*, La Sslle, IL: Open Court, 1989, p. 350.

② Ibid. .

③ ［美］郝大维、安乐哲：《期望中国：中西哲学文化比较》，施忠莲、何锡蓉、马迅、李琍译，第 160 页。

的确，中国古典文化时期，这种关联思维模式在哲学和政治两个领域中受到广泛应用。

二　孔孟荀审美秩序的延续

中西文化各有自己的渊源和进路。中西文化发展路径的差异，形成了不同的社会组织秩序，即理性秩序与审美秩序。西方形而上学一直以来被设定为秩序的科学，思辨有余，审美不足。反之，中国传统文化则倾向于以审美视角来解决社会问题。受杜威的影响，安乐哲对审美秩序给予了更多的关注。他认为，"一个以对审美有序的热爱为基础的社会将不会广泛运用法则、标准、规范等归纳或论证，因为它们是被设定的人类及其诸团结模式的主要限定性特征。公论也不会成为社会秩序的客观基础。"[①] 这迎合了前一节所提到的那几句话：中国古典文化，尤其是儒家强调要保持人类中心论。在中国，人们实现社会和谐的手段，不是通过辩证的论争，而是善于对不同观点进行"审美的"调和。在儒家社会哲学与西方社会理论对比的大背景下，理性秩序与审美秩序的区分，可以看成"思辨"与"调和"这两个概念作为实现社会和谐手段的区别。

当代哲学家冯契用《论语》中的句子"吾道一以贯之"来论证，坚持认为孔子是一个有体系的哲学家。[②] 安乐哲提出质疑，认为不应该将孔子理性化，必须对"成体系的"或"理性的"连贯与"审美的"连贯之间做出区分。孔子给出的是一个文化的世界，他将"仁"这样一个伟大观念注入其中，并试图建立起人与人之间的精神性联系，从而形成一个合宜的社会治

---

① ［美］郝大维、安乐哲：《通过孔子而思》，蒋弋为、李志林译，第 167 页。
② 参见冯契《中国古代哲学的逻辑发展》第 1 卷，上海人民出版社 1983 年版，第 84 页。

理秩序。这一观念以承认人际相互信任的人性根基存在为前提。

在安乐哲看来，孔子无疑是一位调和大师，"他的和谐的人格是中国文化的象征"①。春秋后期，礼崩乐坏，古典的普遍精神秩序崩溃。孔子探源三代礼文化，更直接上承周代礼乐文化，用仁学将其提升为成德之教。② 像轴心时代的其他哲人一样，孔子深切地感到与其所处的时代相去甚远。他认为，在尧舜时代以及后来的周朝早期，对"天道"的完美实践使国人得以和谐共处。春秋末期混乱状态的出现，根本原因在于人们无视在过去相当长的时间里支配着各封国施政行为的传统礼仪。孔子非王者，他不能创建制度，政治上的失败给了他思索的时间，他决意开办私学，培养一批贤德之人，来指导统治者循"道"而行，并使其重新承担起自己的责任。对孔子来说，最好的解决办法就是回归以往的优良传统。尽管孔子宣称自己"述而不作"（《论语·述而》），却为周代礼仪与古代经典著作的仁学转换倾注了毕生心血。

在过去，"礼"往往具有盛气凌人的一面。它们被用来彰显政治上的优势或只是用来提升贵族的个人声望。而孔子则系统地将这种自我中心主义从礼中淡化了，转而引导人们养成推己及人的自律习性。原本属于贵族的冠、婚、丧、祭等礼仪，孔子将其扩展到士人阶层，使得更多的人意识到生命的神圣，同时也赋予生命神圣的意义。在过去的传统中，威严之礼滋养着诸侯的神圣权利，而孝道之礼则创造出了超凡的神，使得终有一死的人变为先祖，通过以绝对尊重的态度对待他人，礼仪能够将施受双方提升至生命存在的神圣维度。孔子并没有像印

---

① ［美］郝大维、安乐哲：《孔子哲学思微》，蒋弋为、李志林译，第230页。
② 参见牟钟鉴《人文与宗教的互补——儒释道融合的重要经验》，《"儒释道融合之因缘"研讨会论文汇编》，北京师范大学，2013年10月，第67页。

度的隐修者一样独自去探求绝对真理，而是鼓励人们通过他人来发觉自己的全部人性，提出自我修养是一个互惠的过程，即"夫仁者己欲立而立人，己欲达而达人"（《论语·雍也》）。①孔子重新定义了"君子"的职分：真正的君子应该是学者而不是武士，他不应该为权利而争斗，而是要学习正确的行为规范，为家庭、政治、军事以及社会生活的传统礼数所约束。旧时，只有贵族才能成为君子，而孔子却坚持认为，任何热衷于学习"道"的人都能变成一位"君子"，即一个成熟而知识渊博的人。孔子希望人们能够对自己的行为有充分的认识，而对于礼的执行绝不能机械地做做样子，也不鼓励去奴性地遵从，只是需要人们智慧、恭敬地去对待。经过孔子的调和，一个纵贯士君子、庶人的新式礼治体系得以建立，人们重新被编织入规则的生活之中。② 正是这种仁礼，让平民化的社会获得了秩序。

在孔子去世到孟子出生期间大约一百年时间，出现了复杂的多样性的哲学学派，这一时期，被称作"百家"时期。墨家的创始人墨翟，在"百家"时却最早开始向儒学发难。墨家思想，通常被定义为一种功利主义，对孔子传统的礼学基础构成了重要的挑战。与商鞅和韩非子相联系的法家，不同于儒墨两家，这表现在他们的社会思想的起点不在于人而在于（由国家权力机构制定的）实在法和法规，作为外在的必要手段，以给当时混乱的社会带来秩序。随着法家的出场，可以说隐约出现了理性化的政治秩序。公元前4—前3世纪初，这些学派中最著名的代表是齐国都城临淄的稷下学宫，在很长一段时间内它吸引了范围广泛的众多名士，如庄子、宋钘、慎到、孟子、告

① 参见［英］凯伦·阿姆斯特朗《轴心时代》，孙艳燕、白彦兵译，海南出版社2010年版，第237—238页。

② 参见秋风《儒家式现代秩序》，广西师范大学出版社2013年版，第67页。

子、荀子和邹衍等。

在儒家、道家、墨家、名辩家和杨朱等诸多学派中，就人性的善恶问题进行了激烈的辩论。渐渐地，当争论变得日益复杂时，便转向了程序和逻辑问题。诸如庄子这样的思想家，惠施和公孙龙这样的名辩家，以及后期的墨家逻辑学者开始争论关于辩论本身的意义，并思考论证的标准。墨家和名家学派发展出一种复杂的专属辩论词汇，并对显示了语言局限性的语言悖论冥思苦想。这便是中国逻辑、理性和原始科学的萌芽。在这一论辩过程中，保守的儒家学者遭到了道家学者的反对。但是孟子好像无意与对手争论，他想以一种和平的方式将这场争论化为无形，故而有言：

> 圣王不作，诸侯放恣，处士横议，杨朱、墨翟之言盈天下……吾为此惧，闲先圣之道，距杨墨，放淫辞，邪说者不得作。（《孟子·滕文公下》）

孟子作为解释孔子学说最突出的代表，进一步为仁提供了一个人性论的论证。孟子曰："人皆有不忍人之心……所以谓人皆有不忍人之心者，今人乍见孺子将入于井，皆有怵惕恻隐之心。非所以内交于孺子之父母也，非所以要誉于乡党朋友也，非恶其声而然也。"（《孟子·公孙丑章句上》）朱子注："天地以生物为心，而所生之物因各得夫天地生物之心以为心。所以人皆有不忍人之心也。"不忍人之心就是不忍同类不幸之心，它内在于人心之中，人与人之间的同情、亲近是一种自然而然的行为。孟子之意在于重新建立人们之间相互依存、相互信赖的关系。孟子的性善论影响了中国人生存的基本格局：儒家努力地向上提升人心，并基于自己乐观主义的人性论假设相信，一个相互信任的社会是可以期待的。正是这一希望和力量，让绝大多数中国人在大多数时候是"好人"，也即相信他人，帮助他人。①

许多非常著名的西方学者，包括李约瑟、葛瑞汉和史华兹都困惑于这样一个问题：为什么在中国"百家争鸣"时期所出现的理性主义萌芽到了汉代初期却全然不见了呢？有些学者认为墨家的正规组织迫于中央集权的帝国的压力而土崩瓦解；有些学者将原因归结为公元前213年的"焚书"。安乐哲有着不同的看法，他认为第二问题框架思维在古代中国的最终衰落是由于一个关键人物的出现，即儒家哲学家荀子。

那么，荀子的出现和墨家的消亡之间究竟存在何种关系呢？事实上，葛瑞汉认为荀子和后期墨家在语言和逻辑性质上几乎完全一致。在一定程度上，荀子在使用墨家辩者的大多数专门词汇方面毫无困难：合、说、类推、比类、公名、别名，等等。葛瑞汉甚至提出荀子与后期墨家的《墨辩》之间具有共同来源的可能性：

> 《正名》篇确实与墨家的经说和关于名与实的论述是那样的密切相关，以致于人们被强烈地吸引，并将其看作为墨家辩论技巧之改编，以适应儒家目的。荀子当然可能与墨家一起分享了失传的名家的共同资料……尽管他并不承认从儒家敌人那里得到什么好处，但我们毫不怀疑荀子关于名和实的多数观点都应归功于像墨家那样对论辩本身感兴趣的思想家们。②

① 参见秋风《儒家式现代秩序》，第38页。
② ［英］葛瑞汉：《后期墨家的逻辑、伦理学和科学》，香港中文大学出版社1978年版，第63—64页。

尽管如此，安乐哲依然认为荀子和后期墨家之间存在着根本区别，即墨家重视投身于逻辑（和因果关系）的必然性，而这在荀子那里是完全缺乏的。他进一步论证到，荀子通常被奉为最理性主义的古典儒学家，但具有讽刺意味的是，由于他的"理性主义"是建立在历史和文化基础上，而没有诉诸形而上学的决定性因素，所以他走了一条与古希腊哲学完全不同的路径。在荀子的传统中，并没有将后期墨家和名家开始的第二问题框架思维继续保留到儒学方案中，而是鼓励回到另一个选择：唯名论的历史主义形式的第一问题框架。所以，与其说荀子是一个理性主义哲学家，不如说他为正在兴起的儒学体系加入了早期理性主义者的哲学关切。

随着以荀子这一儒学分支为基础的儒学正统存在，一种致力于相互调和的基本信念缓和了学术争辩。对争辩的极其厌恶和对调和术的积极培育——这就是荀子讲的"隆礼重法，内圣外王"。在进行批判的时候，秩序的基础——礼就发挥作用了，因为礼作为一种敬重的方式，它调和与协调人们在愿望、态度和行为方面的差异。正如柯雄文描述的，礼是用于"在社会交往中相互调和不同的态度、信念和价值观的一种设计"①。安乐哲认为，也许荀子最大的和最持久的影响在于他将礼作为把中华世界社会化、文明化及人性化的工具，他对礼在社会中的功能的描述在这一阶段编纂的史书和关于礼的细目的著作中被大量引用，并且，于综合性哲学文献之中，这些文献成为汉代的标识。例如，汉代《淮南子·泰族训》中关于礼的方面的哲学观点显然是受到了荀子的影响。汉承秦制，学术设置的制度化

---

① Cua, A. S, *Ethics Argumentation：A Study in Hsun Tsun's Moral Epistemology*，Honolu-lu：University of Hawaii Press，p. 11.

有助于保存和激活荀子的影响。荀子的几个嫡系弟子负责传授构成儒学教程的特定内容，包括从《春秋·榖梁传》和《左传》这样的史书，甚至《诗经》的正统解释"毛诗"也是以荀子的嫡系弟子名字命名的。在荀子死后两百年，朝廷的目录学家刘向给荀子文集写下了前言——《荀书序录》，言"兰陵多善为学，盖以（法）孙卿也"①，指出其所葬之地山东兰陵依旧在荀子的影响下，继续产生着优秀的学者。

儒家意识形态不断上升，作为一种基于礼制社会、内在美学秩序而出现的中国文化，在很大程度上避免了西方传统中常见的那种辩证冲突。与此同时，作为思辨学派的墨家、法家和名家的重要性逐渐减弱，甚至被调和融入"新儒学"之中。汉代初年，叔孙通、陆贾、董仲舒等众多儒生积极倡导儒学，完成了由私学向官学的转化，受到政府和社会的普遍重视，从而出现了"四海之内，学校如林，庠序盈门"（班固《两都赋》）的盛况。② 儒学正统的延续并没有导致其他重要派别如法家、道家和佛教的根除，主要源于它兼容并蓄、海纳百川、共生共荣的学术性格，及其追求美学秩序的范式。

第三节　著作选读三：《儒家角色伦理学》

"儒家角色伦理学"的相关研究，从 20 世纪 70 年代开始。国内学者对角色伦理的关注，主要是从儒家正名思想出发，试图建立一种以名定责、因名责实、名责相合的理论体系，树立正确的角色道德，以提高家庭、政界、职场、社区等领域的精

---

① 参见任雪莲《刘向〈荀书序录〉考释》，《长江大学学报》（社会科学版）2011 年第 5 期。

② 参见任吾心《论汉代儒学的官学地位》，《河北学刊》1992 年第 4 期。

神文明建设。与此同时，美国哲学家杜威、费正清、顾立雅、狄百瑞、史华慈等一大批文化精英也意识到儒学对于美国未来发展的价值和意义，并着手研究。在美国研究中国学的热潮中，安乐哲明确提出"儒家角色伦理学"这一概念，以跨文化视角进行儒家角色伦理学的比较研究和理论建构。

2011 年，他的专著"*Confucian Role Ethics*"① 在香港出版。他将康德的道德形而上学、穆勒功利主义、亚里士多德美德伦理等分别与早期儒学进行对比，认为儒家角色伦理的根本优势在于，它将礼、义渗透于家庭和社会里的有意义、互惠的角色和关系之中，通过这个路径实现了家庭和社群的繁荣。由此，他强调"关系"是儒家角色伦理的核心价值，也是"人类自身的最高成就"。该理论是一种中西文化比较视野下的新型儒学理论，不仅为西方尤其是美国重新理解儒学提供了新的视角，也为中国重新审视自身的文化传统带来了新的参照。鉴于国内儒学界对这一创造性理论的重视，2013 年，山东大学儒学高等研究院召集了国内外 20 余名专家学者，专门举办了以"儒学前沿问题高端论坛·儒家角色伦理"为主题的国际学术研讨会。此后，这一理论在国内外学界的关注度不断上升。2017 年 5 月，此书中译本《儒家角色伦理学》② 出版，由美国学者孟巍隆、中国学者田辰山等译校而成。

本书摆脱了旧有的中国学研究范式，将中西方哲学置于一个相对平等的观念之下，以互相借鉴、互相促进为目的。近代史上，西方研究中国学通常采用以下四种传统范式：一是以亨廷顿为代表的"西方中心论"：他在《文明的冲突与世界秩序

---

① Roger T. Ames, Confucian Role Ethics：A Vocabulary. Hong Kong：Chinese University Press, Chinese University of Hong Kong, 2011.

② 安乐哲：《儒家角色伦理学》，孟巍隆译，山东人民出版社 2017 年版。

的重建》一书中将发展中的中国视为美国最大的冲突国，认为
"中国正在恢复其地区霸主的地位"，很有可能出现"欧洲的过
去就是亚洲的未来"的情况。① 这种说法让美国忧心忡忡。二
是以列文森为代表的"传统—近代模式"②：他在《儒教中国及
其近代命运》一书中提出，西方文明的冲击既推动了以儒教为
中心的封建专制社会的瓦解，也为中国的发展提供了先进的发
展模式。三是以费正清为代表的"冲击—反应模式"③：他在
《美国与中国》一书中提出，中国近代的发展进程是"由一个
更加强大的外来社会的入侵所推动的"。四是以保罗·柯文为
代表的"中国中心观"：他的《在中国发现历史》一书彻底摆
脱了传统的西方中心论，以"中国中心观"的研究范式将中国
放在绝对核心的地位。④ 在这种社会历史背景下，安乐哲做出
了自己的选择，他的研究范式可以用"中西互为中心论"来表
述。安乐哲"儒家角色伦理学"的提出，有着特殊的学术背景
和重点指向，笔者将尝试对这一理论的来龙去脉做出详细解释。

一　对"个人主义"的反思与挑战

　　"儒家角色伦理学"理论的提出，是基于安乐哲对美国乃
至国际社会问题的关注。在这二三十年间，美国的经济发展风
云变幻，社会问题与之相伴而生。20 世纪 90 年代的信息技术
革命，造就了美国经济神话，全世界的资金和人才如潮水般涌

---

① 参见［美］塞缪尔·亨廷顿《文明的冲突与世界秩序的重建》，新华出版社 2010
年版，第 206—208 页。

② 参见张晓芳《20 世纪 50 年代以来美国中国学研究的范式转向》，《文史博览》（理
论）2016 年第 5 期。

③ 同上。

④ 参见［美］柯文《在中国发现历史——中国中心观在美国的兴起》，林同奇译，中
华书局 1989 年版，第 5 页。

入美国的资本市场，确立了其金融霸权的地位，也加快了全球化的进程。无奈好景不长，自 2001 年起，美国便遭受重创，先是发生"9·11"事件，接着卷入伊拉克战争，导致国内资金大规模撤离，经济逐渐呈现下滑趋势，几度引发金融危机。进入 21 世纪以来，美国陆续有 200 余家大企业被迫申请破产，400 多家中小银行倒闭，社会失业者达到数百万人。高额的教育和医疗费用，已经超出中产阶级的负荷，大规模的抗议者要求调整经济和政治结构。作为一位人文学者，安乐哲敏感地意识到，美国的经济危机已经蔓延成为文化危机，甚至社会危机，不再仅仅是凭借几人之力、一时之间能够解决的问题，而是各种矛盾交织积聚后所产生的必然恶果。

然而，在这场由地域性危机引发的全球风暴中，中国却作为新的世界工厂跻身世界中心地位。人文环境也呈现出良性发展态势，中国许多大学里相继成立了国学院或国学研究中心，世界上的孔子学院如雨后春笋般遍地生根，儒家哲学一步一步被中国的学术机构和政府机构合力推进。对于中美局势的急剧变化，安乐哲认为根本的症结是"社会中畸形的、不负责任的个人主义"① 阻碍了美国的发展，如个人无限度地滥用资源，经济集团利欲熏心而不择手段，更甚的是小布什政府"不是朋友，就是敌人"的单边主义宣言。也就是说，他认为个人主义削弱了美国人的道德责任感，而中国却依赖儒家的金科玉律——"己欲立而立人，己欲达而达人"（《论语·雍也》）在危机重重中脱颖而出。

在笔者看来，或许安乐哲对自己的国家——美国抱有"恨铁

---

① 安乐哲：《儒家的角色伦理学与杜威的实用主义：对个人主义意识形态的挑战》，《东岳论丛》2013 年第 11 期。

不成钢"的心情，而中国给他留下了各种美好的印象。事实上，我们知道，已经融入世界金融体系的中国，在全球性的经济危机面前，根本无法置之度外。在中国市场上，也出现了通货膨胀日益明显，房价居高不下，千万个工厂企业面临生存危险等经济危机。中国社会同样充满隐患，如大学毕业生就业竞争激烈，土地流失使得农民工游弋于城乡之间难以维持生计，贫富差距不断加大，老龄化问题日益严重，退休人员面临财政供养的巨大缺口，各种社会保障措施难以落实等。这些问题也使得中国学者深感困扰。回顾近 200 年的历史，美国经历了工业革命，完成了原始积累，又创造了经济神话，现在的情况是正在从高处向下滑落；而中国经历了鸦片战争的侵蚀，列强国家的洗劫，接着又是几番内争外战，现在正从低谷向上攀爬。纵然中国形势有所好转，但是与美国相比，境地孰好孰坏尚不能妄下结论。

既然安乐哲把症结归根于原教旨"个人主义"，那么，何为原教旨个人主义？它具有哪些特征呢？从本源上来看，个人主义可以追溯到基督教信仰，其教义虽然以上帝之名宣称在自然和道德上人人平等，提倡"己所欲，施于人"式的利他主义的爱，但是这种爱不能超越对上帝之爱，并且保守的基督徒（基要派）仍然坚持"基督以外无拯救"的宗教理念，上帝对个人拯救的关切也没有脱离个人主义。从理论上来看，可以追溯到古希腊伦理观，其强调尊重个人利益，而非他人利益。亚里士多德《论灵魂》和柏拉图《斐多》篇都有提及，人性是被上帝给定的，人生来就是不平等的，这种理念下的伦理观对道德的基本要求就是实现个人本性。在实现个人本性时，一切以个人为中心，尊重个人的解放、个人的奋斗、个人的选择。①

---

① 参见王书道《个人主义与集体主义：反思与整合》，《天中学刊》2000 年第 6 期。

根据价值理念的不同，原教旨个人主义又生发出"道德个人主义""经济个人主义"和"新个人主义"。"道德个人主义"具有宗教性，可以被看作一种道德的哲学，其目的在于确保个人灵魂获得自由和救赎，同时也强调道德的自我独立，反抗权威，反对压迫，它是古典自由主义的重要元素。"经济个人主义"是工业革命的产物，它强调一己之私，用金钱来衡量个人利益，倾向于利己主义。"新个人主义"来自杜威的社群理论，它尊重社会共同体的规则和权利，强调个人的能动创造性，提倡以合理的方式谋取个人利益。① 安乐哲对个人主义进行批判时经常具体指向"自治的个人主义"，其中诟病的主要是那种自私自利的"经济个人主义"。就目前看来，这种个人主义不仅在美国盛行，在中国也一定程度地存在。正是因为这种个人主义，才使得某些社会精英和少数权威者自恃正义，以牺牲大多数人的利益为代价来谋取供个人享有的自由。②

西方的个人主义，打破了个人与个人之间的自然状态，建立了一种人为的以宪法和法律为主要形式的"契约"关系。在这种理论框架之下，人伦关系受到忽视，从而导致了人情关系的冷漠。所以，海德格尔认为，人生来是被"抛"入这个世界的，对于他的时代和历史、身世和伙伴无法加以选择，这种"被给定"会让人产生"烦"感，并且这种感觉会伴随人的一生。不同的是，儒家以"仁者爱人"为出发点，把社会理解为一种人伦关系的存在，从道德情感出发建立礼仪制度，以礼称情，以法律作为社会底线的保证。优先选择"道之以德，齐之以礼，有耻且格"，然后再去考虑"道之以政，齐之以刑，民

---

① 转引自王书道《个人主义与集体主义：反思与整合》，《天中学刊》2000 年第 6 期。
② 参见安乐哲《儒家的角色伦理学与杜威的实用主义：对个人主义意识形态的挑战》，《东岳论丛》2013 年第 11 期。

免而无耻"（《论语·为政》）。礼是一种儒家式生活状态，是一种表达爱的方式。每个人扮演着不同的角色，一个角色形成一种关系，一个人会将多种关系聚集在一起，在这种情况下，成人才能成己，立人才能立己。在儒家传统中，感受不到海德格尔的被抛感，一个孩子一出生就具备了多个角色，他既是个儿子，也是个弟弟，也有可能是个皇子，一出生就拥有了身份，甚至拥有了权利，这种预设就表明了他是一个"被接纳"的存在。同时，人的多个角色，既要做到父母的"慈"，子女的"孝"，兄长的"悌"，朋友的"义"，又要做到臣民对国家的"忠"等，这样可以培养多种伦理道德，可以丰富人的情感。儒家因角色而形成的关系性，是安乐哲提出"儒家角色伦理学"的初衷。他认为，"儒家角色伦理的道德生活有一种整体性与令人神往的视野"，"令人具有强烈归属感的本能满足，它构成充实的宗教性（趋群性）感受"。①

在个人主义带来物质文明发展和进步的同时，它也为一种不受约束的个人自由提供了存在的理由，对社会造成了极大的负面影响。安乐哲决心向这种意识形态提出挑战，并试图通过儒家角色伦理学将儒家哲学与杜威的实用主义相结合，从而探寻和找回那第二种更具有生命力的正义观念。

二　从"关系"中寻找价值

所谓"第二种正义"，是相对于个人主义的正义而言的。罗尔斯在其专著《正义论》中对个人主义的正义做出批评：世界上大多数国家的民主，被公司资本主义所霸占，他们注重的

---

① 安乐哲：《儒家角色伦理学》，孟巍隆译，山东人民出版社2017年版，"原序"第2页。

是程序正义或者司法正义，权利优先于善，结果便会倾向于实现少数权威者的利益，而无视或损害多数人的利益分配。他还指出，学术和政治力量越是捍卫和保护道德，维护大多数人利益的社会正义越是难以实现。之所以这样说，是因为他认为现代西方的道德理念植根于经济体系，割裂了个人与他者的关系，被提升为一种抽象的原则，将人定义为自由的、理性的个体，剥离了人性中的善，减弱了社会责任感，丧失了内在的动力。①正如安乐哲所言，西方的"道德"已经不足以解答"为什么要爱别人"这样的问题。② 在批评的同时，罗尔斯也进一步谈到了他的正义观："有关人的处境的特殊事实——人的智力和技能、性别、宗教、种族、财富、健康等等——都不属于证明正义原则的正当理由。"③ 从这句话来看，罗尔斯的正义理论一笔勾销了同西方社会宗教传统的关系，认为实现社会正义就要从根本上否定各种宗教信仰。在安乐哲看来，这种以独立原则存在的正义只是一种假定。

实际上，杜威与罗尔斯颇有渊源，两人的思想都源自德国古典哲学，又不约而同从中出走；起初均是基督徒，后来又偏离或抛弃了基督教。与罗尔斯不同的是，杜威选择了一条温和的改良路线。他很少在其政治理论中直面正义问题，而是从民主社会理论出发进行正义理论的转换。他没有彻底否认个人主义的基础地位，而是将其进行了改造，承认人需要成就卓越的个体性，但是坚持这种个体性存在并植根于关

---

① 参见安乐哲《儒家的角色伦理学与杜威的实用主义：对个人主义意识形态的挑战》，《东岳论丛》2013 年第 11 期。

② 参见牟钟鉴、安乐哲、单纯《全球化背景下的中国文化反思——牟钟鉴、安乐哲对话录》，《中国图书评论》2007 年第 1 期。

③ ［美］弗雷曼：《罗尔斯》，张国清译，华夏出版社 2013 年版，第 157 页。

系之中，只有在关系中才能培养个人美德和获得平等。而且，杜威所指的平等，已经不是传统观念中的个人专属，而是属于整个共同体，需要在协调自己来成就共同体的过程中才能实现。同样，"正义"理念也是由关系而产生。安乐哲认为，杜威对西方人熟悉的"平等"进行了重新建构，变得更加合理化，可是，将民主或正义理论建构在以个人主义为基础的"关系"上仍然存在风险。[①] 但是，不得不承认，安乐哲对于杜威提出的"关系"理论充满了欣赏，因为这可以帮助他挑战那种将人视为不相关联、自由、自治、理性、自利、个体的个人主义。[②]

与此同时，他也注意到了与杜威在正义模式上有着共鸣的儒家哲学。与杜威相比，儒家哲学的正义观强调个人内在的道德修养与直觉感悟，更侧重于对社群关系的整体把握；承认个体差异，却倾向于用礼义对政治权威进行道德上的约束。同样希望通过"关系"实现"正义"，杜威认为"人不仅仅是事实上交往的，而且成为一种由想法、感情和深思熟虑的行动所组成的社会动物。人所相信、希望以及奋斗的是交往和交流的结果"[③]，这种关系多表现为外在行为的交往和思想层面上的交流。而儒家一向重视人与人之间、人与天之间关系的感应和协调，"诚者非自成而已也，所以成物也。成己仁也，成物知也。性之德也，合内外之道也"（《中庸》第 25 章），用"诚"等内在的道德来贯穿天、地、人，这种关系是一种内在的正义脉

---

① 参见安乐哲《儒家的角色伦理学与杜威的实用主义：对个人主义意识形态的挑战》，《东岳论丛》2013 年第 11 期。
② 同上。
③ 同上。

络，可以通向外在的社会结构与政治制度。① 值得关注的是，唐君毅"一多不分"②的宇宙论给了安乐哲更多的启发。"一多不分"理论认为："部分与全体交相融合"是中华文化的根本精神。安乐哲将这种"一多不分"观念运用到儒家角色伦理学的"关系"上，认为个人与社群互联互利不可分割。看似抹去了"关系"的内外特性的区别，或者说是变得内外兼具。总之，儒家角色伦理坚持"关系"的首要性，力在排除终极个体的任何观念。

无论是内在、外在的"关系"，还是内外兼备的"关系"，杜威与儒家都把人看作生活于群体中的个体，这就为正义提供了一种务实性、普遍性和整体性的意义。两种资源都与安乐哲所寻找的"第二种正义"有着某种契合。他认为，人就是正义本身和正义主体，正义的合理性应该由实证性经验来证明。③所以，在此基础上建立起来的"儒家角色伦理"，可以理解为——它以家庭生活和家庭情感为起点，从而将个人纳入家庭角色和代际关系之中，然后援引道德在关系中成长，反过来促进角色、关系的意义达到最佳化，最终成就一种理想的社会秩序。归根结底，儒家角色伦理就是为了从"关系"中寻找那种更有生命力的社会正义。

儒家角色伦理试图通过"角色"为我们提供行为规范。角色伦理意在指导我们如何合理地接人待物，用恰当的行为来传递人类高度复杂的心理活动，同时启发出一种实在的正义感。④

---

① 参见吴进安《先秦儒家正义观探析》，《孔子研究》2012 年第 6 期。

② 唐君毅：《中西哲学思想之比较论文集》，台湾学生书局 1988 年版，"导言"第16—17 页。

③ 参见安乐哲《儒家的角色伦理学与杜威的实用主义：对个人主义意识形态的挑战》，《东岳论丛》2013 年第 11 期。

④ 参见安乐哲《儒家角色伦理》，《社会科学研究》2014 年第 5 期。

安乐哲认为，置于社会关系之中的"角色"本身就是一种道德的代名词，如"做母亲""做邻居"不光是描述事实，更重要的是要担当起相应的责任，表达出真实的情感。[①] 他试着通过《论语·乡党》篇的内容来支持这一观点：

> 孔子于乡党，恂恂如也，似不能言者。其在宗庙朝廷，便便言，唯谨尔。
>
> 朝，与下大夫言，侃侃如也；与上大夫言，訚訚如也。君在，踧踖如也，与与如也。
>
> 入公门，鞠躬如也，如不容。立不中门，行不履阈。过位，色勃如也。足躩如也，其言似不足者。摄齐升堂，鞠躬如也，屏气似不息者。出，降一等，逞颜色，怡怡如也。没阶趋，翼如也。复其位，踧踖如也。
>
> 疾，君视之，东首，加朝服，拖绅。

这几段文字，是孔子这位士大夫真实的生活写照。孔子对于乡党、下大夫、上大夫、国君而言，扮演着不同的角色。面对这种错综复杂的社会关系，孔子时时处处需要找到一种相应的姿态，去传达一种足以维系各种关系的恰当的尊重或忠诚的感情。孔子的一言一行，都在遵从"礼"的安排，他的行为是发自内心真实感情的流露，既涉及身体力行，又涉及内在精神；既具有审美性，还具有道德性，甚至宗教性。[②] 的确，道德"角色"可以塑造出"圣人""君子"般的文化英雄，从而对周围的人起到典范作用。

---

① 参见安乐哲《儒家角色伦理》，《社会科学研究》2014 年第 5 期。
② 参见［美］安乐哲、郝大维《切中伦常：〈中庸〉的新诠与新译》，彭国翔译，第158—159 页。

既然"角色"具有道德性，那么，由此而形成的"关系"必然也会包含道德性。安乐哲用"子为父隐"（《论语·子路》）的学术公案做出了详细的论证。他认为，《论语》中的这个案子，并非是司法正义所能解决的问题。问题的难点不在于"儿子是否应该掩护犯了罪的父亲"，而是关键在于当父子之间正常的互联关系被扭曲了以后，还如何加以"隐"，亦即如何使之"直"。安乐哲要表达的意思是，司法性正义考虑的是如何将嫌疑人依法论罪；而关系性的正义是为了找出使得社会和政治和谐最佳化的方法。从中我们可以看出，儒家角色伦理不赞成凭借理性思维方式来达到理想的道德境界，而是要求人在关系中培养审美、道德、宗教等方面的想象力。

人是关系性的存在，从家庭关系中来，到社会实践中去。安乐哲强调，儒家倡导以人为中心与以关系为本。① 在互系思维观念下，人被赋予"造物主"一般的创造性与神圣性，并从中升华出一种宗教情感。这种宗教情感与亚伯拉罕传统中的一神宗教有重大差别。首先，儒家宗教情感以人为中心，不是以神为中心。儒家认为，万物本乎天，人本乎祖，所以尊天敬祖，实际是一种建立在孝慈文化上的祖先崇拜；人人有追求成为圣人的资格；只要通过谦恭自我修养和磨炼，都能达到天地合一的境界。其次，儒家宗教情感关注现世，不是救世主义也不是末世主义。儒学"不谈死后，不讲来世，怀疑鬼神，它所关注的重心在现实人生社会"②。最后，儒家宗教情感依礼而行，不设定强制性、神秘性规约。儒家所推崇的礼义与礼仪依靠人们自觉遵行，没有神秘主义的仪式和条约，只是通过诚敬地遵守"礼"来体现人的神圣

---

① 参见杨朝明主编：《孔子文化奖学术精粹丛书》（安乐哲卷），华夏出版社2015年版，第133页。

② 牟钟鉴：《涵泳儒学》，中央民族大学出版社2011年版，第312页。

性；礼既普遍寻常，同时又具有庞大而神奇的凝聚力。安乐哲将儒家的宗教情感视为社会兴旺发达的产物，认为它在成就角色、关系之礼的途径中形成，能够持续不断地带来生机勃勃的生活质量，所以将其称为"积极的生命之花"①。

三　儒家角色伦理学的理论困境与现实意义

中西方学者对安乐哲提出的"儒家角色伦理学"的理论做出回应，主要是批评或质疑，可归纳为两个方面。

一方面，来自倾向于支持儒家德性伦理学的中西方学者，他们对角色伦理学的合理性问题提出了质疑。从中国传统学者的角度来讲，认为儒家思想通常把"人"看作德性的存在，而非以"角色"为中心。孔孟荀均主张"道德"是自然界赋予人的特殊本质，是人区别于其他一切存在的最好的证明，如"天生德于予"（《论语·述而》），"人之所以异于禽兽者几希"（《孟子·离娄下》），"水火有气而无生，草木有生而无知，禽兽有知而无义，人有气有生有知亦且有义，故最为天下贵也"（《荀子·王制》）。② 所以，儒家学者习惯上称之为道德伦理或德性伦理，很难接受角色伦理这一创新提法。山东大学沈顺福教授直接表明，儒家伦理学的主题是"德性"，而非"角色"，儒家哲学中深深烙着德性的印记。同时，他也指出，儒家的"德性"是即有的本性，并不是亚里士多德的"德性"。③ 武汉大学郭齐勇教授认为，角色伦理虽然突破了西方中心主义和道德虚无主义，彰显了儒家伦理的家庭本位性和特殊性，却将根植于人性中的道德置放于关系和角色之中，失去了它原本的普

---

① 安乐哲：《儒家角色伦理学》，孟巍隆译，山东人民出版社 2017 年版，第 260 页。
② 参见严火其、严燕《浅谈中西方传统的德性伦理》，《道德与文明》2006 年第 1 期。
③ 参见沈顺福《德性伦理抑或角色伦理》，《社会科学研究》2014 年第 5 期。

遍性、超越性和终极性。① 山东大学刘宏博士则以《中庸》的"慎独"理论为依据，证明儒家伦理正是要求人要摆脱各种角色关系的束缚，坚持自己的价值判断；同时又以《孟子》"乍见孺子将入于井"为例，再证人的德性并不依托于关系中的角色而存在。然而，他对以德性为儒家伦理学主题的看法也表示担忧，因为它将面临来自西方德性学说的干扰。②

的确，要想取得两种文明的相互认可，必须要清楚中西方概念之间的区别。在西方伦理中，也具有一定的道德传统。自苏格拉底的"知识就是美德"开始，到柏拉图的"善的理念"，再到亚里士多德的"至善"理论，都将道德与善视为追求绝对理念的最佳手段。只不过，在西方道德伦理中，道德不仅仅指优秀品德，还包括事物的卓越性；它也不是人类先天赋予的，而是后天获得的一种性质，并且服从于绝对理念。③ 虽然中西方对"道德"的理解不同，但也不失为一条儒家伦理与西方伦理对话的有效途径。20 世纪以来，德性伦理学成为西方伦理学的一个重要特征。万白安、艾文贺、余纪元等西方学者借助"德性"这一视角，展开了对儒家伦理学的研究。对于"儒家角色伦理学"的提出，他们提出批评，认为其出自于韦伯的"理念型分析"，纯属安乐哲等人自我指涉的理论产物。他们觉得角色伦理学就像"奥卡姆剃刀"，不仅会误删掉"德性"在儒家思想中的价值，还会使早期儒家伦理过度片面化和后现代化，从而失去了与西方德性伦理对话的可能。

从以上分析来看，这些顾虑也有其自身的道理。站在中国

---

① 参见郭齐勇、李兰兰《安乐哲"儒家角色伦理"学说析评》，《哲学研究》2015 年第 1 期。

② 参见刘宏《"儒家角色伦理"国际学术研讨会述评》，《当代儒学》2014 年第 1 期。

③ 参见严火其、严燕《浅谈中西方传统的德性伦理》，《道德与文明》2006 年第 1 期。

学者的角度，他们担心对"角色"的过分强调会产生错误导向，致使德性在传统观念中重要地位的滑落。事实上，对西方学者来说，他们更是无法忘记古希腊城邦制度中"角色"给人们所带来的桎梏。公元前8世纪的城邦制度以父权制为基础，城邦居民只有获取公民权才有资格成为共同体成员，而对于女性、奴隶和来自外邦的移民来说则永远无法享有公民权利。同时，由家族神祇任命的家族族长通过"祭司"这一角色来获取权威，他们掌管着邦中议事和审判的权利。然而，直到公元1世纪基督教的出现打破了这种根深蒂固的城邦理念，宣称所有个体在上帝面前都是平等的——无论是男人还是女人，无论是贵族还是奴隶，甚至包括罪人都以兄弟姐妹相称，无须考虑自身的社会角色。① 从这个角度来看，角色伦理学的出现，无疑是对基督教所倡导的平等自由理念的一种"反叛"。对于道德伦理学学者的批评，安乐哲似乎无意辩证。他只是反复强调，儒家角色伦理学与道德伦理并不冲突，它不是一种独立存在的伦理理论，而只是想给道德提供一种更加广阔且独特的视角，使它能够走出抽象的心性概念，融入生活经验中去寻求保证。②

另外，还有一些学者对于角色伦理的严谨性，尤其是对"关系"的界定问题提出了质疑。西方学者黄百锐对角色伦理学中"关系"的解读是："我们以生物有机体获得生命，通过和同类建立关系而成人。"③ 可见，黄氏把个体的存在放在首位，关系是在个体的交流中予以获得的。安乐哲在《心场视域的主

---

① 参见大卫·马昆德《我们不应忘记自由主义的宗教渊源》，张舒译，《东方历史评论》2015年3月20日。

② 参见安乐哲《新场视域的主体——论儒家角色伦理的博大性》，《齐鲁学刊》2014年第2期。

③ Amy Olberding, *Dao Companion to the Analects*, Dor-drecht：Springer，2014，p. 192.

体——论儒家角色伦理的博大性》一文中专门做出回答，他否定了独立性个体的存在，"我们是关系的总和并被关系所组成，而非复制这些集中的、惯性的中心"。① 显然，安乐哲的回答并不足以消解所有的疑虑。山东大学蔡祥元教授认为，儒家角色伦理学中的关联性思维是怀特海过程哲学和杜威实用主义的经验流变之说，虽借中国古代哲学之名，但只强调经验层面，这并不能全然表达中国传统文化中更深层次的"变化之道"。②

诚然，安乐哲已经深刻认识到"关系"在社会伦理中的存在价值，但是对"关系"之中个人与群体的内在逻辑并未给出清晰的解释，或者说他有意在坚持"关系"的积极的模糊性。对于上述蔡教授的评论，笔者想要做出补充。实际上，安乐哲的关联性思维更多的灵感来自唐君毅先生"一多不分"的宇宙论，具体表述如下：

中国哲学中，素不斤斤于讨论宇宙一或多之问题。……吾人今亦援前例而论一多不分观之来源。第一，可谓其来自合动静有无观。盖吾人之所以将一多视作分立，正由吾人将各物视作静而不动有而不无以自成界限。若以为动静有无可相转变，多可相融合以为一，一可以变化而成多；何一多对立之有。第二，可谓其来自无往不复观。盖吾人之将一多视作对立，又必待吾人视各物为相离则不能合，相合则不能离者。若离复能合，合复能离，则一多之分立自不可能。物之离合，即可视作物之往复。若持往

---

① 安乐哲：《新场视域的主体——论儒家角色伦理的博大性》，《齐鲁学刊》2014 年第 2 期。

② 转引自刘宏《"儒家角色伦理"国际学术研讨会述评》，《当代儒学》2014 年第 1 期。

复无常观，自当持离合无常观，而一多不分之义在其中矣。第三，可谓来自无定体观。盖若一切均无定体，则一与多均无支持之者。一多既均无支持之者，则孰使一常住为一，多常住为多。第四，可谓来自吾人所谓中国文化之根本精神不自全体中划出部分。盖吾人之所以有一外之多，必先由全体直接经验中划出许多独立之部分；吾人之所以有多外之一，必将全体直接经验视作离此划出之部分而另有其存在者。若吾人根本不自全体中划出部分，自无一外之多与多外之一之分立矣。[①]

的确，中国哲学宇宙观支持这一观点。从老子的"万物得一以生"（《道德经》第39章），到《易经》的"万物睽而其事类也"（《睽卦》），再到朱熹的"一本万殊"（《朱子语类》），都把"一"与"万物"紧密联系在一起，两者不可分割。但是，安乐哲将其与实用主义结合起来，应用到人类社会的经验层面，难免会出现问题。因为"一多不分"主要是指宇宙万物变化之象，而社会中的人具有思想意识和主观能动性，很难在关系活动中达到"一多不分"的程度。儒家哲学自孔子起，虽然重视群体秩序，但并不抹杀人的个体性，如"为仁由己，而由人乎哉"（《论语·颜渊》），即"为仁完全由自己，不在于外人"[②]。另外，孟子说："人人亲其亲、长其长，而天下太平"（《孟子·离娄上》），即只要人人亲爱自己的双亲，尊敬自己的长辈，天下就太平了。可见，儒家哲学中个人与他人的"关系"也是有远近亲疏差别的，并不能一概而论。虽然汉

---

① 唐君毅：《中西哲学思想之比较论文集》，台湾学生书局1988年版，"导言"第16—17页。

② 参见钱穆《论语新解》，生活·读书·新知三联书店2002年版，第303—304页。

代大一统时期偏重群体秩序，而宋明理学强调"为己之学"，但总体来说仍沿袭着孔子的"中庸之道"。① 所以，笔者认为安乐哲有必要对角色伦理学中的"关系"做深度分析，否则就会走向与罗尔斯相对的另一个极端。山东大学孟巍隆教授也指明了这一点，他说文化比较研究不必采用东西两极化对立的思维模式，以西方哲学为标准固然会掩盖中国哲学的价值，但是，东方主义的取向又会切除掉儒家哲学中的一般原理，这同样是一种矫枉过正的做法。②

　　或许，站在更高的角度来看，儒家角色伦理学不仅是要挑战个人主义意识形态，还有意要克服儒家思想中旧有"关系"理念所带来的局限性。安乐哲在《角色伦理：一个需要重新认识的儒学思想》中指出，儒家生活目标被局限在熟人的圈子中或囿于生活琐事，往往会过分强调或依赖亲近的私人关系，势必会导致裙带依存、任人唯亲、狭隘的地方主义和腐败现象；儒家对家庭和个人亲近关系的过分投入使得公共人力资源短缺，不利于形成一个有活力的公民社会；儒家伦理价值观的某些片面性助长了某些狭隘的地方主义，致使一些国家出于自利主义和应急政策取得暂时媾和，从而对国际关系的发展产生了负面影响。③ 所以，他认为，在跨文化交融的国际舞台上，应该重新思考儒家的角色和关系，建立一种符合现代社会交往准则的更有生命力的儒家伦理价值观。在此基础上，角色伦理学要求以家庭为起点，但要突破家庭

---

　　① 参见余英时《群己之间——中国现代思想史上的两个循环》，《现代中国思想的核心观念》，上海人民出版社 2011 年版，第 206—209 页。

　　② 参见孟巍隆《文化比较的思想误区——兼评安乐哲"儒家角色伦理"》，《文史哲》2016 年第 1 期。

　　③ 参见安乐哲《角色伦理：一个需要重新认识的儒学思想》，《北京日报·理论周刊》2010 年 11 月 29 日。

亲缘关系的限制，以一种更高的姿态应用于更宽广的领域之中，甚至要将关系延伸为一种以人为中心的宗教性理念①，成为国际社会共同认可的价值观。

从现实意义来分析，角色伦理学是儒家德性伦理为适应现代国际社会的进一步发展。它使古代的传统得以理论化和当代化，尝试表达一种独特的道德哲学，让儒家传统发出自己的声音。另外，它提醒着我们，儒家要实现"齐家治国平天下"的宏愿，不能拘泥于文化自我中心主义，必须将眼光放得更长远。牟钟鉴教授支持这一观点，他认为，儒家道德需要根据时代特征吸收新的道德因素；现代中国正在向发达国家迈进，道德领域也大大扩展了，家庭血缘关系固然仍有积极作用，但是有些社会关系不是靠旧的思路所能理解的；市场经济体制下的社会，职缘关系和职业道德占有头等地位，除了发掘传统资源，还需要借鉴海外经验并且大胆进行创造。② 以此来看，角色伦理足以称为一种"大胆的创造"。乔清举评价，安乐哲的研究是"对于（中国哲学）合法性疑虑的解构"，也是"朝着突破'学科'界限，向哲学创造发展"。③

那么，回到安乐哲的理论起点，将角色伦理引入西方文化，是否会有它生长的"土壤"？美国哲学家乔尔·库普曼认为："个人主义鼓励我们要按照个人的意愿去选择自己的生活，这一切不会被我们与其他人的互动所影响，而角色伦理却在提醒我们要纠正这种简单化的看法。但是，需要声明的是，角色伦

①　参见安乐哲《儒家角色伦理学：挑战个人主义意识形态》，《第六届世界儒学大会学术论文集》，第 41 页。

②　参见牟钟鉴《涵泳儒学》，第 291 页。

③　参见乔清举《中国哲学研究反思：超越"以西释中"》，《中国社会科学》2014 年第 11 期。

理并不阻碍我们继续去关注个人主义因素，而只是会塑造和美化我们的社会生活。"① 可见，库普曼对角色伦理学的理解依然建立在个人主义的基础上。安靖如也承认，坚持儒家角色伦理是道德生活的独特自述，使我们"不须声称角色伦理不能与西方道德理论兼容"②。尽管这种观点在西方并不普遍存在，但也是一个良性的开始，至少它可以使更多人看到儒家哲学的价值。目前，国际社会形势并不乐观，霸权主义与恐怖主义流行，地方性冲突持续不断，而西方国家尤其是美国经常采用以暴制暴的方式，不仅不能从根本上解决问题，而且形成了暴暴还治的恶性循环。基于马基雅维利的强权政治论、达尔文的社会进化论和基督教的独尊性和排他性，西方文化在引导国际局势走向和平的道路上似乎是举步维艰。③ 角色伦理学的引入，希望能够在消解这种强权文化上做出一点贡献。另外，自 20 世纪 90 年代冷战结束至今，"中国威胁论"在国际社会上便不绝于耳。实际上，这是美国等一些国家对中国崛起的误读和主观猜忌。美国学者亨廷顿断言，中国将成为西方文明的天敌，未来世界的冲突可能在西方的傲慢、伊斯兰国家的不宽容和中国的武断的相互作用下发生。④ 在一些西方人看来，西方世界天生富有人性、爱好和平，是民主和自由的，而中国是不属于主流文化的"另类"，在政治制度上永远都是"异己"，是一个专制和集

---

① Joel J. Kupperman, *Confucian Role Ethics: A Vocabulary by Roger Ames*, China Review international, Vol. 18, Issue 4, 2011.

② Angle, Steve, "Moral Vision and Tradition: Essays in Chinese Ethics", *The Journal of Asian Studies.* 2001, Vol. 60, Issue 4.

③ 参见牟钟鉴《涵泳儒学》，第 222 页。

④ 参见［美］塞缪尔·亨廷顿《文明的冲突和世界秩序的重建》，新华出版社 1999 年版，第 199 页。

权的国家。① 儒家思想的传播，可以让西方人看到中国文化追求关系和谐、共同发展、共同安全的特征，明白中国强大不等于霸权的道理。对他们来说，由美国人自己提出的儒家角色伦理会更有说服力。

从实践上来看，与德性伦理相比较，角色伦理更容易被中国现代社会的年轻人所理解和接受。在传统乡村社会结构下，中国人特别看重家族间的人伦关系，十分强调道德的作用。与"伦理本位"的乡村社会相比，当代中国社会结构发生了巨大变化，"伦常道德"不再是它的基础，核心家庭本位已经成为其主要文化特征。加之西方后现代意识形态的影响，中国的年轻人较多地关注西方社会自由平等理念和个人价值的实现，很难将道德嵌入现代社会场域。较为乐观的是，尽管中国的年轻人群体持有不同程度的个人主义，然而其思想仍然以儒家文化为底色，比西方人更容易接受角色伦理的"关系"理念。儒家角色伦理呼吁建立一种有责任感的、积极的主体意识，引领人们不断回到关系性的存在之中，在反思自我与他者、个体与群体的关系之中，发现自身的价值和意义。② 在此基础上，将家庭角色作为完善道德的进入点，通过道德角色的实践来完成社群伦理关系的规范。另外，角色伦理在中国的传播，能够使更多的年轻人关注自己的文化传统，从自身文化中汲取精神力量，最终树立文化自信。

---

① 参见鲁世巍《新一轮"中国威胁论"：解析与应对》，《中国特色社会主义研究》2013 年第 3 期。
② 参见李慧子《儒家伦理学对西方伦理学的挑战——评安乐哲的"儒家角色伦理学"》，《社会科学研究》2014 年第 5 期。

第三章　儒家经典的翻译与
哲学术语新诠

　　安乐哲翻译过多部中国经典文献。其毕业论文即是对《淮南子·主术》篇的研究，最终成果《主术：中国古代政治思想研究》（*The Art of Rulership: A Study in Ancient Chinese Political Thought*）于 1983 年出版，成为他的第一本中国学术研究专著。随后，他又出版的研究译著有《孙子：战争的艺术》（*Sun-tzu: The Art of Warfare*，《孙子兵法》的英译和研究，1993）、《孙膑：战争的艺术》（*Sun Pin: The Art of Warfare*，《孙膑兵法》的英译与研究，与刘殿爵合著，1996）、《原道》（*Tracing Dao to Its Source*，《淮南子·原道训》的英译和研究，与刘殿爵合著，1998），前两部现已成为美国军界和民间研究中国古代军事思想的重要参考书。此后，"他有意要发展出一套独特中国哲学词汇表，并在一系列翻译著作中充分体现出来"①，如《〈论语〉：基于定州本的哲学翻译》（*The Confucian Analects: A Philosophical Translation Based on the Ding-zhou Manuscripts*，《论语》的英译与研究，与罗思文合著，1998），《切中伦常：〈中庸〉

―――――――――

　　① 温海明：《安乐哲比较哲学方法论简论》，《云南大学学报》（社会科学版）第 8 卷第 1 期。

的英译与新诠》(*Focusing the Familiar: A Translation and Philo-sophical Interpretation of Zhongyong*,《中庸》的英译与研究,与郝大维合著,2001),《道德经:使此生富有意义》(*Daodejing: Making This Life Significant*,《老子》的英译与研究,与郝大维合著,2002),《生民之本:〈孝经〉的哲学诠释及英译》(*Family Reverence*,《孝经》的英译与研究,与罗思文合著,2009)。他摒弃了以往的中英词汇生硬直译,极力避免原文中所没有的形而上学,运用独特的诠释学视角翻译中国哲学经典,其翻译成果和方法论引起美国中国哲学研究界的密切关注,2002年春,在西雅图专门召开了研讨会来讨论他的方法论。[①]

安乐哲不断强调儒家哲学中存在着自己的独特性和创生力,这也引发了许多中国学者重新思考儒家哲学的理论价值。在安乐哲多部译著中,《〈论语〉:基于定州本的哲学翻译》《切中伦常:〈中庸〉的新诠与新译》《生民之本:〈孝经〉的哲学诠释及英译》三本著作与儒学相关。本章将对三本儒学译著做出全面考察和系统梳理,并将其与中国传统学术研究进行了对比,这样可以更加客观地理解安乐哲对儒学术语的哲学诠释。

第一节　译著一:《〈论语〉的哲学诠释》

安乐哲与罗思文合作完成的《〈论语〉:基于定州本的哲学翻译》一书以河北定州出土的《论语》为文本,结合一些最新的考古发现,对《论语》中的核心词汇和主体思想做出了全新的英文翻译和哲学诠释。定州《论语》发掘于定州40号汉墓,

---

① 参见温海明《安乐哲比较哲学方法论简论》,《云南大学学报》(社会科学版)第8卷第1期。

整理工作从 1973 年开始，到 1981 年第 8 期《文物》杂志公布发掘简报和部分释文时宣告基本结束。安乐哲之所以会选择这个文本，是因为它是我们迄今发现的年代最早的《论语》版本，在文字上与通行本差异达 700 多处。这不仅可以最大限度地避免传抄过程中出现假借字、简省字、错别字和疏漏之处，而且也可以发现一些未经编定的、早期版本的文献特征。①

迄今为止，世界上已有 40 余个《论语》英译本，尽管风格各异，但大多流于对文本的背景介绍及对文中出现的人物、事件、地点的一一解释。本书的最大突破就是把《论语》看作一本真正的哲学文献，根据其内在的逻辑性，围绕特定的主题组织起来进行解读，因而被称为"20 世纪下半叶英语世界最有影响的《论语》英译本"②。该书的中译本《〈论语〉的哲学诠释》由中国社会科学出版社于 2003 年出版，内容由导言（历史文本背景、哲学和语言学背景）、《论语》的哲学释义、《论语》英文翻译三个主要部分组成。在本书中，安乐哲不仅看到了《论语》中孔子对仁者、君子和士人所赋予的责任，也看到了其他学者所没有注意到的这些文化领袖身上潜在的权威性和典范作用，这成为他诠释《论语》哲学内涵的特殊学术贡献和理论突破。

一 仁者的权威性人格

根据传统的理解，孔子谈论的仁是一种忠恕之道，"己欲立而立人，己欲达而达人"（《论语·雍也》），"己所不欲勿施于

---

① 参见［美］安乐哲、罗思文《〈论语〉的哲学诠释》，余瑾译，中国社会科学出版社 2003 年版，第 150—160 页。

② 李钢：《〈论语〉翻译的哲学之维——论安乐哲、罗思文〈论语〉英译》，《译林》2011 年第 10 期。

人"(《论语·卫灵公》)。现代学者将仁的含义概括为以下几种:
一是爱人;二是关系网络;三是对人格、理想的追求;四是道德
自律;五是处世的态度;六是包容、涵化。① 从字源上来看,
"仁"训释为"从人从二",即二人之间相亲相敬,其含义也落
脚在"爱人"上,尤其指爱他人。廖名春教授进一步解释:"爱
人"就是心中有百姓,心中有他人,想百姓之所想,急百姓之所
急。② 从出土文献郭店竹简上看,梁涛教授认为"仁"(从身从
心)表示心中想着自己,思考着自己,用当时的话说就是"克
己""修己""成己",用今天的话说,就是要成就自己、实现自
己、完成自己。他还认为,"仁者自爱"(《荀子·子道》),既要
"爱己"又要"爱人"才是"仁"的完整内涵。③

　　对于西方学者来说,"仁"是什么?这一直是个很难理解
的问题。可贵的是,安乐哲不仅领悟到了它的人际关系性,也
提出了独特的看法,他认为"仁"具有创造性和权威性。他的
具体观点可以概括如下:首先,"仁"只能通过共同群体下的
人际交往才能获得,并滋养着这些人际关系,从而形成"自我
领域"(重要人际关系的总和),使人成为完全意义上的社会
人。"仁者"之爱是自我和他者彼此契合的基础。其次,"仁"
标志着一个独特的人的性质改变,不过它没有既定的规则,也
没有完美的理想,它像一件艺术品一样是一个开放而非封闭的
过程,排斥一成不变的解释和重复。这个理论前提预示着
"仁"并非天赋之能,而是具有创造性。在此条件下,人并非
我们所是,而是我们所为和我们所成为,"成人"一词便能清

---

① 参见滕新才、曾超、曾毅《中华伦理范畴·仁》,中国社会科学出版社 2006 年版,
第 55—59 页。
② 参见廖名春《"仁"字探源》,《中国学术》第 8 辑,中华书局 2001 年版,第 63 页。
③ 参见梁涛《郭店竹简与思孟学派》,中国人民大学出版社 2008 年版,第 66—67 页。

晰地勾勒出成为人的过程和突发的特点。① 最后，"仁"（出众的人）和"人"（普通的人）是人的两个不同层次。"仁"指涉的是一种人性的已得状态，一个印在个体全部行为中的特征，它是获得社群尊敬且拥有感召力量的源泉。② "仁者"是社会群体中的权威代表，其他人在绝无外在强制的情况下，心悦诚服于其成就，暗自遵循其行为模式，自觉修养自己的人格。全面理解之后，经过深思熟虑，安乐哲放弃了"仁"的现行译法，如"benevolence""goodness""humanity""human-heartedness""love""altruism""kindness""perfect virtue"，甚至"man-hood-at-its-best""man-to-manness"等，采用相比之下不够雅致的"authoritative conduct""to act authoritatively"或"authoritative person"来表达。目前，多数译本中较为流行的译法是"benevolence"，但安乐哲认为这种译法使"仁"具有了自我克制的含义，抹杀了其应有的自我实现的创造性。

值得一提的是，安乐哲使用"authoritative"（权威性）来表述儒家哲学中的"仁"，它不同于杜威哲学中贬义的"authoritative"，而是类似于杜威确定合法性权力的"权威性智慧"（authoritative intelligence）③。新加坡国立大学哲学系陈素芬教授在其著作《儒家民主——杜威式重建》中对儒家式权威作过详细考察和论述，她认为，理想的儒家权威是非强制性的，老师的权威在儒家中具有规范性，而且与理想的政治权威密切相关。如《孟子·尽心上》所言："善政不如善教之得民也。善政，

---

① 参见［美］安乐哲、罗思文《〈论语〉的哲学诠释》，中国社会科学出版社2003年版，第48—51页。

② 参见［美］郝大维、安乐哲《通过孔子而思》，何金俐译，第134页。

③ 参见［新加坡］陈素芬《儒家民主——杜威式重建》，吴万伟译，中国人民大学出版社2014年版，第226页。

民畏之；善教，民爱之。善政得民财，善教得民心。"荀子也认为君主和老师都是"治之本也"（《荀子·礼论》）。模范老师权威的本质就是"循循然善诱人，博我以文，约我以礼"（《论语·子罕》）。文化和礼仪不为个人所占有，它们属于整个共同体，既是施展权威的手段，也是对权威的约束。也就是说，权威性受到共同体对权威行动的反应的限制，其合法性依靠的是其他人自发地接受、模仿和自我修身的热情。总之，理想的权威关系要求双方共同参与，塑造共同的手段和目标，成就双方的个人修身，并为共同体和谐做出贡献。①

二　君子的典范作用

《论语》中的"君子"一词多倾向于从人格的角度来呈现，如君子"仁以为己任"（《泰伯》），"君子义以为上"（《阳货》），君子"立于礼"（《泰伯》），君子"主忠信"（《学而》）等。在孔子之前，"君子"多指国君的儿子或在朝廷上供职的贵族。春秋时期，君子指的是卿大夫中具有先进思想，介于国君与庶人之间的一个阶级。可见"君子"的内涵在这一时期有所转变。陈来教授指出，春秋时期这些君子的思想以及他们的身上，开始带有某种后人所熟悉的"儒家"气质；君子的道德境界是不重物质财富，而重国家"和谐"，他们把求贤得贤看得很重要，把群体的安宁置于首位。②学界普遍认为，君子人格是孔子所塑造的理想人格。更有学者认为，"君子人格应该具有十种内涵、特征或者标准，即：仁、义、礼、智、忠信、勇、中庸、和而不同、文质彬彬与自强。凡是人之为人能够具

---

① 参见［新加坡］陈素芬《儒家民主——杜威式重建》，吴万伟译，第226—228页。
② 参见陈来《古代思想文化的世界》，生活·读书·新知三联书店2009年版，第370—373页。

备这十种素质者，就是君子，反之，凡是基本上不具备这十种素质的人就是小人。"① 虽然这种说法过于绝对，但可以看出君子所具有的道德意义。孔子对君子的道德要求体现在《论语·宪问》篇中：

> 子路问君子。子曰："修己以敬。"曰："如斯而已乎?"曰："修己以安人。"曰："如斯而已乎?"曰："修己以安百姓。修己以安百姓，尧舜其犹病诸?"

从这段话可以看出，君子的追求，除了修养自己的品德以外，还要"安人""安百姓"，即要有"内圣外王"的社会使命感。

在孔子看来，君子修身和政治责任是相辅相成的。但是，对于这个问题，学者们的看法存在分歧。萧公权认为："'君子'这个词的原意是一个有地位的人应当培养他的美德，然而，孔子试图强调的是，一个人培养美德是为了获取社会地位。"② 进一步来说，他把政治参与看作君子修身的一个必要组成部分，而修身则是获得政治地位和影响力的必要条件。与此相反，还有一种观点则完全忽视了"君子"一词中的政治含义。如克里尔（H. G. Greel）认为，"特别是在孔子那里，'君子'指的是道德意义上的绅士（gentleman）（借用理雅各有名的翻译，就是'卓越的人'），而没有任何其他含义。"③ 安乐哲

① 彭彦华：《探赜"君子"人格》，《第六届世界儒学大会学术论文集》，文化艺术出版社 2014 年版，第 225 页。

② 萧公权：《中国政治思想史》，辽宁教育出版社 1998 年版，第 118—119 页。

③ Creel, Herrlee Glessner, *The Origins of Statecraft in China*, University of Chicago Press, 1970, pp. 335－362.

不认同这两种说法，认为这些表述模糊了个人修养与政治责任、教育与社会—政治秩序之间根本的共生关系。一个人的修身必然要求积极地参与家庭和社会—政治秩序，而不是简单地表现为无私地服务于他人，此外，这种场合中所激发出的同情和关心还能引导个人成长和自我改进。换言之，在缺乏政治责任感的情况下，能够充分的自我成长和自我实现是难以置信的。总之，孔子所做的就是坚持将政治责任和道德发展不可分割地联系在一起的。①

尽管《论语》中多处资料表明，孔子对君子具有修身和为政的双重要求，但是在有些方面仍会使人产生怀疑。为严谨起见，安乐哲对此做出解释和论证。首先，针对"天下有道则见，无道则隐"（《泰伯》）这句话，安乐哲认为，当政治不清明时，"君子"退出正式的行政参与并不意味着放弃对社会—政治秩序的责任；相反，"君子"从政坛隐退恰好是在最基层的家庭服务于社会—政治秩序，即"或谓孔子曰：'子奚不为政？'子曰：'书云：孝乎！惟孝友于兄弟，施于有政。是亦为政。奚其为为政'"（《为政》）。这里肯定了孔子退而行教化与道家消极避世的不同。有学者认为这种做法是"退而不隐"②，虽然孔子提出用行舍藏的进退原则，但是邦无道时孔子仍然周游列国，四处奔走，推行和宣传他的仁政学说。有学者表述为"隐而求志"③，孔子曰"无道则隐"，又曰"隐居以求志"，求志即是等待出仕的时机。无论是哪一种说法，都能深切感受到

---

① 参见［美］安乐哲《自我的圆成：中西互镜下的古典儒学与道家》，彭国翔编译，第 398 页。

② 刘荣成：《孔子言行中的出处之道》，《中山大学研究生学刊》（社会科学版）2014年第 1 期。

③ 闵军：《中国古代隐士略论——兼谈古代儒道隐逸思想之异同》，《中国人民大学学报》1993 年第 2 期。

儒者对隐居的无奈，以及对社会的担当和人生理想的积极追求。其次，孔子有限的从政经历很容易成为反驳政治地位和个人成就之间关联性的强有力的证据。安乐哲认为，孔子虽然在世时没有得到当政者的重视，但其创立的儒家思想却不断被历史传统所"修正"并获取越来越重要的历史地位，在汉朝孔子被封为"素王"而达到巅峰。这恰好说明了个人价值与政治推动是相辅相成的。①

我们发现，当学者们着力论述"君子"个人修身的道德意义时，安乐哲却在极力强调他对社会—政治秩序所起到的重要作用。事实上，在安乐哲看来，仅仅把"君子"看作道德典范是不够的，更应该看到其作为政治典范的一面。这里的"政治"不同于西方现代词汇中的"politics"，而是被安乐哲翻译成"attuning hearts-and-minds"（政者，正也。子帅以正，孰敢不正？——《论语·颜渊》），定州《论语》中"正"代替"政治"，表达"正确的统治"的喻意。② 他的立场是，"君子"在其所涉特定社会政治环境中是秩序的来源，是人类之道的创造者。安乐哲阐述了君子通过政治实践与不断扩展的个人秩序之间的连带关系。他认为，不管君子的实际权力在孔子时代及之前情况如何，孔子教导中的君子模式仍然是使政治参与和个人伦理成长同时进行。在把用来指代社会/政治地位的"君子"称号转变成伦理典范的过程中，孔子并没有剥夺该词的政治内涵。③ 反而强调：一个人只有通过政治生活的实践和义务的履行才能够成为君子。在作为典范参与社会—政治秩序时，"君

---

① 参见［美］安乐哲《自我的圆成：中西互镜下的古典儒学与道家》，彭国翔编译，第398—399页。
② 参见［美］安乐哲、罗思文《〈论语〉的哲学诠释》，第72页。
③ 参见［新加坡］陈素芬《儒家民主——杜威式重建》，吴万伟译，第154页。

子"有自己的立场，即与他人的关系"是合作（collaboration）而不是同意（agreement），是和谐（harmony）而不是一致（unison），是协调（concord）而不是符合（coincidence）"①。"君子"是沟通的典范，他精通礼乐，并且以娴熟的技艺，优雅、高贵的内涵气度和积极的心态去完成自己所承担的诸多社会角色，他完成了自我创造，又为其他社会成员提供人格升华和创新自我的机会。他在各个方面都起到了"教育"作用，引导其他社会成员进入他所成就的秩序当中，使他们的人生发生质的变化。由此来看，"君子"的个人修身和政治成就如同一枚硬币的两面，相互联系不可分割。

"君子"一词的代表性翻译是"gentleman"（绅士）。顾立雅使用这种译法，他的理由是，虽然在商朝时"君子"的原意是"国君之子"，即世袭的贵族，但是孔子改变了原来意义上君子的特点，一个人是否是君子，不是看出身、血缘和等级，而是看他后天培养起来的品质和能力。② 然而，安乐哲对此翻译并不满意，试着重新将"君子"翻译为"exemplary persons"（典范，模范）或"junzi"③，将与其相对的"小人"翻译为"petty and mean persons"④。这种对照意味着：在一个人的个体人格中成为君子，是一个不断表达和成长的结果。安乐哲对"君"的字源做出考察，认为"君"源自于"尹"，具有"命令，管理，调节"的意思，"尹"被定义为"治"，即"调整、指导、英明的统治、正常的秩序"，进一步说，是"掌管事务

①　参见［美］安乐哲《自我的圆成：中西互镜下的古典儒学与道家》，彭国翔编译，第 413 页。
②　参见辛颖《论美国汉学界对〈论语〉中"君子"的研究》，硕士学位论文，华东师范大学，2011 年，第 19 页。
③　参见［美］安乐哲、罗思文《〈论语〉的哲学诠释》，第 196 页。
④　同上书，第 202 页。

的人"。因此,他认为,"君子"就是能够通过有效沟通带来社会政治秩序的这种人。正是由于"君子"的品行常常被社会性地描述为一种他人仿效的典范,他才将"君子"翻译为"exemplary persons"。① 从中我们可以看出,与孔子对君子较高的道德要求相比,安乐哲更多地强调的是其政治示范作用。

三 士人的精神取向

先秦文献中,到处可看到"士"的身影。《说文解字》解"士,事也。数始于一,终于十,从十一。孔子曰:推十合一为士。段玉裁注曰:引申之,凡能事其事者称士"②。因此,很多学者都认为"士"是指在政府中担任各种"职事"的人或各部门掌事的中下层官吏。周人就常把殷商遗老贵族统称为"殷士",如《诗经·大雅·文王》有"殷士肤敏,裸将于京"的句子,《尚书》中的《多士》和《多方》也有"商王士""殷多遗士"等语句。③《墨子·杂守》篇把士分为"谋士""勇士""巧士""使士"。《商君书·算地》把士分为"谈说之士""处士""勇士""技艺之士""商贾之士"。《庄子·徐无鬼》把士分为"知士""辩士""察士""招世之士""中民之士""筋力之士""勇敢之士""兵革之士""枯槁之士""法律之士""礼教之士""仁义之士"等。④ 根据以上描述,我们可将"士"大体可分成武士、文士、低级官吏三大部分。周代的教育以礼、乐、射、御、书、数的"六艺"为主,受过"六艺"

---

① 参见〔美〕安乐哲、郝大维《切中伦常——〈中庸〉的新诠与新译》,中国社会科学出版社 2011 年版,第 86 页。

② (东汉)许慎:《说文解字注》(中华书局四部备要本)第 1 卷上,段玉裁注,商务印书馆 1936 年版,第 18 页。

③ 参见余江《士之溯源及其早期衍变》,《文史哲》2006 年第 3 期。

④ 参见刘泽华《战国时期的"士"》,《历史研究》1987 年第 4 期。

训练的人可以根据自己擅长的技艺而出任不同的"职事"，所以《说文解字》以"事"来解释"士"。

尽管学界对先秦之"士"的含义有着一致的看法，但从文献记载来看，"士"的身份和社会地位在春秋时期发生了明显转变。多数近代学者都认为"士"最初是武士，经过春秋、战国时期激烈的社会变动然后转化为文士。顾颉刚先生《武士与文士之蜕化》一文曾做出详细论述：

> 吾国古代之士，皆武士也。士为低级之贵族，居于国中（即都城中），有统驭平民之权利，亦有执干戈以卫社稷之义务，故谓之国士以示其地位之高。
>
> 儒家以孔子为宗主，今试就孔子家庭及其门弟子言之……足见其时士皆有勇，国有戎事则奋身而起，不避危难，文、武人才初未尝界而为二也。
>
> 自孔子殁，门弟子辗转相传，渐倾向于内心之修养而不以习武事为急，寖假而惟尚外表。……以与春秋之士较，画然自成一格局，是可以觇士风之丕变矣。
>
> 讲内心之修养者不能以其修养解决生计，故大部分人皆趋重于知识、能力之获得……其事在口舌，与昔人异，于是武士乃蜕化而为文士。①

根据顾颉刚先生的推论，他认为古代之士都是武士，身份为低级贵族，因为孔门弟子逐渐倾向于内心修养，使得士人由武士蜕化为文士。余英时先生赞同顾氏的"士为低级之贵族"的判断，但认为将这一转变归之于孔门弟子"渐倾向于内心之

---

① 顾颉刚：《史林杂识初编》，中华书局1963年版，第85—91页。

修养"是根本不能成立的，因为"'内心修养'不但文士需要
具备，武士也同样不能缺少"①。他认为这种变化的一个最重要
的方面是缘于当时社会阶级的流动，即上层贵族的下降和下层
庶民的上升。也就是说，由于士阶层适处于贵族与庶人之间，
是上下流动的汇合之所，士的人数不免随之大增，这就导致士
阶层在社会性格上发生了基本的改变。②此外，他还指出"士"
的社会地位发生了根本的变化，也是周代封建秩序解体的结
果。③余英时对春秋、战国时代士阶层的社会走向做出分析：

> 在封建制度下，"士"原在"大夫"之下，是贵族的
> 最低一级，"士"的下面便是平民，即所谓"庶人"。……
> 由于"士"是最低层贵族，这一阶层恰好成为贵族下降和
> 庶人上升的汇聚地带。士、庶之间的界限因此越来越模糊
> 了。发展到战国时代（公元前五世纪中叶以后），"士"终
> 于不再属于贵族，而成为四民（士民、商民、农民、工
> 民）之首。
>
> "士"从最低级的贵族转变为四民之首，是一个最重
> 要的历史发展。从此以后，"士"便从固定的封建秩序中
> 获得了解放。他们一方面失去了职位的保障，进入顾炎武
> 所谓"士无定主"（《日知录·周末风俗》）的状态；但另
> 一方面，他们也自由了，思想不受"定位"的限制了。他
> 们往往被称为"游士"，这个"游"字至少有两层涵义：
> 第一是周游列国，寻求职业；第二是从封建关系中游离了

---

① 余英时：《士与中国文化》，上海人民出版社 2003 年版，第 7 页。
② 同上书，第 10 页。
③ 同上书，第 601 页。

出来。他们代表着中国史上知识人的原型。①

　　余英时认为，到了孔子时代，士阶层由原来的低级贵族转变为"自由"的中国知识人，身份的超脱使得他们能够无拘无束地探求理想的世界——"道"，《论语》中"士志于道"（《里仁》）的历史背景便来源于此。

　　对于士人最初的身份和地位，以及后来社会角色的转变，安乐哲也提出了自己的看法。他认为，《诗经》中的"士"多指中等社会地位的人，有时指家臣，也有时指仆役。此外，"士"还用来指封君属下的低级官吏——他们可能是类似古代英国骑士的武士。《论语》共有 12 章提及"士"。在大多数地方，"士"都是某种初学者，他将会随着时日而渐趋精进。安乐哲把士人理解为"初学者"，不仅含有知识人的意思，也为其在知识/精神道路上的创造留下了余地。由于《论语》论"士"的篇章均不涉及"孝"，并未谈及"士"应该如何对待父母、子女和其他亲族，所以安乐哲推测，孔子对"士"的要求和设定可能已经超出家庭范围之外。根据《论语》中 12 章关于"士"的叙述，安乐哲归纳出士人的特点和实质。他认为"士"是精神之路的探索者、百折不挠的求道者，不应该贪恋物质享乐。具体而言，为士之道就是以仁为己任，积极努力品诗、习史、学礼、行礼、奏乐、赏乐，并在合适的时机担任公职，其中对"礼"的践行影响和决定着"士"的各种身份角色和人际关系。根据安乐哲的解读，为"士"的主要目标就是要成为表率之人，即"君子"。"士"在为学践履的道路上深入前进，在社会活动中施恩于人，同时也坦然接受别人的指导和帮

---

① 余英时：《士与中国文化》，第 601—602 页。

助，就会达到更高的境界，即"君子"之境。① 根据安乐哲的理解，他将"士"译为"scholar-apprentices"（学徒），意在强调与"exemplary persons"（君子）和"sage"（圣人）在修身和学识上的距离。辜鸿铭的《论语》英译本将"士"译为"gentleman"②，在很多地方，他把士人等同于君子来理解，旨在强调二者的综合修养，而忽视了学问的差别。更有大部分的学者将其译为"scholar"，简单概括为"知识分子，读书人"。从译法来看，安乐哲对"士"做出了较为细致的调查与区分，可以让西方读者更为清楚地理解中国文化中"士"的身份和地位，这是一个理论突破。

在《论语》中，存在一系列有关儒家人格的词汇，如"圣人""仁者""君子""贤人""成人""善人""士"等，学界惯于将其划分为不同的层次或等级。根据不同的标准，刘殿爵将其逐次分为圣人、善人/成人、君子③；陈大齐分为圣人、仁人、君子④；有的学者分为圣人、贤人、君子⑤；还有的学者分为圣人、君子、士⑥；等等。安乐哲鲜明地反对陈大齐对圣人、仁人、君子的排位顺序。陈大齐在《孔子学说》一书中认为，圣人、仁人和君子这些范畴表达了个人完善的不同程度，可根据一个特定的相对等级定出他们的次序，他的次序就是圣人第一，仁人第二，君子最后。安乐哲认为这种排序掩盖了这些范畴的相关性，在安乐哲看来仁者和君子远不是各自独立的范畴，而是彼此包含的。

---

① 参见［美］安乐哲、罗思文《〈论语〉的哲学诠释》，第63—65页。
② 参见辜鸿铭《西播〈论语〉回译》，王京涛译注，东方出版中心2013年版，第70页。
③ 参见刘殿爵《〈论语〉逐字索隐》，商务印书馆1995年版，第13—14页。
④ 参见陈大齐《孔子学说》，中正书局1964年版，第90页。
⑤ 参见刘辉《儒家理想人格略论》，《社会科学战线》2005年第4期。
⑥ 参见王丰先《孔子的理想人格思想》，《兰州交通大学学报》2005年第2期。

在孔子学说中，我们可以把成为"圣人"这项事业理解为一项"整体"的事业，成"仁"和成"君子"则是这一事业中彼此相关的两个向度。①

正如我们看到的，尽管"君子"是一个具有社会—政治意味的重要范畴，但它必然也包含了密切的人际关系中的"仁"的范畴。在成圣的过程中，"仁者"与"君子"这两个中心范畴的交叉与重叠说明了一个事实："仁者"的很多特征也是"君子"的显著特征；此外，两者都强调了个人成长过程中的特殊方面，如它们都需要学习、修身、提升。作为一个范畴，"圣人境界"关系到其政治影响和个人价值，"圣人"超出"君子"的独特和过人之处是：其个人成就的品质成为意义、价值和目的的源泉，以至于使得人变成像神一样——一个有宇宙特性和影响力的人。②

此外，安乐哲认为当我们在探讨士、君子和圣人三者关系的时候，应该将之看成三个渐进的层次。他对士、君子、圣人的性质特点和相互关系做出简略概括：所有"圣人"都是君子；一切"君子"都是"士"，反之则不然。他还认为，就修身境界而言，"士"最低，"君子"胜之，"圣人"最高；就数量而言，"士"的人数相对较多，"君子"则大大减少，"圣人"因"任重而道远"（《论语·泰伯》）成为凤毛麟角之属。③

纵观安乐哲《〈论语〉的哲学诠释》一书，我们发现他不

---

① ［美］安乐哲：《自我的圆成：中西互镜下的古典儒学与道家》，彭国翔编译，第407页。

② 同上书，第405页。

③ 参见［美］安乐哲、罗思文《〈论语〉的哲学诠释》，第65页。

仅对儒家理想人格进行了哲学分析和诠释，在相关儒学词汇的解释和翻译方面也有了新的推进。相对于其他学者而言，他看到了儒家理想人格的开放性，孔子为士人设定了求仁、求圣的目标，却没有强调既定的规则，这样人的性质就可以像一件艺术品一样根据个人的志向和审美去追求、去雕琢，使得儒者形成了海纳百川的品格。他看到了儒家理想人格的利他性，孔子将自我修身与政治地位的获得密切联系在一起，使得士人暗自遵循其行为模式，自觉修养自己的人格，主动地为共同体的和谐做贡献，成就了仁者在智慧上的权威性和君子在道德上的典范性，这种非同凡响的效果反过来促使儒家形成了"成己成物"的积极心态。他看到了儒家理想人格的创造性，他将《论语》中的士理解为初学者，更鲜明地表达出孔子对士人在修身和求知方面的强烈要求，也让士人感受到无限上升空间，正是这种鞭策和引导才使得儒家形成了勇敢进取的精神风貌。

第二节　译著二：《切中伦常：〈中庸〉的新诠与新译》

在儒家经典文献中，《中庸》是中国哲学理论建构不可或缺的一部分，其辩证思想与西方哲学也存在关联。《中庸》的哲学价值得到许多中西方哲学家的肯定。《中庸》涵盖着中国古代深奥而玄妙的哲学理论，需要有着深厚汉学基础和哲学功底集于一身的个人，或者由语言学和哲学这两个领域的专家们通力合作。也许正是出于这样的考虑，安乐哲与郝大维于2001年再次合作对这部哲学文献进行了全新的分析和诠释，"*Focusing the Familiar: A Translation and Philosophical Interpretation of Zhongyong*"（《〈中庸〉的英译与研究》）一书的出版，为西方学者接近《中庸》提供了一种新的资源。时隔十年，本书中译本《切中伦常：〈中庸〉的新诠与新译》方得问世。本书分为四个部分：第一部分是关于《中庸》文本的研究，通过最近中国的考古发现，来帮助我们确定《中庸》在其儒家思想脉络中的地位。第二、三部分是对《中庸》关键术语的哲学诠释和它们之间关系的说明。第四部分则是对《中庸》的英文翻译。在此，我们通过比较的方法，尝试探讨安乐哲对《中庸》文本的定位，以及对《中庸》核心思想的阐发和哲学体系的构建。

一　文本界定：一部合成的哲学文献

《中庸》的成书和年代问题，是很多研究者所关注的问题，也是古今学者争论的焦点。显然，经过细心阅读，你会发现：无论语言还是风格，《中庸》的很多篇章之间都不尽相同。于是，有些学者推断它有多重来源和多个作者，且完成年代不同。[①] 司马迁《史记》言："子思作《中庸》。"宋朝之前，郑玄、孔鲋、沈约、孔颖达、李翱、二程、朱熹等著名学者都接受这一说法，但自欧阳修开始，便不断有人对《中庸》这一文本的起源及结构提出疑问。[②] 现代学者更是各持己见。当然，安乐哲进行《中庸》文本研究时也不可避免地要面对这个问题，并且给出了自己的推论。事实上，这个问题对于所有的儒家经典来说都是存在的，只不过在《中庸》这部文献之中很难达成一致，因为目前还没有充足的证据证明它的作者和准确的成书年代，只能依靠现有的、尚未盖棺定论的辅助文献加以推

---

① 参见杜维明《中庸：论儒学的宗教性》，段德智译，生活·读书·新知三联书店2013年版，第18页。

② 参见伍晓明《"天命：之谓性"——片读〈中庸〉》，北京大学出版社2009年版，第2页。

论。鉴于这个问题的复杂性，所以，在介绍安乐哲的成果之前，笔者想就一些学者的代表性观点做出简要介绍，以便更清楚地掌握目前的研究现状。

根据历史记载，首先开始怀疑《中庸》非子思所作的是北宋欧阳修。《欧阳文忠公集》中提到："问礼乐之书散亡，而杂出于诸儒之记，独《中庸》出于子思。子思，圣人之后也，所传宜得真，而其说有异乎圣人者，何也？《论语》有云：'吾十有五而志于学，三十而立，四十而不惑，五十而知天命。'盖孔子自年十五而学，学十五年而后有立其道，又须十年而一进。孔子之圣必学而后至，久而后成。而《中庸》曰：'自诚明，谓之性。自明诚，谓之教。'自诚明，生而知之也。自明诚，学而知之也。若孔子者，可谓学而知之者，孔子必须学，则《中庸》所谓自诚而明、不学而知之者，谁可以当之欤？……故予疑其传之谬也。"① 由此来看，欧阳修认为子思身为孔子后人，其主张当与孔子的思想相一致，然《中庸》之论异于孔子，便以此断定"《中庸》出于子思"是谬传。

清代学者，尤其是崔述，也推断《中庸》并非子思所作。他提出三大疑点："世传《戴记·中庸》篇为子思所作，余按孔子、孟子之言皆平实切于日用，无高深广远之言。《中庸》独探赜索隐，欲极微妙之致，与孔孟之言皆不类。其可疑一也。《论语》之文简而明，《孟子》之文曲而尽。《论语》者，有子、曾子门人所记，正与子思同时，何以《中庸》之文独繁而晦，上去《论语》绝远，下犹不逮《孟子》？其可疑二也。'在下位'以下十六句见于《孟子》，其文小异，说者谓子思传之

---

① 欧阳修：《居士集第四十八·问进士策三首》之三，《欧阳文忠集》册二，《四部备要·集部》。

孟子者。然孔子、子思之名言多矣，孟子何以独述此语。孟子述孔子之言皆称'孔子曰'，又不当掠之为己语也。其可疑三也。由是言之，《中庸》必非子思所作。"① 也就是说，崔述通过将《中庸》与孔孟的语言风格和思想特点进行具体对比，而坚持认为《中庸》非子思所作。

与欧阳修、崔述等人不同的是，还有一些学者并没有完全否认《中庸》与子思的直接关系，而是认为：《中庸》部分出于子思，部分出于后人。这一观点等于将《中庸》分为两篇。而这一问题的提出始于宋人王柏。今人冯友兰先生受其影响亦主张此说。在其论及《中庸》时说道："《礼记》中的《中庸》，相传为孔丘之孙子思所作。……荀况以子思、孟轲为一派。《中庸》的思想，也确近似孟轲的思想，但《中庸》所反映的社会情况，有些明显的是秦朝统一以后的景象。《中庸》所论命、性、诚、明诸点，也都比孟轲所讲的更为详细，似乎是孟轲思想的发挥。《汉书·艺文志》于《诸子略》儒家著录《子思》23 篇；又于《六艺略》礼类著录《中庸说》两篇。可能《子思》中有《中庸》一篇，但《礼记》中的《中庸》显然是礼类中的《中庸说》。它可能是发挥《子思》中的《中庸》的思想，但并非一个人的著作，也不是一个时期的著作。"② 遗憾的是，他没有对《中庸》和《中庸说》之间的关系做出任何推测或说明。这意味着冯友兰可能认为，《中庸》为子思所作，《中庸说》为子思孟氏后人所作，这是两篇各自独立的作品。

日本学者武内义雄则通过《中庸》与《易传》的关系来考察其成书问题，也认为《中庸》包含两部分：一为古的部分，

---

① 崔述：《崔东壁遗书·洙泗考信余录》卷三。
② 冯友兰：《中国哲学史新编》（中卷）第 2 版，人民出版社 2007 年版，第 109 页。

一为新的部分；且两部分源自不同的作者，不同的时代。他认为："《中庸》的前半和后半，作者和时代都不相同。详言之，即朱子《中庸章句》的第 2 章至第 15 章，和第 17 章至第 19 章，共 17 章，是古的部分。而自第 20 章至第 33 章，共 14 章，则为新的部分，而第 1 章则似为这新的部分的总论。而其古的部分之特别力言'中'字，是和《易》之象象传属于同一步调，新的部分之力言'诚'字，则又与《易》之系辞文言的思想相一致。所以，《易》之象象传和《中庸》之前半，也许是大略同一时代同一学派的思想，而《系辞》《文言》《说卦》则为和《中庸》后半相去不远的时代的文献……《中庸》的前半，疑为和子思相近的时代的产物，至其后半，则未定其时代。"①

徐复观先生亦认为，今日之《中庸》原系分为两篇，上篇推定出于子思，其中或也杂有子思门人的话；下篇则是上篇思想的发展，系出于子思之门人，即将今本《中庸》编订成书的人。关于成书时代，他断定是在孟子之前。理由是，先秦时代，学徒们常有将所记录或发展出来的思想归于其学派创始人名下的习惯。不过，他还指出，当《中庸》被收入《礼记》，成为其四十九篇中之一篇时，又被增加了与前两部分原无关系的其他断简零篇，遂成为现行《中庸》之另一部分。② 但是，他坚持上下两篇之间在思想上具有内在联系，所以他对今本《中庸》的划分与冯友兰不同。同样划分了上下两篇，上篇主要系引孔子的话，下篇则完全是作者的话。不同的是他将第 1 章划归到《中庸》上篇。

---

① ［日］武内义雄：《儒教之精社》，高明译，太平书局 1942 年版，第 38—39 页。
② 参见徐复观《中国人性论史》（先秦篇），第 91—92 页。

劳思光先生没有就《中庸》的作者做出论证，便直接认定：《中庸》作为《礼记》之一篇，作者虽不可确定，但非子思所作。而是就成书时代问题，重下笔墨。他从文体、用语、思想三方面入手，确定《中庸》成书是在汉初。一方面，他认为《中庸》用语与《淮南王书》近似，儒、道、墨、法之言并陈，这正符合汉初儒道之说相混相容之风（先秦末期，儒道之争尚无缓和之象）。另一方面，他又强调，《中庸》之成书虽在汉初，但其理论仍较其他汉儒怪说远为精严。"就其内容而言，乃汉儒型之理论，即以'天'与'人'为基本观念，又以'天'为价值根源之混合学说。……其时代当晚于孟荀，其方向则是欲通过'天人之说'以重新解释'心性'及'价值'，实与孔孟之学有异。但作者之态度，则并非欲离孔孟而另树一帜，故处处仍以上承孔子之姿态说话。然其说既不能建立'主体性'，则不能视为孟子一支学说。且以'人'配'天'，将价值根源悉归于'天'，亦大悖孔子立说之本旨。故《中庸》之说，可视作汉儒型理论中最成熟、最完整者，但就儒学心性论而言，则《中庸》是一旁支，不能作为主流之一部。"[1]

在前人的基础上，杜维明先生作了一段直截了当的论述，"关于作者问题，我倾向于接受这样一种观点，即该文本不是某一个作者为着一个确定的目的写出来的，而是许多学者经过很长一段时间的努力积累的结果。《中庸》很可能系集体创造。……根据其内容，该文本可以分成三个不同的部分：第1—19章主要讨论君子的品格和责任；第20章，特别是其中的前15节，主要讨论'政'的观念（政治的'政'），包括圣王的道德责

---

[1] 劳思光：《新编中国哲学史》二卷，广西师范大学出版社2005年版，第44—56页。

任和理想制度；最后 13 章则主要讨论'诚'这个形而上学概念。然而，尽管我不能担保孔子之孙子思一定是《中庸》的作者之一，但是我倾向于设想这部著作是子思学派写出来的，因此，在精神上同孟学传统的精神相符。当然，承认《中庸》为子思学派的著作，并不意味着我认为它的成书日期必然先于《孟子》。我只是认为，这一文本整个说来是一个关于人性（'仁'）的连贯的论述，而不是互不相关的一些警句格言的集锦。因此，我的观点是：尽管《中庸》系集体创作，它还是可以分析成一个有关个人、社会和形而上学的连成一体的一系列反思。"①与我们所论述的诸多学者不同的是，杜维明很明确地表达出《中庸》思想的连贯性和完整性。

对上述传统论和修正论的种种观点，延续至今，学术纷争向来颇多。近年来，马王堆汉墓和郭店楚简中子思佚籍的发现，为《中庸》的研究提供了新的可能。结合出土文献和思想两个方面，梁涛教授对这一问题提出进一步的确定。他认为，"今本《中庸》上半部分应包括第 2 章到第 20 章上半段'所以行之者一也'。这一部分主要记述孔子的言论。……下半部分包括第 1 章以及第 20 章'凡事豫则立'以下。这一部分主要记述作者的议论。""原始《中庸》是从今本的第 2 章开始的，而第 1 章及后一部分是后来加上去的。"从划分章节来看，他与武内义雄有着一定的共识。他又进一步提出，"今本《中庸》上下两个部分在思想上存在着差异，甚至对立，把它们放在一起是不合适的，这是我们怀疑《中庸》原是两个部分最主要的原因。《中庸》与《诚明》的这种差别，可能与《缁衣》等篇与《五行》的情况一样，是子思思想的发展、变化的反映，而

---

① 杜维明：《中庸：论儒学的宗教性》，段德智译，第 18 页。

由这些差别我们可以肯定,《中庸》与《诚明》原来可能并不是一个整体,应该是包括原来独立的两篇。"① "《诚明》部分影响了孟子,而《中庸》则影响了荀子……它们原来是不同的两部作品。被编撰在一起乃是后来的事情。"② 最后,他指出,"《中庸》与《诚明》思想上虽然存在着较大分歧,但它们终归同为子思的作品,二者也有可沟通的地方。"③ 由此来看,梁涛教授否定了宋代至今一千余年的质疑,重新将今本《中庸》归于子思(篇中几处错简除外)。

综上可见,对《中庸》文本的研究可谓"八仙过海,各显神通"。在阐明了诸多思想家、哲学家、史学家们坚实的考据和论证之后,虽然没有得出一致的结论,但各种可能性都被演绎的无懈可击,似乎并没有给安乐哲留下任何推陈出新的余地。可是安乐哲依然对这些问题表达了自己的立场。

关于《中庸》的来源和作者。他认为,马王堆和郭店发现的那些文献(除了《五行》中的重复之处以外),无论在语言还是风格上,彼此之间都不尽相同,这一现象说明这些文献既不是由同一个人所作,也不是在某一特定时期同时完成的;那些被冠于子思名下的文献是一些合成的文集(可能在结构上与道家经典《庄子》类似);而郭店和马王堆发现的文献的一部分,则是这些文献的残余。也就是说,安乐哲认为,今本《中庸》是一本合成的文献,且它有多重来源和多个作者。④

关于《中庸》的成书年代。根据《中庸》的第 28 章内

① 梁涛:《郭店竹简与思孟学派》,第 278 页。
② 同上书,第 282 页。
③ 同上书,第 285 页。
④ 参见 [美] 安乐哲、郝大维《切中伦常:〈中庸〉的新诠与新译》,彭国翔译,第 11 页。

容——"非天子不议礼，不制度，不考文，今天下车同轨，书同文，行同伦"①，许多注家想到秦始皇统治时期统一货币、度量衡和车圭的制度，于是断定《中庸》的完全成书是在秦代或者汉初。安乐哲给出另外一种解释，认为作为一个合成的文本，第28章这段文字可能相对较晚。新发现的一系列文献既包括道家作品，又包括子思学派的作品，安乐哲认为，这一点可以说明：与墓主有关的学者并不认为这两类著作的内容是相互排斥和彼此不相容的。这似乎正应了他的老师劳思光先生所持的观点，即我们前面所提到的"《中庸》用语与《淮南王书》近似，儒、道、墨、法之言并陈，这正符合汉初儒道之说相混相容之风"，起码安乐哲认同《中庸》中含有汉初之学的成分。但是，安乐哲也注意到最近考古发现的后来被收入《礼记》的子思的文献，譬如《缁衣》，其时代早于公元前300年，所以，他还认为《中庸》的其他部分则可能形成较早。②

关于《论语》《孟子》和《中庸》之间的关系。首先，安乐哲注意到三个文本有个共同的特征，那就是广泛征引《诗经》。其次，作为《中庸》一书的题目，"中庸"一词除了在《论语·雍也》（子曰："中庸之为德也，其至矣乎，民鲜久矣。"）中出现，其他现存文献中几乎是找不到的。同样，在《中庸》第三章中，《论语》的这段话几乎是一字不差地被引用了。这一事实，足以说明《中庸》和《论语》之间的密切联系。再次，在《中庸》中，被广泛发展了的最根本和最重要的观念之一——"诚"，已经逐步地开始拥有了宇宙论的意义。

---

① 李学勤先生认为，此段话中"今"应训为"若"，不能因为这段话而怀疑《中庸》的年代。氏著：《失落的文明》，上海文艺出版社1997年版，第344—345页。

② 参见［美］安乐哲、郝大维《切中伦常：〈中庸〉的新诠与新译》，彭国翔译，第14页。

《中庸》的"诚"表达的是人们对于"宇宙创造性"（cosmic creativity）这一不断进程的参与。"诚"字在《论语》中曾经出现，但并没有在"宇宙创造性"的扩展的意义上被加以使用。然而，这种"创造性"（creativity）的观念在《孟子》的"诚"中得到了表达。另外，《孟子·离娄上》这一章给《中庸》提供了一个核心主题：只有在创造性（"诚"）的过程中，天道和人才能够达到最有效的合一。更值得注意的是，《中庸》第20—26章看起来似乎是孟子"创造性"（"诚"）观点的进一步发挥和阐明。另外，"五行"在《中庸》上部分中并没有出现，在第20章中却贸然出现了，这一章相近的文字也曾出现于《孟子·离娄上》。正是这一章使得《孟子》和《中庸》发生了不可分割的联系。①

作为一位哲学家，安乐哲更加看重的是《中庸》一书的哲学价值。与陈荣捷、杜维明的看法一样，他也肯定"《中庸》是一部极富魅力的哲学文献"。为了进一步说明《中庸》文本的哲学性，安乐哲采用一种"实用主义"的标准进行了辨析：

> 我们应当理解，根据"中国哲学的文献"，任何翻译为西方语言的中文著作，都是通过那些被认可的哲学术语才得到富有成果的阐明的。在这些术语的基础上，《论语》被称之为一种哲学性的文献，是因为诸如像"道"（proper way），"德"（particular focus，excellence），"义"（appro-priateness）和"知"（to know，realize，wisdom）这些术语的翻译和说明，得益于使用了在西方哲学传统中居于主导

---

① 参见［美］安乐哲、郝大维《切中伦常：〈中庸〉的新诠与新译》，彭国翔译，第1—24页。

地位的解释模式。《道德经》之所以是一种哲学性的文献，是因为：除了"德"和"道"之外，如果不依靠哲学性的阐释，在盎格鲁—欧洲语系的翻译语言中，所谓"无为"（nonassertive action），"无知"（unprincipled knowing），"无欲"（objectless desire）等这些术语就是不能够被理解的。而且，正如我们将要看到的，《中庸》是一部极富魅力的哲学文献，因为对于像"诚"（sincerity, integrity, creativity），"性"（natural tendencies），"情"（feelings, nascente-motions）和"教"（education）这样一些术语，需要深入细致的哲学说明。①

安乐哲还认为，《中庸》对于《诗经》的征引可以强化其哲学观点。这是一个非常有趣的提法。首先，他认为"中庸"一词，是一种非常深奥的哲学术语，而诗歌可以作为一种破解密码的交流工具。先秦两汉时期，《诗经》中的诗歌作为一种流行的沟通语言，隐含着丰富而生动的信息，能够使得听众心灵相通、彼此共鸣。原本晦涩难解的《中庸》，辅之以诗歌，将读者置身一种感兴趣的人物或事件的特定轶事之中，便激发了被理解和欣赏的可能性。与此同时，诗歌会使论证变得生动且引人注目，在哲学文献中运用诗歌不仅赋予哲学家的主张以真实的力量，而且也给那些主张注入了感情色彩。其次，对于哲学文献的读者来说，诗歌是广为人知的，是一种古代意义的共享资源，通过诗歌来论证自己的判断，使得《中庸》拥有了传统的威望和强大的说服力。最后一点，人们往往相信，诗歌

---

① ［美］安乐哲、郝大维：《切中伦常：〈中庸〉的新诠与新译》，彭国翔译，第1—24页。

是不会说谎的。当一种哲学文献配以诗歌，它就充分获得了读者的信任。引用诗歌不但可以阐明观点，而且也提高了真实性。[①] 当然，不仅针对《中庸》，它通用于所有引用《诗经》的古典文献。安乐哲的提法给我们启发，照此看来，这也大抵是《论语》《礼记》《孟子》《荀子》等传统经典引用《诗经》的主要原因吧。

二　核心思想：协调人道和天道

《中庸》虽然被界定为是一部合成的文献，但是安乐哲认为其各部分之间具有一定的联系，尤其是它们都贯彻着一个鲜明的主题：协调人道和天道，使二者在天地创造性的过程中成为伙伴。[②] 也就是说，《中庸》的关键主题在于告诫人们如何协调自己的品行，进而达到天地人三参一体。中国自古以来就有"天人合一"的传统观念，包括孔子、荀子在内的思想家都会为人道与天道的沟通找寻一个路径。如果说"德"是孔子贯通"天道"与"人道"的关键（详见第二章第一节），"礼"是荀子"天人合一"思想的逻辑起点，那么"诚"就是《中庸》上下通达的主要实现手段。安乐哲对《中庸》的主要思想和常用术语进行了哲学分析，认为"诚"具有实现自我、实现他人，以及沟通人道和天道的创造性，"诚"的目的是达到"中庸"，"礼"是"诚"的表现形式，同时，"教"又是"礼"的实践过程。

（一）"诚"与创造性

当一个人意识到，人类文化的成果将无法表达的声音

---

① 参见［美］安乐哲、郝大维《切中伦常：〈中庸〉的新诠与新译》，彭国翔译，第2—3页。

② 同上书，第12页。

转变成音乐的魔力，将杂乱无章的标志转变成崇高的诗歌，将生物性的关系转变成一种精神升华的宗教性、一种不断进行的过程，这一过程使世界富有魅力，并且在世界持续的展开过程中将人类提升成为一种全然的伙伴。正是在这个意义上，成人（becoming human）的不断的成就，塑造了世界展开过程的脉络，正如世界展开过程的脉络塑造了人类的成就一样。①

《中庸》的一个显著特征，就是要将"人类—宇宙"紧紧联系在一起，将两者提升到共同创造（co-creative）的地位。在这一点上，"诚"的运用就是这一观念的体现，它成了《中庸》沟通人道和天道的关键，即"诚者天之道也，诚之者人之道也"（《中庸》第20章）。正是在这个意义上，安乐哲把"诚"翻译为"creativity"（创造性）②。

那么，《中庸》之"诚"与"创造性"（creativity）是否能够互译呢？从西方哲学的角度来讲，"创造性"（creativity）被表述为"一个终极的东西"③，这种东西是由其种种偶然性所决定的。具体来说，它也被称为"更新原则"（the principle of novelty）或"更新汇聚的产物"（the production of novel togetherness）。④ 由此来理解，"创造性"意味着事物之间的互相作用、互相融合而形成的状态，不仅包含动态的过程，也体现出最后形成的结果。从中国哲学的角度来讲，依照唐君毅先生的解释，

---

① 安乐哲：《〈中庸〉新论：哲学与宗教性的诠释》，《中国哲学史》2002 年第 3 期。

② 在以往英语世界的文献中，"诚"通常翻译为"integrity"或"Sincerity"，前者将"诚"与"真"和"实在"联系在一起，阐明了它的形而上学与宗教性的意义；后者提示着一种心境或情调，这种心境或情调推动着成功的整合。

③ A. N. Whitehead, *Process and Reality*, New York：Macmillan, 1929, p. 10.

④ Ibid. , pp. 31 – 32.

《中庸》之"诚"一方面"横通内外成己成物之事",另一方面"纵通人性与天命之旨"。具体而言,"诚"包含两个层次。初步的"诚"即"诚明"(《中庸》第20章),"诚明"之"诚"是自成,是人心依照道德理想去命令自己,领率自己,成就自己;自成的目的不是单纯地成就自己,而是还要成就外物,使得人内与人外合而为一。最高的"诚"是"人之至诚"(《中庸》第21章),也就是"由悠久至博厚高明,即所以载物、覆物、成物,而以博厚配地,以高明配天,以悠久成其无疆,则人可与天地合德,亦与天道合一,以有此天道之直接表现为此之至诚之人之道,而能'不见而章,不动而变,无为而成'矣"。① 综合以上看法便可以体会到,相对于"诚"而言,"creativity"缺少了人类的真实情感在里面,也无法表明事态必然上升的趋势(因为它由种种偶然性决定),而是重在强调事物整合性的过程和最终所达到的成就。对于这一点,安乐哲也十分清楚。

之所以选择"creativity"来诠释《中庸》之"诚",安乐哲有其客观的理由。他坦言:"作为'creativity'而非'sincerity'(真诚)或'integrity'(完整性),'诚'注重于作为《中庸》重要主题的'创造性'的核心地位。显而易见,人类创造性在其广大的宇宙脉络之中所扮演的至关重要的角色。"② 他进一步论说,"根据过程性的理解而非实体性的概念,我们对中国世界特质的理解会更好。如果说这一主张是合理的话,那么,我们就必须考虑到,在这样一个世界中,'物'是被理解为过

---

① 唐君毅:《中国哲学原论·原道篇》上册,中国社会科学出版社2006年版,第366—367页。
② [美]安乐哲、郝大维:《切中伦常:〈中庸〉的新诠与新译》,彭国翔译,第81页。

程（process）和事件（events）的。通过诉诸于一个过程的世界来加以理解，无论是没有口是心非的'sincerity'，还是健全完整的'integrity'，都必须涉及到'成为一个个体'或'成为一个整全'的过程。就审美的角度来理解，成为整全的动态，恰恰是一个创造的过程所意味的东西"。另外，"创造性既涉及到中心性自我的实现，也涉及到事件的场域的实现，既涉及到个体的实现，也涉及到整个脉络的实现。自我的现实化是一个中心性的过程，这个过程有赖于人类经验的一种聚集性的场域。并且，场域和中心是相互实现的"①。因此，安乐哲把"诚"理解为创造性（creativity）。

对于"诚"的创造性，安乐哲从哲学和历史两个方面做出论证。从哲学方面来看，《论语·卫灵公》中的"人能弘道，非道弘人"这个主张是个极其相似的例子。对这句话，朱熹的解释是："人外无道，道外无人。然人心有觉，而道体无为，故人能大其道，道不能大其人。"② 按照安乐哲的意思可以理解为：人作为自我实现的中心，不仅可以实现自我，也可以根据人类经验去实现自身所在的场域，最后达到场域和中心的相互实现。儒家思想中，譬如"仁""君子""圣人""和""中庸"等这些观念，都表达着一个人和其公共脉络之间的相互塑造。《中庸》第25章："诚者，自成也；而道，自道也。诚者，物之终始，不诚无物，是故君子诚之为贵。诚者，非自成而已也，所以成物也。成己，仁也；成物，知也。性之德也，合内外之道也。故时措之宜也。"其中的"诚"也包含了创造性生成的过程和特定过程结束或圆满完成后的事件。更重要的是，安乐

---

① ［美］安乐哲：《〈中庸〉新论：哲学与宗教性的诠释》，《中国哲学史》2002年第3期。

② （宋）朱熹：《四书集注》，凤凰出版社2005年版，第180页。

哲也注意到了"诚"的积极意义，他认为"诚"是表达一种动态过程的另一个用语，通过有效的沟通，这种动态过程促进了"真正的各种关系"。在社会交往层面上，"诚"的人是值得信赖和真诚的，其自我也会有效地获得有机的整合。在宇宙层面上，"诚"是一种根基，从这种根基中，自我和场域才能取得最大限度的收益。从历史方面来看，安乐哲指出，创造性的观念在儒家思想中是一种很熟悉的感受。早期儒家就倡导以人为中心的理念，儒者会挑选出一种特定的人类价值，如孔子的"德"、荀子的"礼"，将其投射到宇宙之上，作为规范天人之间秩序的典范。然而，道家的态度是和儒家截然不同的，道家往往会以自然环境结构为典范，去鼓励人类配合自然环境的秩序。安乐哲意识到，作为"创造性"的"诚"，其基本价值在于确保人类不受所有环境条件（"天"）或其自然倾向（"性"）的宰制，而是充分发挥自身作用去实现自我以及实现周遭事变纷纭的世界，使人在共同创造的过程中扮演中心性的角色。①

诚然，安乐哲在极力说明"诚"的创造性，我们能够感受到"诚"自身所具备的创造力。尽管杜维明也持同样看法，认为"'诚'可以被理解为一种创造性的形式"②。但是，笔者认为，"creativity"还不足以让西方读者全面了解《中庸》中的"诚"，因为它似乎缺乏一种积极性。当陈荣捷将《中庸》翻译给西方读者时，他坚持认为："诚不只是心的一种状态，而是一种积极的力量，这种力量总是在转化着事物和完成着事物，

---

①　参见［美］安乐哲、郝大维《切中伦常：〈中庸〉的新诠与新译》，彭国翔译，第58页。

②　安乐哲先生在《切中伦常：〈中庸〉的新诠与新译》（中译本）一书第81页提到了杜维明英文著作中的观点。但是，在《〈中庸〉：论儒学的宗教性》（中译本）一书第19页，对于"诚"的译法，杜维明说道"我往往干脆采用罗马拼音的形式，即'cheng'"。

并且使天人同流。"① 在安乐哲译法的基础上，笔者认为，"positive creativity"（积极的创造性）似乎能够更有益于说明"诚"的内涵。

（二）"中庸"与"礼"

《中庸》出自《礼记》，可是鲜有人提及"中庸"与"礼"的关系。安乐哲不仅关注到了这个问题，并且就两者的哲学内涵及其关联做出了详细论证。

首先，他对"中庸"做出阐释。根据"焦点"与"场域"的语言，安乐哲将"中庸"翻译和解释为"focusing the familiar affairs of the day"，即"切中伦常日用"（"中"为"伦常"，"庸"为"日用"）。对于《中庸》的题目"中庸"，有许多种英文的翻译，最为熟知的就是"The Doctrine of the Mean"。安乐哲认为这是一种最不恰当且遗憾的翻译，理由是这一译法基于亚里士多德关于德行的理论而产生，这种德行是介于"excess"（过）和"defect"（不及）两种极端之间的"mean"（中道），这意味着最终的成就是通过选择来实现的。这种对"中庸"的解释势必会将《中庸》的意旨引向误区。② 根据朱熹对中庸的理解，"不偏之谓中，不易之谓庸；中者，天下之正道，庸者，天下之定理"③，杜维明将"中庸"翻译成"centrality and commonality"（中心性和平常性）。安乐哲认为杜维明的译法更接近原意，且反映了对于《中庸》的宗教蕴含的一种非常真实的理解和欣赏。但是，他也觉得这个注释仍然没有充分摆脱各种实体性的假设，因此并没有深入地利用那些能够对"中庸"的哲

① 陈荣捷：《中国哲学资料书》，第96页。
② 参见［美］安乐哲、郝大维《切中伦常：〈中庸〉的新诠与新译》，彭国翔译，第20—21页。
③ （宋）朱熹：《四书集注》，第18页。

学观点下所隐藏的过程本体论提供广泛认识的文献材料。

"中庸"这个用语并不仅仅是指"切中伦常"的过程，而且同时是指"切中伦常日用"的必要性。"中"（伦常）意味着在这一过程中有"人"的参与，有"人"的贡献。正是由于这一点，才使得人成为塑造自然、社会以及文化环境的其他各种力量的伙伴。与亚里士多德关于"Mean"的选择性的理论相对，安乐哲认为《中庸》提倡对于不断变化的环境的各种创造性的可能性保持乐观。这种乐观化过程获得和谐与平衡的关键在于"庸"，即日常生活的礼仪化，使那些看起来普通的、具体的东西变得富有魅力。"中庸"不是由个体的各种选择来支配的，而是由那些"礼"所规范的情感对于各种角色和关系的不懈的关注来创造的。"中庸"所产生的不仅仅是恰如其分的各种举措，最终所产生的更是一种凸显繁荣社群的深刻的宗教感受性。①

其次，他对"礼"做出阐释。安乐哲认为，孔子所设定的"礼"，不是简单的"ritual"（礼仪）或"rites"（仪式），而是"ritual propriety"（一种典型的表征符号，它代表一种习惯，一种人与人之间的相互尊重、相互爱护的行为规矩或规范）。他试图通过《论语·乡党》篇的内容来支持他的观点：

> 孔子于乡党，恂恂如也，似不能言者。其在宗庙朝廷，便便言，唯谨尔。
>
> 朝，与下大夫言，侃侃如也；与上大夫言，訚訚如也。君在，踧踖如也，与与如也。

---

① 参见［美］安乐哲、郝大维《切中伦常：〈中庸〉的新诠与新译》，彭国翔译，第21页。

　　入公门，鞠躬如也，如不容。立不中门，行不履阈。
过位，色勃如也。足躩如也，其言似不足者。摄齐升堂，
鞠躬如也，屏气似不息者。出，降一等，逞颜色，怡怡如
也。没阶趋，翼如也。复其位，踧踖如也。

　　疾，君视之，东首，加朝服，拖绅。

　　这几段文字，是孔子这位士大夫真实的生活写照。从这里
来看，孔子的一言一行，都在遵从"礼"的安排，哪怕是最细
微的体态、衣着的式样、步履的节拍、面部的表情、说话的声
调甚至呼吸的节奏，无不展现孔子对于礼仪生活的敏感形象。
表面上看，很多人会以为孔子似乎在遵循僵化的礼仪节文，但
是没看到孔子伴随着坚持和努力的情感投入。尤其在上面最后
一段，孔子身在病中，君主前来造访，这里并没有强制的规定
要求孔子必须遵守何种礼仪，而是描绘了孔子如何找到一种姿
态，去传达为维护一种关系所要求的恰当的敬重与忠诚，即使
是在环境最为艰难的情况下。基于充分认识，安乐哲做出总结，
认为"礼"既是认知的，又是审美的，既有道德性，又有宗教
性，既关涉身体，又关涉精神；"礼"是一个人完美的过程，
这种完美表现为一种身份、一种姿势、一种态度、一种特征、
一种养成的性情。①

　　最后，他对"中庸"与"礼"的关系做出说明。安乐哲认
为，《中庸》对孔子的描述或许是"天"与"完人"之间暗合
关系最清楚的表达。一个人因为有德行且获得同社群其他人的
尊敬，因而逐渐变得可比于"天"；而"天"也相应会变成孔

---

① 参见［美］安乐哲、郝大维《切中伦常：〈中庸〉的新诠与新译》，彭国翔译，第
158—159 页。

子式的人，因为孔子从自己角度以同样的敬意模式所诠释的整体的"天"，为人的世界设定了榜样[1]：

> 仲尼祖述尧舜，宪章文武。上律天时，下袭水土。辟如天地之无不持载，无不覆帱。辟如四时之错行，如日月之代明。……唯天下至圣……溥博如天；渊泉如渊……故曰"配天"。（《中庸》第30、31章）

同样，对于那些成为神明一般的祖先以及文化英雄，被用来描绘他们的一些比喻经常是具有神圣意义的，像"日月""天""北斗"以及诸如此类的一些说法。这些比喻性的说法以一种象征性的方式表达了那样一种人们所熟知的假定，即所谓"天人合一"。[2] 如此一来，《中庸》的中心意思就是：鼓励"天道"与"人道"进行汇聚和交流。至于交流的渠道，安乐哲认为要通过人的精湛技艺，即"礼"。中国传统中的"礼"，在沟通社会关系和天人关系方面都承担着至关重要的交流作用。安乐哲把这两种交流的最高境界称为"一种终极意义上的经验的聚合"，而"礼"正是确保这种积累的经验不断得以净化升华并富有意义的媒介。[3]

那么，"礼"是如何实现它的媒介作用的呢？《中庸》第19章有言：

> 子曰："武王、周公，其达孝矣乎！夫孝者，善继人之

---

① 参见［美］郝大维、安乐哲《通过孔子而思》，何金俐译，第113页。

② 参见［美］安乐哲、郝大维《切中伦常：〈中庸〉的新诠与新译》，彭国翔译，第160页。

③ 同上书，第71页。

志，善述人之事者也。春秋修其祖庙，陈其宗器，设其裳衣，荐其时食。宗庙之礼，所以序昭穆也。序爵，所以辨贵贱也。序事，所以辨贤也。旅酬下为上，所以逮贱也。燕毛，所以序齿也。践其位，行其礼，奏其乐，敬其所尊，爱其所亲，事死如事生，事亡如事存，孝之至也。郊社之礼，所以事上帝也。宗庙之礼，所以祀乎其先也。明乎郊社之礼、禘尝之义，治国其如示诸掌乎！"

这段话讲的是以宗庙之礼、郊社之礼等礼仪来祀奉祖先、天地，从而使在世的人各践其位，各行其政，可见，"礼"规定着现在的人及其祖先之间恰当的关系，规定着社会、政治权威以及主导社会政治权威和被社会权威所主导的人们之间的恰当关系。

在《中庸》之中，"礼"的一种重要功能，便是去维系家庭与"日用伦常"（"中庸"）的关系。《中庸》第3章，"子曰：'中庸其至矣乎！民鲜能久矣。'"由此不难联想到孔子倡导"克己复礼为仁"的良苦用心。这也就是说，"礼"作为一种基本手段，对于一个人实现家庭与"日用伦常"这些根本脉络具有重要的意义与功效。安乐哲解释道，在家里"礼"得到传播，但我们一定要区分"家庭"和"家族"。通过家族，社会关系准则从家庭成员延伸到亲戚。只有"礼"被遵守时，包括双方家庭所有亲戚的"家族"才能存在。换言之，当"礼"被延伸的时候，家族就形成了，"礼"的适用范围再扩大就成了"民族"。中国人之所以成为民族就因为"礼"为全国人民树立了社会关系准则。另外，鉴于"中庸"的共同创造性，它又使日常生活中的礼仪获得了和谐与平衡。

"礼"以家庭为基础，进而从"家"蔓延到"宗"，即祖宗、宗庙、家族，最后通达天地，连接起一种人与宇宙共同创造的关系。不过，安乐哲强调，在这种关系中，儒家采取的是以人为本。正如我们已然所见，切中日用伦常是一种尝试，为的是对人类社群的创造能力保持乐观，也为了将日常生活的模式转化成深刻的社会宗教性的实践。① 久而久之，此种对人生所持的高度期盼，导致了一种可称为"准无神论"的"人为中心"宗教感——一种不必去祈求独立、超越神灵、以它为宇宙秩序来源的宗教感。人类，不是依靠参照一种局限性的假设预定，去找到宗教的超绝主义与超自然主义，而是自己成为自己所在世界的深刻意义源泉——这是唯一的世界。这是宇宙包融人的协同创造力，推动着《中庸》。②

（三）"礼"与"教"

儒学中的"教"通常被翻译成"education"，安乐哲接受了这个译法，并从语源学上做出解释。"education"有两个主要词根——"educare"和"educere"。"educare"的意思是"教育、培养"，它是一种以现有经验、学识来为其解释各种现象、问题或行为为根本，以人的理性的思维来安排认知的模式。"educere"的意思是"引起、唤起"，其中隐喻着"教"的连续性和互相创造性。也就是说，在"教"（educere）的过程中，既能实现有能力的教师的成长，又能实现有能力的学生的成长。《中庸》之"达道"重在表达"教"的这种意义。

"礼"是"教"的内容。同时，"教"，也是"礼"持续成长（growth）和延伸（extension）的过程。《中庸》第1章提纲

---

① 参见［美］安乐哲、郝大维《切中伦常：〈中庸〉的新诠与新译》，彭国翔译，第75页。

② 参见 Roger T. Ames, *Confucian Role Ethics：A Vocabulary.* Chinese University Press, Chinese University of Hong Kong, 2011, pp. 49 – 55。

挈领：

> 天命之谓性，率性之谓道，修道之谓教。

在这段话里，"教"基本上可以被界定为"道"的完善和推进，当然其中也表达着"教"的创造性的一面。但是，安乐哲也指出，这里的"教"，既具有传播和训练的功能，也具有兴发和唤起的功能。因为，只有掌握了生活中所要践行的礼仪形式之后，那些个人才能兴发和唤起一种审美的经验。

"教"需要在教育和兴发两方面之间保持必要的平衡，这一点在《中庸》第21章得到了把握：

> 自诚明，谓之性。自明诚，谓之教。诚则明矣，明则诚矣。

根据安乐哲的意思，首先，是要"学到某种东西"，之后自然地（不是被强制的、不是被产生的）导向"理解"，这个过程意味着逻辑的、理性的领会，是一个"educare"的过程。其次，创造性（新生事物当下的自发产生）再次从"理解"中产生，处在持续的周期性过程当中。在这种新的脉络之中，"理解"是被经验的内容的审美享受，那种被经验的内容是经由"教"而获得的。这样一来，"教"就成为"educere"，这是一种顾及新生事物自发产生的过程，即人得到了成长和延伸。也就是说，无论是"礼"还是人的世界，"教"均在其不断的创造性转化中。

安乐哲总结道，"发展到《中庸》，古典儒学庆幸于这样一种方式，在那种方式中，这种人的成长与延伸的'教'的过程既受到整体意义的塑造，同时又对整体意义的形成有所贡献。在探索儒学的这一向度时，我们必须考虑到：它既是非神论的（no-theistic），同时又具有深刻的宗教性。它是一个没有上帝的传统，这一传统另外提供了一种以礼为中心的（li-centered）宗教性，这种宗教性肯定累积性的人类经验本身。"①

第三节　译著三：《生民之本：〈孝经〉的哲学诠释及英译》

长期以来，《孝经》或多或少地给读者留下负面的印象，也曾当作家长专制、男权中心、极权主义的挡箭牌，其教义也被视为封建的教条予以压制。21 世纪，家庭日渐萎蕤而人口却越发拥蹙，现世公民开始重新思考家庭价值，《孝经》再次走进人们的视野。安乐哲认为，《孝经》所提倡的"孝"的观念，是中国人尤其是早期儒家最根本、最明确的价值观之一，其捍卫着以亲情为根本的家庭价值，今天应当得到开放性的解读。对家庭观念的追寻，亦是一个重大的哲学任务，《孝经》无疑是最佳切入点。安乐哲与罗思文合作出版《生民之本：〈孝经〉的哲学诠释及英译》一书，关注于古典儒学在哲学和宗教上的贡献，为《孝经》注入了一股新的生命力。本书分为两个部分：导论和《孝经》译解。尤其精彩的是导论部分，对《孝经》历史、哲学和宗教方面的背景做出全面分析，并对主要术语予以哲学解读，足以开启我们的思考。

① ［美］安乐哲、郝大维：《切中伦常：〈中庸〉的新诠与新译》，彭国翔译，第 76—79 页。

一 家庭中的"孝"

与《孝经》相比较，安乐哲对《圣经》更加熟悉。作为一位西方学者，他以《圣经》为参照物，以这种独特的方式进入《孝经》的世界。

《孝经》与《圣经》都是以亲情为主题。从旧约时代起，西方文明发展中的家庭价值亦处于突出地位，《十诫》中有八条戒律言"否"[1]，如"除了我（耶和华）以外，你不可有别的神""不可杀人""不可奸淫""不可偷盗""不可作假证陷害人"等，唯有一条言"是"，即"当孝敬父母，使你的日子在耶和华——你神所赐你的地上得以长久"。可见，血亲关系也是《圣经》所关注的重心。以此入手，安乐哲发现，《孝经》虽是孔子弟子曾子所作，但是其中完全找不到到"仁""智""信"等那些熟悉的儒家词汇，它始终强调"孝"，以"孝"为本，"孝"是儒家学说的基石，其他儒家词汇只有在一个繁荣兴旺的家庭环境之内才有意义。

安乐哲也看到，《孝经》也曾经像《圣经》一样，被误读，甚至被歪曲利用。历史上，《圣经》被断章取义，曾经出现蓄奴主义、十字军东征、男权中心、反同性恋、反犹太、宗教裁判、30年之战、烧毁十字架、私刑以及三K党所犯下的滔天种族罪恶。在中国，《孝经》曾经被当作强化男权、父权、夫权的工具，使得家庭中的妇女和儿童饱受压迫。"孝"被肆意的夸大，以至于出现了很多愚孝的行为，如割股疗亲[2]、争立贞

---

① 十诫，是《圣经》记载的上帝（天主）借由以色列的先知和众部族首领摩西（梅瑟）向以色列民族颁布的十条规定。

② 孝子割舍自己腿上的肉来治疗父母的疾病。

节牌坊①等让人触目惊心的历史闹剧。

尽管《孝经》与《圣经》都给我们带来了负面影响，但是安乐哲仍然客观地认为，我们应该以开放的态度去对待。他关注的不是被误读或误用的那些儒家实践，而是《孝经》作为一种哲学和宗教信仰体系的儒家思想，对孝以及家庭价值给予的肯定。在《序言》中，他有一段精彩的论述：

> 正如世界上的宗教传统不会消失一样，家庭及其相关价值亦不会消亡。要在 21 世纪一个更多样伦理和宗教交存的全球语境下重建社会、政治和道德哲学，就必须考虑这一事实。而且，我们不会悲叹此需求。如果家庭和家庭价值在过去和现在压制过许多尤其是妇女和孩子，那么，它们亦重大地赋予了我们人类古今所拥有的许多幸福，亦抚慰过我们多少的悲伤和哀痛。实际上，在任何文化中，家庭一直以来都是经济力量和安全感的一个来源，或许以后仍将会如此。面对一个资源日益匮乏，经济逐渐脆弱，而人口亟攀 70 亿的社会，任何政府和跨国机构真的会为我们提供充分的社会福利设施而消除我们对家庭的依赖？这是值得怀疑的。②

从表面上来看，许多社会、经济、技术因素破坏了原本的社会群体组合和家庭关系模式，究其原因，是当今社会"孝"观念的缺失。基于这样一个事实——家庭价值将成为人们拥有

---

① 古代对守妇道的女人的一种敬意，丈夫死了，一直守寡不改嫁，就会给其立一个贞节牌坊。

② ［美］安乐哲、罗思文：《生民之本：〈孝经〉的哲学诠释及英译》，何金俐译，北京大学出版社 2010 年版，《序言》第 4 页。

一个充分的社会、道德、宗教等生活所必需的因素，安乐哲认为应该重新认识《孝经》对我们研究家庭观念的重要作用。

在中国，孝的观念源远流长，甲骨文中就已经出现了"孝"字，也就是说，在公元前11世纪以前，华夏先民就已经有了孝的观念。而在西周，孝的观念不断被强化，有人甚至认为，殷周的教（宗教、德教或政教），就是以孝为教（教是由孝和文两字合成）。通常的解释是，殷周都是以氏族血缘关系为基础的奴隶社会，所以"孝"不但是氏族的凝聚力，而且也是社会的亲和力。尤其是西周宗法制度的建立，将宗统（宗主继承）与君统（王位继承）合二为一，家与国不可分割，国是家的扩大，家是国的缩小，即所谓"家国同构"，"孝"就成了最基本的道德原则。[①] 现在论"孝"，大都以家庭为中心，指子女对父母应尽的义务，包括尊敬、抚养、顺从、送终、守制，等等。

以现有的《孝经》英译本来看，对"孝"的翻译也都集中于家庭情感。"孝"，传统上翻译为"filial piety"（子女的虔诚）。安乐哲对此评价说，"pious"有"虔诚"之义，该翻译并不完全是误读，因为《孝经》提倡的就是"敬（从）"（deference）。但是儒家的"敬"不同于亚伯拉罕传统相关的那些存于另一超验世界的宗教形象，而是指向当世的人或去世的人。另外，"piety"常常带有某种自谩欺伪性，而儒家"孝"中没有这种东西。他认为，"孝"可以解释为"family responsibility, family deference, family feeling"或"family reverence"。[②] 在《生民之本：〈孝经〉的哲学诠释及英译》这本书中，他择用的是

---

① 参见谢谦《国学词典》，中国人民大学出版社2011年版，第103页。
② 参见［美］安乐哲、罗思文《生民之本：〈孝经〉的哲学诠释及英译》，何金俐译，第2页。

"family reverence"，把"孝"译为对家庭的敬爱归属之情。

家庭中的"孝"，讲的主要是对父母之孝。《孝经·开宗明义》：

> 仲尼居，曾子侍。
>
> 子曰："先王有至德要道，以训天下，民用和睦，上下无怨，汝知之乎？"
>
> 曾子避席曰："参不敏，何足以知之？"
>
> 子曰："夫孝，德之本也，教之所由生也。复坐，吾语汝。身体发肤，受之父母，不敢毁伤，孝之始也。立身行道，扬名于后世，以显父母，孝之终也。夫孝，始于事亲，中于事君，终于立身。"

《史记·孔子世家》记载，孔子以曾参（曾子）能通孝道，便以此授之于他。孔子告诉曾子，子女的肉体是父母给予的，要加以爱惜和保护，不要使其受到伤害和破坏。这是"孝"最基本的要求。防止身体不受伤害，更要不受到刑戮。古代的肉刑很多，如黥（在脸上刻字并着墨）、劓（割鼻）、刖（斩足）、宫（割势）、大辟（死刑）五种刑罚。受到任何一种刑罚，都是对父母的最大侮辱。曾子在临死前，要他的弟子们掀开被子，看看他的手足有无损伤，确认没有损伤后，欣慰地说"而今而后，吾知免夫"（《论语·泰伯》），就是指他终身未曾受到过刑戮，可以以完整的肉体去面对父母之灵了。①

安乐哲对"身体发肤，受之父母，不敢毁伤，孝之始也"的理解是："的确，或许《孝经》首章所谓'不敢毁伤，孝之

---

① 参见汪受宽《孝经译注》，上海古籍出版社2004年版，第5—6页。

始也',我们可以理解为一种劝勉,以使处于不良家庭关系中的人,如果父母不从谏的话能够设法保护自己。"① 他是从"事父母几谏,见志不从,又敬不违,劳而不怨"这句话的基础上理解的,他把"身体发肤,不敢毁伤"当作逃避父母责罚的理由。这让我们想起一个故事,曾子除草,失误斩断了瓜苗,他的父亲曾皙大怒,将其打晕在地。孔子听说这件事后,批评曾子不知道爱惜自己身体而逃避,如果死了就会将自己的父亲陷于不义,这将是更大的不孝。安乐哲的解释似乎是受了这个故事的启发。

在讨论"孝"的问题时,安乐哲对"父母之年,不可不知也,一则以喜,一则以惧"这句话有些疑问。"鉴于并未有专门之礼说明我们在父母 52 岁、66 岁或 73 岁的时候应该如何待之,我们因而就不明白,知道父母年龄为何或如何会在何种意义上有助于怎样与他们适当沟通?或这一认识如何会让我们变得更好,成为孝顺的儒家或其他?"② 对于这个疑问,我们中国人很容易理解。这是中国延续下来的一种习俗,和孔子、孟子有关。历史记载,孔子去世时 73 岁,孟子去世时 84 岁。于是,民间就有了一句俗语:"七十三,八十四,阎王不请自己去。"也就是说,73 岁、84 岁是人生命中很难度过的两个关口,或许就会像孔子孟子一样走到生命的尽头。这没有什么科学依据,但是相信命运的中国人很忌讳。为了避免父母担惊受怕,子女们在他们这一年生日的时候要举行一个小的仪式,如买一条鱼让它蹿一下(蹿过关口),煮两个鸡蛋滚一滚(滚过关口),其中都蕴含着对长寿、健康、平安的一种美好期盼。中国各个地

---

① [美] 安乐哲、罗思文:《生民之本:〈孝经〉的哲学诠释及英译》,何金俐译,第 30 页。

② 同上书,第 31 页。

区的风俗都不相同，但对父母所尽的孝心都是一样的。

　　"孝"在我们看来是很严肃谨慎的话题，但在安乐哲看来，它不仅是一种养成的性情，还是一种快乐的行为。他举了一个朴素而有哲理的例子：想想你小时候给奶奶画像。画像很有趣。想到这可能会让奶奶高兴一下，你也会很高兴。你还能想到当你把自己的作品送给奶奶时会得到的那个快乐的拥抱；你几乎千真万确地会直觉到她真的喜欢你画的像。这是行动中的"孝"。此后不久，因为天气的原因她的关节炎犯了，她让你帮她捏捏肩膀。但正在这个时候，你的玩伴们找你出去玩。你该怎么做？对儒家来说，这个不成问题，因为你会义不容辞要去给奶奶按摩。但如果你在做的时候觉得很懊恼、愤恨，那就不是真的孝。你必须想给奶奶解除痛苦，要高兴这样做，还要比跟小朋友一起玩更愿意做这个。这样的修身开始于我们小的时候，是受到我们家庭和社会种种孝顺榜样的激发。[①] 总之，"孝"不像我们想象中的那么简单，它不仅仅是对父母长辈表面服从，让他们吃饱穿暖那么简单，而且是一种内心流露出来的温情与敬意。这看起来是对"今之孝者，是谓能养，至于犬马，皆能有养，不敬，何以别乎"（《论语·为政》）这句话的注脚。

　　家庭中的"孝"看似很平常，其中却触及了最根本的儒家精神。对儒家来说，养成一个健全充分之人必须要从家庭开始，培养孝道是更好地走向社会的开端。

二　社会中的"孝"

　　从很多资料来看，"孝"似乎是孔子为儒家传统中的个人

---

　　① 参见［美］安乐哲、罗思文《生民之本：〈孝经〉的哲学诠释及英译》，何金俐译，第34页。

在儿时所埋下的伏笔，进一步的目的是更好地进入社会，成为一个有"孝"的社会人，即"夫孝，始于事亲，中于事君，终于立身"（《孝经·开宗明义》）。也就是说，孝立足于家庭情感却必须突破家庭情感。《孝经》表明，如果把家庭中的"小事"做好，那么"大事"自然水到渠成。"齐家"是为了更好地"治国"。安乐哲支持这个观点。站在儒家个人的立场，他对此做出了通俗的解释："如果我们想过丰富多彩的生活而又很幸运的话，长大成人后会碰到各式各样的人，当我们跟他们打交道时，会唤起人类多样化情感的某些部分：感激、忠诚、爱、育养感、敬，不一而足，这些取决于情境。如果我们没有机会在我们小时候的家庭里发展和表达这些情感，成人后又如何会获得和表达这些情感？"①

作为一种扩展的家庭关系，"友"是儒家观念非常重视的因素。孔子敏锐地意识到朋友对家庭价值的补充作用。《论语·学而》："子曰：'无友不如己者，过则勿惮改。'"曾子也把朋友看得很重要。《孝经·谏诤》有言："士有争友，则身不离于令名。"意思是，如果身边有一个直言规劝自己的朋友，将不会丧失一个好的名声。在儒家看来，友谊为家庭提供了更广阔的空间，以使自我本身得到更审慎的塑造，也能扩大个人关系的场域。安乐哲做出相关论证后认为，儒家个人不可化约，乃社会性的，因而社会道德政治进程无时不需要他人。儒家基本道德只能在个人和其他与之相关的人的融洽生活过程中获得。顺着安乐哲的思路来理解，随着关系范围的扩大，我们不仅是孩子、姊妹、父母、爱人，我们还会是邻居、朋友、学生、同

---

① ［美］安乐哲、罗思文：《生民之本：〈孝经〉的哲学诠释及英译》，何金俐译，第66页。

事等。当我们的生活所有这些特定角色全部表达出来，我们每个人就都成了儒家的关系性自我。

在儒家孝亲的关系模式下，直到近代政府官员还习惯被称为"父母官"，也就是说在儒家传统文化体系中，政府和民众已然融合成了一个大家庭。所以，孔子把"中于事君"（《孝经·开宗明义》）称为"孝"。当然，政府也应该尽"孝"，它的职责就是爱护"子民"。安乐哲将中国和西方的政府做了比较。他发现，在面对社会争端的时候，中国理想的官员尤其是县乡一级，常常更多被视为争执的调停者，而非法官。因为他在这些情况下的任务是消除或减少更多争端家庭的冲突，而非费尽心思地确定这场争端孰对孰错。他的目的是要和解，尽管仍要关注正义和考虑惩戒，来安抚愤愤不平的对方，但他们更多考虑的是将来，使他们能够彼此折中相处，将来不产生冲突。① 正如孔子所说的："听讼，吾犹人也。必也使无讼乎。"（《论语·颜渊》）同样对待争端，西方政府就如同法官，如果首要目标是真理，就要采取判决，寻求惩戒的正义。从效果来看，中国地方官员更加关注的是这个大家庭的和谐相处。有时候，当地政府会关心到家庭领域的事情，所以，在传统中国，公共领域和私人领域没有严格的界限。

按照古代儒家传统，社会关系由"五伦"构成：父子、夫妻、君臣、兄弟、朋友。现代社会，社群模式发生了一些改变，增加了重要的科级阶层和师生关系，父子、兄弟、朋友之间的关系基本没变（依然是父慈子孝，兄友弟恭，朋友有信），夫妻和君臣关系不再绝对化。但是，在中国乡村，"夫为妻纲"

---

① 参见［美］安乐哲、罗思文《生民之本：〈孝经〉的哲学诠释及英译》，何金俐译，第35页。

的情况依然存在；在中国政府机构中，"君为臣纲"的观念仍然没有摆脱。安乐哲分析，从中国现有社群模式来看，中心关系一直是男性主导的，本质上显然是等级性的。但是，他也强调，儒家的等级关系不同于精英主义①，它不是"superiors"（上级）和"inferiors"（下级）的关系，而是受惠者（beneficiaries）与施惠者（benefactors）之间的关系。举例来说，科学家指导其研究生的研究，医生与病人的关系，父母督促子女做家庭作业，技术娴熟的水管工带学徒，朋友给出忠告——按照人类交往动态学，这些关系是可以改变的。我们此时是个施惠者，彼时可能就是个受惠者。简单说，我们年轻的时候是父母绝对的受惠者，当他们年老体弱的时候，我们又成了他们的施惠者。在我们的朋友和邻居需要的时候，我们是他们的施惠者，但当我们需要他们的时候，我们又成为受惠者。在这种意义上，等级关系并不必然是压制强迫。

安乐哲认为，以"孝"为中心的儒家家庭观念是人类社群关爱与团结的一个无与伦比的资源。在某些情况下，平等并不总是一种纯粹的善。当然，很多人可能对于儒家的"忠顺"思想讳忌莫深，但是，需要指出的是，这并不是孔子的本意，他还曾激烈地批评曾子把孝跟盲从混为一谈。《孝经·谏诤》："敢问子从父之令，可谓孝乎？子曰：是何言与？是何言与？"可见，在孔子看来，谏诤对孝不是可有可无的，而是不可分割的整体。谏是一种值得尊敬和践行的义务，会让家庭和国家正常运转。

---

① 精英主义发源于意大利，认为一些特定阶级的成员，或是特定人群，由于其在心智、社会地位或是财政资源上的优势，应当被视为精英；并认为这些精英的观点应当被更加重视，这些精英的行为更可能对社会有建设性作用，或这些精英超群的能力或智慧令他们尤其适合治理。

三 人本宗教性的"孝"

华夏先民奉行孝道，还有更深刻的人性根源，就是宗教感情。在殷周时代，先民都相信"灵魂"一说，而祖先的在天之灵能保佑或降福于子孙。与西方超验主义的宗教相反，自中国原始宗教起，就把神道纳入了人道系统中，处处凸显着人的尊严和人道的重要性，形成了一种双方互动的温和的宗教信仰。安乐哲把这种宗教称为"人本宗教性"①。

在这种人本宗教性中，人对祖先及天地神灵的"孝"，通常会以祭祀的形式来表达。孔子对神灵的态度是"不语怪力乱神"（《论语·述而》）。但是，他也重视祭祀祖先，视之为孝道，以此表达对先人的感激之心，所以要诚心诚意，不在于形式规格。"祭思敬，丧思哀"（《论语·子张》），"祭如在，祭神如神在"（《论语·八佾》），"生，事之以礼，死，葬之以礼，祭之以礼"（《论语·为政》）。后来，《礼记·郊特牲》说："万物本乎天，人本乎祖"，祭天祀地为的是"报本返始"，使人不忘其本，这是人人都应该具有的情意之心，也是祭祀的精义所在。儒家反对把祭祀功利化，主张只为报恩，不求回报。② 可见，儒家对祭祀的意义在于启发人的灵性，培养人的敬畏感恩之心。这正是《孝经·开宗明义》中"夫孝，始于事亲，中于事君，终于立身"这句话的充分表达。对人的关注，既是"孝"的起点，也是"孝"的终点。

以上几节关于"孝"的论述，主要是围绕安乐哲对《孝经》的全新理解来展开的，同时笔者在他的基础上做了更加详

---

① ［美］安乐哲、罗思文：《生民之本：〈孝经〉的哲学诠释及英译》，何金俐译，第77 页。

② 参见牟钟鉴《涵泳儒学》，中央民族大学出版社 2011 年版，第 31 页。

细的相关论证。安乐哲对《孝经》的研究，目的在于寻求其中作为一种哲学和宗教信仰体系的儒家思想，并从这种思想中找出它的现代价值。他对《孝经》解读的结果是，家庭价值将成为人们拥有一个充分的社会、道德、宗教等生活必需的；人类关系和人类交往代代相交的价值将被重新体认；从另一角度构想对自我的认知；一种更健全的社会正义概念或许会替换时下流行的狭隘定义；甚至死亡和暮年都将获得不同理解。① 安乐哲的《孝经》英译版本在西方引起了关注和反响。他们了解到，"《孝经》虽然只有短短的 11 页内容，但是其中充满了丰富的哲学内涵。让我们明白，对生与死的虔诚不仅仅存在于西方的宗教中，也是中国古代家庭教育的重要理念"②。

---

① ［美］安乐哲、罗思文：《生民之本：〈孝经〉的哲学诠释及英译》，何金俐译，"序言"第 9 页。

② Thomas Radice, *The Chinese Classic of Family Reverence：A Philosophical Translation of the Xiaojing*, University of Hawaii Press, 2009, p. 132.

第四章　儒学专题研究与开放性阐释

　　前面两章内容是对安乐哲主要著作的梳理和论证，本章内容将对他提出的有创新价值的儒学思想进行考察。在采访中，笔者曾经问及安乐哲先生，"如果把自己的理论建构一个系统的话，这个系统应该包括哪些方面？"他的回答是，"我不喜欢用'系统'这个词，我认为儒学应该是一种开放性的理论，应该用开放的视野去看待它。"他还说道："一个理想的开放的儒家需要自信，自我批判与进步。它需要找出自身的弱点（腐败，性别偏见，狭隘、僵化的思想），并且去改造它们。这需要了解自己的优势（它的实用主义，以人为本，注重关系性，人类的发展观）和充分利用它们。"基于这个出发点，他对孟子人性论、儒家礼文化、儒家哲学概念等给予了更多的关注，并进行了开放性的阐释，具有极大的理论价值和实践意义。本章将就这几个主要方面做出探讨，以便掌握其思想的来龙去脉和研究现状。

第一节　从文化哲学谈孟子人性论

　　孟学研究是近代西方儒学研究中长盛不衰的课题。数十年来，西方哲学界在这一领域所积累的资料已非常可观。最具代表性的即是安乐哲的观点，他高度的学术创见是对唐君毅、葛瑞汉等前辈理论学说的进一步诠释，也是孟学研究的一个创新和突破。他的研究侧重于从中、西方文化价值背景的差异来看待中国哲学问题。在孟学研究中，他打破了传统的人性概念，将孟子之性置于一个动态过程中进行讨论，认为"性"是一种有赖于特定条件的文化产物，是个人通过文化修养所获得的成就。这种从文化学意义上来解释孟子之性的方法，有利于挖掘孟子人性论的文化价值，对进一步探讨孟学中的创生力具有现实意义和理论意义。以安乐哲的孟学思想发展为主线进行研究，可以清晰认识 20 世纪中期以来的人性论研究发展走向，也可以梳理近年来关于孟子人性论研究的学术成果。

一 走出传统人性论

通过考察相关资料，我们会发现，有的学者把安乐哲于 1991 年发表的《孟子的人性概念：它意味着人的本性吗？》一文看作对其老师葛瑞汉教授的观点提出的质疑①。之所以这样认为，是因为葛瑞汉在 1967 年发表的《孟子人性理论的背景》文章中倾向于把孟子所言的"性"翻译为"nature"（本性）。②但是，被大家忽视的是，在 1989 年，葛瑞汉出版了他的平生总结性的著作——《论道者》，在这本书中，对自己的早期观点做出了修正。他指出："在我的早期著作中，通常把告子的'生之谓性'译作'It is inborn that is meant by nature'。的确，晚于孟子一个世纪的荀子正是用与生俱来定义'性'。……孟子并不是

---

① 参见杨泽波《性的困惑：以西方哲学研究儒学所遇困难的一个例证——〈孟子心性之学〉读后》，氏著《孟子性善论研究》，中国人民大学出版社 2010 年版，第 279 页。

② 参见［英］葛瑞汉《孟子人性理论的背景》，《孟子心性之学》，社会科学文献出版社 2005 年版，第 12 页。

给这个词赋予他所喜欢的意思，而是按当时流行的意义精确地使用它，这不太切近于'nature'。当然，这不是说必须放弃'nature'去寻找更准确的英文对应词。英语中并没有准确的对应词；如果说我们已经翻译了许多重要的中国术语而无争议的话，那只是因为在现有的书籍限度内这种区别没有暴露出来。"① 从这里可以看出，把孟子之"性"译为"nature"并非切合葛瑞汉的本意。同时，安乐哲也并未表达出针对葛瑞汉的意思，他开篇即说："'性'，通常被译为'nature'，尽管它是传统儒家思想中人们研究最多的哲学概念之一，但我并不认为它是被理解的最透彻的。这里所要论证和解释的是，在我看来，目前我们对'性'的理解存在着根本的不足，特别是当它指人（human being）的时候。"② 从以上资料，我们可以得出更加客观的评价：与其说是安乐哲对葛瑞汉的观点提出质疑，不如说他是对传统观点做出的挑战。

事实上，在安乐哲关于孟子人性论这一问题的思想发展中，尤其对"人性"及其内涵的理解上，有两个人的观点对其影响最大，即唐君毅与葛瑞汉。

唐君毅关于孟子人性论的洞见集中于他在 1968 年出版的《中国哲学原论·原性篇》③ 一书中。其实，更早之前的 1946 年他在《文化先锋》杂志中发表过一篇题为《孟子性善论新释》④ 的论文，在文中已经可以看出他的学术立场。"依吾人之意，以观中国先哲之人性论之原始，其基本观点，首非将人或

---

① ［英］葛瑞汉：《论道者》，张海晏译，中国社会科学出版社 2003 年版，第 146 页。
② ［美］安乐哲：《自我的圆成：中西互镜下的古典儒家与道家》，彭国翔编译，河北人民出版社 2006 年版，第 281 页。
③ 唐君毅：《中国哲学原论·原性篇》，新亚研究所 1968 年版。
④ 唐君毅：《孟子性善论新释》，《文化先锋》1946 年第 4 期。

人性，视为一所对之客观事物，来论述其普遍性、特殊性，或可能性等，而主要是就人之面对天地万物，并面对其内部所体验之人生理想，而反省此人性之何所是，以及天地万物之性之何所是。"① 可见，唐君毅淡化了传统人性概念中的生存色彩，而强调人在实现人生理想过程中的内在体验性。他进一步指出，"凡吾人视事物为所对，而论其种类性，皆指一定之性。……然吾人若由人之面对天地万物与其所体验之内在理想，而自反省其性之何所是时，是否可言人有定性，则大成问题。因人之所面对天地万物与理想，皆为变化无方者。则人之能向往理想，能面对天地万物之性，亦至少有一义之变化无方。中国思想之论人性，几于大体上共许之一义，即为直就此人性之能变化无方处，而指为人之特性之所在，此即为人之灵性，而异于万物之性之为一定而不灵者。"② 在此，唐君毅表达出了人性具有的变化性和不确定性，并指出其源自于人的灵性。从唐君毅的其他论述来看，他多次强调心性有一个自我发展的过程，也会因外力的影响而产生变化，而非与生俱来的被给定的固有的状态。这一观点对传统的诠释构成了挑战。安乐哲评价说，唐君毅识别出人性最显著的特征，作为创造性变化的不确定的可能性是准确的；他把在古代中国哲学家中有关"性"的意义之讨论从现代心理科学中区分出来，正是这种存在主义方案，才基本区分了古代中国儒家"性"的概念的特征。③

在葛瑞汉的相关论述中，他延续用一种发展的眼光去看待"人性"。通过对中国传统的"性"概念的考察，葛瑞汉的第一

---

① 唐君毅：《中国哲学原论·原性篇》，台湾学生书局1984年版，第3页。

② 唐君毅：《中国哲学原论·原性篇》，第4页。

③ 参见［美］安乐哲《孟子的人性概念：它意味着人的本性吗?》，《孟子心性之学》，第100页。

直觉是："性"的能动力量没有受到充分的注意。他进一步做出说明，"性"由"生"而来，构成"生"的纯化，它包含着出生、成长、最终消亡这一生命存在的完整过程。作为对早期著作的一个修正，他提出，许多诸如"性"这样的早期中文概念，在最近的英文中找不出与之相对应的词汇，因为原来中文中更加动态的含义经常会被丢失。葛瑞汉论证说："那些讨论'性'的早期中国思想家似乎很少想回到其本源的事物的固定属性……特别是孟子，似乎从来没有回顾过出生，而总是前瞻一个连续成长的成熟。"① 对葛瑞汉来说，在孟子用来刻画"性"这个概念的隐喻中，"性"的动态力量是显而易见的。他认为，孟子用发展的概念理解"性"，这说明它需要养育而避免干扰，正如牛山之木的譬喻，包括生长的树木和动物、正在成熟的稻谷以及流动着的水。② 在进一步把"性"的动态含义扩展到人时，葛瑞汉在早期将"性"理解为"一个人与生俱来的东西"的观念，修改为涵盖人的存在的整个生涯。正因如此，安乐哲深受启发，并对此做了进一步的诠释："如此一来，在人的语脉中，'性'就指成人的整个过程。严格地讲，一个人并不是一种静态的存在，而首先是一个做人和成人的动态过程。只有在派生和回顾的意义上，人才是一种已经完成的东西。"③

二　孟子之"性"的创生力

受唐君毅、葛瑞汉等前辈的启发，安乐哲更倾向于用一种

---

① A. C. Graham, *Studies in Chinese Philosophy and Philosophical Literature*, Albany, SUNY Press, 1990, p. 8.

② A. C. Graham, *Studies in Chinese Philosophy and Philosophical Literature*, p. 43.

③ ［美］安乐哲：《自我的圆成：中西互镜下的古典儒家与道家》，彭国翔编译，第289页。

动态的、独特的、创造性的特点来定义孟子之"性"。安乐哲坦言，对概念内容的再定义是哲学的本分，之所以选择唐君毅和葛瑞汉这两位学者的文本进行分析，原因在于，在他们的著作中都有将"性"理解为一种成就（achievement）的预示，这有利于进一步诠释的展开。他指出，学者们都倾向于把"性"和"心"合起来说，而没有注意到它们之间的区别，也忽略了"性"所表达的变化、成长、升华的意义。他以"牛山之木"（《孟子·告子上》）的例子来佐证这个观点。观其牛山，虽有雨露滋润，但是斧斤伐之，牛羊牧之，茂密的山林也会变得光秃秃的。孟子所谓"人见其濯濯也，以为未尝有材焉，此岂山之性也哉"（《孟子·告子上》），意欲说明的是，此山（并不必然是所有的山，但至少是这一座山）之"性"，是超出其基本状况之外的"文化"和"特性"。对于此山来说，那些覆盖其上的树木是自然的，并非本质的天赋，而是在其历史过程中发生的一种美化。那些树木是山的经过培养的美。在用"性"指称山林而非山本身时，对于我们认为是山的相对非本质方面的东西，孟子却给予了优先性，这并不令人感到惊奇。对孟子来说，"性"就是指示那些超出基本状况以外的东西。① 在此基础上，安乐哲尝试用"nature"以外的"character""personality""constitution"等更为接近的单词来说明它，可是他谨慎地认为这样在分析中可能会引发更多的问题，最后他还是决定使用"xing"这一拼音来表示"性"②。

在万物有生论的预设下，安乐哲认为，"性"源于"生"（出生/生命/生长）。理由是，在古典时期中国人的世界里，任

---

① 参见［美］安乐哲《自我的圆成：中西互镜下的古典儒家与道家》，彭国翔编译，第284页。

② 同上书，第291页。

何东西都被认为是"活的"，甚至在某种程度上是"有意识的"。在古文献中有大量将"性"运用到的非生命事物的例子，仅仅《淮南子》中，"性"就被用于水、金、绸，以及所有五种元素（金木水火土）中。这些事物的"性"保持相对的不变性，然而，作为万物之灵的人受到极多的培养和磨炼，情况当另作别论。引用唐君毅的话来说，"人性在中国人思想中的讨论具有一个共同的特征，这就是焦点集中于变化的无限性，在无限的变化中形成了独特的人性，而这种人的精神之性区别于其他事物固定的和缺乏精神的性"①。在西方传统的宇宙演化论中，"性"作为一种天赋的存在。安乐哲认为，在古代中国缺乏宇宙演化论，与西方的"性"不能相提并论。从而推论，中国哲学中的"性"不是所有人从出生就内含着一种超绝的和单义的法则，它是一种在人出生后加以发展的内在组织系统，也就意味着"性"是一种动态过程，包含了最初的倾向、成长和最终消亡。

依照安乐哲的看法，尽管"性"源自于"生"，但它并非先天赋予的，而是通过最初的"端"培养起来的。就孟子来说，人生在世是作为一种自发的产生和不断变化的各种关系的基体，通过各种关系终其一生，一个人的"性"才被确定。在人生之初，有一种微弱的"端"将人与社会、自然环境联系在一起，它将人带入这个世界之中。这种"端"是一个人的最初界定，为这个人的发展提供了条件，但是它比身体的特性要微弱和短暂得多，如果不细心呵护就会很容易消失。在安乐哲的定义中，"端"是指孟子所提到的四端。这四"端"既是个人的，也是社会的，在确定一个人最初的倾向时，它将一个人编

---

① 唐君毅：《中国哲学原论：原性篇》，第6页。

织到了一个特定的脉络当中。这种最初的关系性在四种范畴中得到概念化的把握，即人际的纽带（仁）、尊重社会的纽带（礼）、意义和价值彰显的纽带（义）和理智的纽带（智），这些最初的关系为一个人提供了发展的方向和"性"的表达。在根本意义上，"性"不仅仅意味着"善自身"，而且意味着关系意义上的善，正如"善于"发展自己的家庭和社群关系。终其一生，这些关系都在随着善的变化程度而得到深化、滋养和扩展。"善"是一个事物在其历史中界定其特性的条件的最优化。

在此基础上，安乐哲认为，"性"是一种有赖于特定条件的文化产物，与一个人的"修养"密切相关。要说明的是，"性"仅仅在最低限度上涉及动物性的满足（"命"）和"心"的最初发端。人所能达到而动物不能的是"性"，人与动物共有的是"命"。对孟子来说，"性"指那些将人与动物区别开来的独有的特性。如果不经过修养，人与禽兽的不同也就剩下了很微弱的"几希"（《孟子·离娄下》）。"性"最重要的是修养和成长的结果，它在社会化和教化的过程中获得协调。作为一种修养的结果，"性"总是善的（某种获得的东西），但是人的基本条件（"命"）却不必然如此。因此，安乐哲断言，"性"与文化具有不可分割的关系。就像"礼"作为一种文化，"性"可以通过它得到发展。但是，安乐哲也对由他而推出来的孟子的理论表示担忧，孟子区分"命""性"以及将"性"理解为一种成就概念，其历史性的后果之一就是文化精英主义，这种文化精英主义形成了古代儒学的其中一个特征。不管怎样，他认为对孟子来说，不曾发展的人（缺乏教养的人）还不是"人"。"性"是参与文化社会并做出贡献的成员的标志。没有文化修养，就不是完全意义上的人，因为像动物那样行为的"人"，确确实实就是禽兽。反之，身体的感受一旦修养成为

"品味"，也就延伸到了"性"的观念范围。总而言之，在安乐哲看来，"人性"是一种高贵的事物，不通过后天的文化修养是无法得来的。

从本书前两个部分可以看出，唐君毅、葛瑞汉、安乐哲三人都支持"人性"具有发展性、能动性等特征，可谓一脉相承。不过，安乐哲与两位前辈学者的思想虽有一致之处，但其对"性"的先天属性的理解却不属于同一个层面。不知是何原因让安乐哲产生了错觉，倾向于认为中国哲学中不存在宇宙起源论特征，从而推论其缺乏某种核心的起源（arche）观念来解释人性的创造过程。基于此，他断言："在孟子那里，人之所以异于禽兽，不是某种不可侵犯的自然赋予，而是一种暂时和始终特殊的文化修养。"[①] 在这里，安乐哲似乎抛开了"性"的先天性，更多地就经验方面来谈论，致其失去"人之为人"的既定方向，这样不可避免地会使"性"置于漫无目的的经验论中。

三　来自中西哲学界的争论

安乐哲对于孟子人性论的观点无疑是孟学研究的一个创新和突破，正因如此，这引起了 20 年前的西方哲学界的一场争论。刘述先、信广来、江文思、华霭仁、M. 斯卡帕里、M. E. 刘易斯等人都撰文表达了自己的意见，其中最具有针对性和代表性的是华霭仁的观点。

这场争论从表面看是能否以西方哲学的"human nature"来诠释孟子之"性"的问题，实际上涉及的问题较多，如"性"

---

① ［美］安乐哲：《自我的圆成：中西互镜下的古典儒家与道家》，彭国翔编译，第288 页。

是普遍的还是特殊的，"性"是固有的形态还是一个能动的过程，等等，而所有这些问题都是围绕一个中心展开的，这个中心就是：孟子之"性"的概念究竟是生物学意义的还是文化学意义的？如果是生物学意义的，则它一定是普遍的，是一个固有的形态；反之，如果是文化学意义的，则它一定是有其特殊性，是一个能动的过程，因此也就不能将其与西方哲学的"human nature"画等号。华霭仁主张前一种看法①，安乐哲则赞成后一种意见。在对孟子人性论的分析中，许多问题被提了出来，华霭仁认为，最重要的问题在于：按照孟子的观点，是否存在着一种共同的人性或一种普遍的人的本性。因为在这一点上有太多的争论。华霭仁所担忧的是，如果按照安乐哲的分析，即"人的相似是不重要的，重要的是明显地取得的文化上的成就"②，这与更加具有包容性的人文主义相对应，势必会导致过于强调差异的文化上的相对主义。所以，华霭仁选择坚持人的本性的普遍性立场，甚至认为孟子的人性论超越于"人的本性"之本质，建立在一种更宽广的历史和文化限度之上，支持人的本质具有普遍人文主义的合法性。

刘述先认为华霭仁的辩证是必要的，他也敏锐地觉察到这里面存在的问题。他指出，安乐哲为了避免西方传统本质主义干扰，从而采用杜威的实用主义来解释孟子，这样同样会造成"两元对立"的局面。安乐哲的初衷是，杜威强调自然环境与文化环境对于个体成长的重要性，而这一思想刚好可以运用到诠释孟子之性上来，将孟子之性置于文化环境的背景之下，这

---

① 参见华霭仁《孟子的人性论》《在〈孟子〉中人的本性与生物学的本性》，《孟子心性之学》，第140—144、227—229 页。

② 安乐哲：《孟子的人性概念：它意味着人的本性吗?》，《孟子心性之学》，第110页。

样就可以破除将其仅仅理解为上天赐予，与生俱有的狭隘的观念。① 刘述先则认为孟子强调的是人禽之别，而杜威强调人的生物的根源，二者是存在一定差别的。在他看来，杜威讲的向善，只是当人面对环境必须做出的适应，其中缺乏一个超越的层面；孟子不但肯定人有内在的资源，而且相信天的真实性，只是通过心性在天人之间建立了一道桥梁而已。他的观点是，人虽然在成就上存在殊异，但是在禀赋上是共同的，众人与圣人的禀赋无别，这正是孟子坚持性善论的根本意旨所在。

与此同时，李明辉也对安乐哲诠释孟子思想的方法论提出异议。在此之前，他了解安乐哲诠释中国文化的基本立场，即安乐哲反对用西方概念诠释中国思想。同样，在孟子思想的诠释上，安乐哲也完全发挥了这种方法论，他提醒我们不要轻易地借用西方的概念来诠释孟子思想中的"性""命""天"等概念，因为这将扭曲孟子的本意。对此，李明辉做出客观评价。一方面，他承认安教授的方法论有其积极的意义，因为它提醒我们在诠释中国古代思想时应注意其有异于西方思想的独特性，以及诠释学的基本问题。但在另一方面，他认为安教授的看法似乎有矫枉过正之嫌。因为根据当代诠释学的观点，为某一文本寻找完全"客观"的诠释，是无意义之事，可以说，不同的文化系统或概念系统之间无法完全转译。但吊诡的是，诠释之必要性正是建立在这种不可转译性之上。所有的诠释都是一种转译，完全的转译固然是不可能的，但我们仍必须转译。一切诠释工作都是建立在这种"不可能转译"与"必须转译"的辩证关系上。与华霭仁持同样观点，李明辉也认为安教授的看法过于强调中国文化（当然包括孟子思想）的独特性，而忽略了

---

① 参见刘述先《孟子心性论的再反思》，《孟子心性之学》，第178—184页。

其普遍性，这使他陷入文化相对主义之处。①

当今学界，围绕安乐哲提出的具有创造性的孟子人性论的哲学洞见展开了长期的讨论，至今仍不时有新的论点出现，其中杨泽波、方朝晖两位教授经过研究提出了自己的看法。

杨泽波对安乐哲的观点基本上持肯定态度。一方面，他认为安乐哲注意到了《孟子》中"心"与"性"两个概念的区别，这就为性的发展做好了铺垫。他指出："性植根于心中，作为心的一种功能，表现为一种必然的决定性倾向，因此，性是需要加以修养和改进的。"② 另一方面，他认为安乐哲所提出的文化学意义上的性具有深刻的理论意义。他认为，安乐哲看到了性所具有的相对性，这可以使我们得到启发。"如果孟子之性确实与人们的文化背景相关，那么具体考察世界上的不同文化，充分尊重他们的文化特点，反对一种统一的文化模式，进而对现在某些国家借助武力强行推广自己的文化这一做法进行反思，都具有极为重要的理论意义。"③ 尽管他赞同安乐哲从文化学意义上来解释孟子之性，但是他也看到了这一解释存在一些不完善的地方，比如"文化学意义的良心、本心如何与人心自然地联系在一起"等问题还有待安乐哲做出回答。

方朝晖对安乐哲的观点也做出了进一步分析。他认为，安乐哲所提出的"'性'代表一种过程，不是一个固定的、死的本质"这一观点，对于反驳过去的本质论确有帮助。但是，他还认为，从发展的角度理解"性"，就会忽略孟子之"性"所

---

① 参见李明辉《孟子思想的哲学探讨》，"中央研究院"中国文哲研究所 1995 年版，第 6—7 页。

② 杨泽波：《性的困惑：以西方哲学研究儒学所遇困难的一个例证——〈孟子心性之学〉读后》，第 285 页。

③ 同上书，第 286 页。

代表的成长法则其实也是天生的，并不是后发的这一最重要事实。基于此，他进而指出，安乐哲的说法忽视了性的先验特征，恐怕会与孟子本义背道而驰。他的观点是，孟子所说的发展过程绝不是自然而然的发展（与自然事物不同），而是人为刻意努力的结果，是修身尽心的产物。更重要的是，人性的全部发展，都还是成全其原有的"性"，即只不过是其潜能的展现而已，其终极目标也只是成全其自身，并不是创造出什么全新的东西来。①

四　孟子人性论的文化意义

就学术方面而言，西方哲学家们数十年来试着用实用主义、新实在论、马克思主义、康德、海德格尔等各种西方学说来解读孟子，为我们理解孟子人性论开辟了新的思路，丰富了孟学研究的理论成果。然而，却很难跳出原有的理论体系回到孟子自身来解读孟子思想，对于中国哲学中"生""命""心""性""善"等独特的概念理解不准确，所以，很多学者提倡应该回归到儒学自己的传统上来。就近期作品来看，梁涛先生的《孟子"道性善"的内在理路及其思想意义》② 一文便是"以孟释孟"的代表性尝试。首先，他认为对于"性"的理解，应当分清孟子的事实判断和价值判断。孟子对"性"的理解与前人有所不同，他摆脱了经验、实然的观点，不再顺自然生活种种机能来识取人性。虽然耳目口鼻之欲望是事实上的"性"，但在孟子的价值判断中这只是"命"；而仁义礼智之心是事实上的"命"，在孟子的价值判断中它却是人的"真性"所在。

① 参见方朝晖《本质论与发展观的误区：性善论新解》，《国学学刊》2014 年第 3 期。
② 梁涛：《新编中国思想史二十二讲》，高等教育出版社 2012 年版，第 133—163 页。

"真性"是求自于内，可以为人所掌控的，在此基础上，人才能充分扩充、实现善性。其次，他还指出，孟子的"性命之分"来自郭店竹简的天人之分，是对其的进一步发展。仁义礼智体现了人的意志自由，不受外在条件的限制，所以应看作"性"；感官欲望、求名求利，能否实现不是由我控制、掌握，所以只能看作"命"。孟子通过这种"性命之分"，也就是内在自由与外在限定的区分，说明人当以仁义礼智也就是善性为性，而不应当以感官欲望为性。最后，他强调，应该分清"孟子道性善"与"人性是善的"两者的区别。他认为，孟子"道性善""言性善"是宣传、言说关于性善的一种学说、理论，不能等同于"人性是善的"。"人性是善的"是一个命题，是对人性的直言判断，而"性善"则是孟子对人性的独特理解，是基于孟子特殊生活经历的一种体验和智慧，是一种意味深长、富有启发意义的道理。孟子"道性善"应该理解为：人皆有善性；人应当以此善性为性；人的价值、意义即在于其充分扩充、实现自己的性。

就文化方面而言，安乐哲看到了孟子人性论最重要的一面，那就是人性是一个动态发展的过程，具有无限的创造力，通过不断的文化修养，不仅能使自身的善性才能得到深化、滋养和扩展，还能善于处理好人与社会、自然环境的各种关系，这一切的最终目的在于追求更高层次的人性。也就是说，孟子性善论的真实意图不在于对各种概念的理论分析，而在于实现它的文化价值。安乐哲一向注重哲学中的文化性，这也许跟他的好友兼学术伙伴郝大维的影响有关。据南乐山教授回忆："郝大维将文化哲学视为所有哲学的首要类比点。对他来说，文化哲学是在所有其他形式的哲学间贯彻类比关系的环围语境。相应地，各种其他形式的哲学意义和一般结论也将从文化哲学的视角获得理解。在郝大维那里，文化哲学取代了亚里士多德的形而上学和现代欧洲的认识论，成为第一哲学。"① 安乐哲也坦言："我从郝大维那里学习了很多。他很年轻就去世了，当时六十几岁。我学习了那么多，他对我的改变那么大，他去世后，我写的书感觉应该把他的名字写上去。事实上，'我'就是我跟他。"②

其实，回到孟子，我们可以发现孟子在逻辑推论上存在诸多不严密之处。阿瑟·韦利（Arthur Waley）宣称："作为一个争论者，他（孟子）是无价值的，关于仁与义是内在的还是外在的整个讨论是一堆毫不相干的类推，其中之多数完全等同于习惯上去反驳他们倾向于去证明的东西。"③ 杨泽波也有同样看法："孟子在论性的过程中，从表面上看，的确是在说人的善性是上天赋予的，是生而具有的，但如果对相关论述加以深入考察，则不难看出，这里面疑点很多。比如，说上天赋予人之善性，这本身就值得怀疑。在孟子之时，经过西周末年怨天疑天思潮的强烈冲击，天已经从主宰之神的位置上跌落了下来，不再是人格神了。这种不是人格神的天如何能够赋予人以善性，这本身就是一个没有办法回答的问题。孟子相关的论述并没有太强的说服力，不足以达到预期的目的。"④ 尽管如此，现在很少有学者简单地把孟子的理性视为类比推理，这说明我们对中国哲学的关注重点不在于此。当然，如果我们要把孟子人性论

① ［美］南乐山：《文化哲学家郝大维》，《先贤的民主：杜威、孔子与中国民主之希望》，江苏人民出版社 2010 年版，第 216 页。

② 参考附录一。

③ Waley, Arthur, *Three Ways of Thought in Ancient China*, Doubleday & Company, 1939, p. 193.

④ 杨泽波：《性的困惑：以西方哲学研究儒学所遇困难的一个例证——〈孟子心性之学〉读后》，第 286 页。

看作一种逻辑学，它的确显得不严密，但如果把它作为一种哲学，甚至一种文化来看，从它背后我们可以看到一个伟大的孟子。

孟子的伟大之处，在于他对社会蕴含着深切的现实人文关怀，这也许就是我们研究孟子性善论的最大意义所在。对此，陆九渊一语揭明孟子性善说的社会诉求："盖孟子道性善，故言人无有不善。今若言人之不善，彼将甘为不善，而以不善向汝，汝将何以待之？"① 二程弟子杨时曰："《孟子》一书，只是要正人心，教人存心养性，收其放心。"② 孟子性善论具有特殊的社会教化功能，虽然它不同于宗教般的超理性的信仰，但其作为个人内心信仰的方面往往掩映在社会功能之中。也许正如安乐哲所理解的那样，孟子之"性"具有创造性。那么，作为一种心性哲学，我们何不借助它来督导人心向善，进而去创造一个更加完善的社会。

第二节 儒家之礼的实用主义解读

一 礼的双向性

儒学中的"礼"，对于一般西方人来说在理解和表述上面临极大挑战。一方面，"礼"包含了宗教、法律、政治、伦理和风俗等诸多方面的"规定"，既可以看作"道德"，也可以说是"美德"；但是，严格来说，它又不属于其中任何一个。在中国社会，它是一种"独特的制度"。③ 另一方面，在西方文化

---

① （宋）陆九渊：《陆九渊集》，钟哲点校，中华书局 1980 年版，第 5 页。
② （宋）朱熹：《孟子集注·孟子序说》，《四书章句集注》，中华书局 1983 年版，第 199 页。
③ 参见李猛《孟德斯鸠论礼与"东方专制主义"》，《天津社会科学》2013 年第 1 期。

中很难找到与其相对应的语汇。传统上，通常将其表述为"rit-ual""courtesy""ceremony""etiquette""propriety""worship""manners"等。然而，这些英文词汇大都表示外在的行为规范，虽然带有一定程度的内在性或宗教性，但是从中很难读出"道德"的含义。

儒家之"礼"不单指"礼仪"。实际上，礼仪不只存在于中国，其他人类社会皆有之。但是，将其与道德相连，甚至与国家的精神命脉息息相关的，恐怕也只有儒家，非中国莫属。钱穆先生说："要了解中国文化，必须站到更高来看中国之心。中国的核心思想就是'礼'。"①从语源学来看，"礼"字在卜辞里做"豊"，取义于祭祀所说的鼓乐和玉器，而在《礼记·祭义》中却释为"履"，专指孝道或孝行，孔子曾言"礼云礼云，玉帛云乎哉？乐云乐云，钟鼓云乎哉"（《论语·阳货》）。可见，在孔子思想中，以祭祀（神）为核心的礼仪文化开始向人文意义方向延伸。从历史演化来看，礼由巫史文化中贯通天、地、人的根本原则，到春秋时期逐渐成为强化君权、治理民众、维护等级社会秩序的根本法度，如"礼以体政，政以正民，是以政成而民听"（《左传·桓公二年》）。春秋末期至战国时期，儒家学派崇礼、学礼、教人以礼，对礼的崇拜无以复加。他们以"德"释"礼"，使"礼"具有了相对独立的道德价值观念。②战国时期，礼已包含近世以来所谓礼义、礼治、礼制、礼学、礼教、礼仪、礼器、礼乐等诸层面的意义，俨然已经融汇成一个礼的文化丛林。

尽管"礼"的内容众多，但并非杂乱无章。在早期儒家思

---

① 邓尔麟：《钱穆与七房桥世界》，社会科学文献出版社1995年版，第7页。
② 参见王文东《礼仪与德行》，天津人民出版社2013年版，第37—48页。

想中，孔子及其弟子已经开始把礼的形式与内容加以区分，所以在传授"礼"之时，已有子夏重仪派与子游重义派两种倾向（《论语·子张》）。王文东教授认为，重仪就是重视礼的实际操作和应用，其实质是依原有的规则和惯例来践行和保存礼仪；重义主张以义理来统率礼仪，反映了适应时代和环境变化来实践礼仪，实质是为了使义和仪在新的社会条件下重新结合起来，具有革新的意义。① 对儒家来说，无论是仪式还是义理，都紧紧和"仁"联系在一起。孔子之"礼"依仁而生，依仁而存，"仁"是其生命力的源泉。

鉴于认识和理解上的局限性，西方学者难以从历史的角度去追溯"礼"的根源，而是侧重对现实礼仪的关注，倾向于从哲学的角度去解读和阐发礼仪的内涵和功能。同样，安乐哲也是循着哲学诠释的路径前进的。根据他的分析，礼是礼仪形式和个人化的适当结合，目的是给每个成员提供其在家庭、社群和国家中一个确定的位置和地位的社会规范。② 在这里，他引入了角色伦理学的观点，认为需要由"礼"来为各种角色"正名"，确定角色在社会关系中的意义。角色伦理学对"礼"的分析理路如下：从形式方面看，礼为社会中的角色、关系、制度等赋予了种种隐喻，这种道德的隐喻密切了社会成员之间的沟通交流，并且培养了一种集体责任感。从餐桌礼仪到问候—告别模式，再到毕业典礼、婚礼、葬礼，从表达敬意的姿势到祖先祭祀，在这些活动中，所有的家庭角色诸如父亲、表亲、祖母都被纳入礼的体系之中。这是儒家为家庭精心设计的一种生活方式，它让家庭情感得到一代又一代的传承，让年轻人自

---

① 参见王文东《礼仪与德行》，第 54 页。
② 参见［美］安乐哲、罗思文《生民之本：〈孝经〉的哲学诠释及英译》，何金俐译，第 77—78 页。

觉地通过礼仪化角色与行为的训练来完成个人的自我规范，当这种传统化身为己时，家庭和社会就获得了永恒的价值。

安乐哲想表达的意思是，礼与法不同，它是潜移默化地融入个人、贯通社会的，而非强制性的。礼的内化可以激发人在等级关系中相互尊重和存在的价值感。简单地说，"父慈子孝""兄友弟恭""君使臣以礼，臣事君以忠"，这不是法律规定，而是礼的安排，强调的不是单方面的顺从，而是出自双方自愿和约定俗成。礼的实施，可以确保人类在等级社会中通过强弱双方彼此表达适当的敬意而衍生出一种快乐的存在感。这就是儒家的审美性。所以，在安乐哲审慎思考后，他决定用"ritual propriety"来翻译"礼"。拉丁词"proprius"含有"making something one's own"，即"成之为己"的意思。"ritual proprie-ty"不仅仅是"what is ritually appropriate"（适宜的礼仪），而且是"doing oneself what is ritually appropriate"（适合自己感情的礼仪）。安乐哲的翻译意在避免那种僵化的、浮夸的礼仪，倾向于一种实用主义的理解。虽然这种理解不能全然涵盖"礼"的丰富内容，但是与其他翻译相比较也向前迈出了一步。

二　礼仪与权利的关系辩证

长期以来，西方认为中国人的世界中充斥着各种繁文缛节，它们禁锢着中国人的思想和自由，使其始终生活在"东方专制主义"的阴影下，所以他们无法用欣赏的眼光去看待"礼"这样一种非正式的社会机制。孟德斯鸠认为"中国人受到仪表的支配"，并将中国政体概括为"中国社会生活中的宗教、法律、风俗和仪表是混为一体的"，"与其说这是一个管理公民事务的政体，不如说是一个管理家务的政体"。不过，他也指出，中国政体建立这种家政式的礼制，目的是"帝国的安定"。① 虽然这样的观点基于孟德斯鸠把中国看作一个因立法失败而使民众遭遇专制奴役的范例，但是他也一语道破了"礼"在中国政体中的重要地位。

与孟德斯鸠不同，安乐哲站在支持者的角度，把孔子"道之以德，齐之以礼，有耻且格"的观念称为"耻感文化"。他认为正是通过这种耻感文化的培养，才使得社群共同参与到了社会公共道德的创建和维系之中。② 在此基础上，他提出了"以礼仪为权利"③ 这一命题。我们可以从他对孔子思想的独特理解中看出。他深刻地认识到，儒家强调个人的展现需要他人的加入，人的造就是人际交流和相互作用的过程，借此，人才能在自然和社会环境中完善自己。而这种完善的程度取决于一个人对环境的占有程度以及创造性地改变环境的程度。这一理论的落脚点在于说明，"礼仪"即是人们改变环境进而争取"权利"的正确途径。他指出，中国语境下的"礼仪"与"权利"有其特殊性，它们是建立、界定人与人之间、人与国家之间关系限度的社会概念。中国人创造"权利"一词来翻译"人权"（human rights）这一理念，它通常意味着力量（power），是一种源于特殊情境下的暂时优势，也是被风俗与传统维护着的基本尊严。

"以礼仪为权利"这一命题，对于西方人来说比较难以理解。其实，这一命题在理想的政治环境下，或者说在孔子的设

---

① 参见［法］孟德斯鸠《论法的精神》，许明龙译，商务印书馆 2009 年版，第 321—326 页。

② 参见［美］安乐哲、郝大维《切中伦常：〈中庸〉的新诠与新译》，彭国翔译，第 64 页。

③ 安乐哲：《以礼仪为权利——儒家的选择》，梁涛、高如辰译，《江汉论坛》2013 年第 6 期。

定下是可以成立的。一方面，对中国人而言，自我实现一般不去求助于高度的个人自由，也无须屈从于公众意志，而是成员间的一种互利互惠，他们处于相互忠诚与责任之中，被这种忠诚和责任所环绕、激励，并确保了个人价值。另一方面，自古以来，中国人内心对自己的国家存在着真正的信赖。这种信赖源于杜维明所说的"信赖社群"，即儒家的"政治的目标不仅在于达成法律和社会秩序，而且还在于通过道德说服来建立信赖社群"，"统治者能扩展其道德说服力，有赖于他对人民心灵造成持久影响的能力。为了使自己的道德影响达到社会各个阶层，他就必须超出他的私人利害"。① 在这个社群当中，人们是互惠互利、相互信赖的。强者和弱者、统治者和被统治者都在此社群中，正是因为有着相互的同情与包容，他们被纳入了共同的礼仪体系当中。诸如公共的冠礼、婚礼、葬礼、乡饮酒礼等实践的礼都会有助于把穷人和被边缘化的人看作社会文化的共同理解的一部分。对于这个社群而言，甚至被阉割的罪犯也有资格享有葬礼，这些礼仪使得当权者认可无权者同样是属于群体的一部分，当权者们就更有可能为无权者做一些事情（或者说至少克制自己最恶劣的贪婪行为）②。再者，为了更好地实现公共利益，当权者还会制定一些强制性的礼仪。例如，不使惯于山居者涉居水旁，不使惯于居住河洲者迁居平原，这样人们就会安居乐业；五谷不合时令，果实没有成熟，不能在集市上买卖，这样可以保证人们的健康饮食；男婚女嫁，必须举行过成人礼，而且同姓不通婚，这样可以保证生命得到更好的传承；使用百姓要趁农闲，不夺农时，这样可以减少天灾人祸。

---

① 杜维明：《论儒学的宗教性》，《杜维明文集》第三卷，武汉出版社 2002 年版，第418、429 页。

② 参见贝淡宁《平等社会下的礼仪等级》，《邯郸学院学报》2013 年第 1 期。

可是，在礼仪的真正实施中，要想使社群中更多的人获得权利，即"暂时的优势"和"基本尊严"，除了需要一个清正廉明的政府机构以外，还需要一种非政府的力量从中监督和调节。在中国传统社会中，这种力量通常以具有儒者风格的"乡绅阶层"出现，他们不仅调节着儒家的仁礼之道，还调节着政府和社群之间的关系。这些人接近安乐哲所说的具有权威性的"仁者"，他们是社会群体中权威的精英人物，社群中其他人在绝无外在强制情况下，心悦诚服于其成就，暗自遵循其行为模式，自觉修养自己的人格。仁者具有强大的社会感召力。的确，"乡绅阶层"在很长一个历史时期扮演着"仁者"的角色。他们由一些"告老还乡"的文官大臣或长期赋闲居乡的宗族元老组成，大多经过科举考试的洗礼，视儒家文化如信仰般虔诚，对捍卫儒学有着视死如归般的决心和勇气，同时，世人对儒者品格的尊崇也奠定了他们在社会上享有较高的文化地位。他们周旋于道德伦常与政府权力之间，负起率民为善的教化责任，以补充地方行政的不足。同时，又从宗族、家族、民众那里得到支持，这种源于古典式民主并具有较广泛民众基础的社会地位，使他们成为民众的代表，形成除政府之外的另一股"权威"力量，也搭建起一条民众与政府沟通的稳固桥梁。在协调社会关系时，乡绅阶层依靠的往往是礼仪，而非法律。在处理家庭争端或家族冲突时，他们不会费尽心机地确定孰对孰错，目的是要和解。当社群中的百姓面对政府的不公正待遇时，他们会出面协调或为弱势一方争取权益，成为社会发展中不可缺少的一股力量。

不可否认的是，这种非政府团体的存在也会带来负面影响。那就是仁者有"特权"，没有政权，他们会不会像历史中曾经发生过的那样，和政府勾结或依附于政府构成中国社会所特有的"法律所不及的区域"？如果回到传统社会的大家族，受孔子"学而优则仕"的影响，全族人合力供给一个人上学，得到一官半职，反过来他就会依"礼"回报族人，尤其是族中德高望重的长者。所以，在社会享有较高声望的族长，多半与政府官员脱不了干系，更何况那些"告老还乡"的文官大臣。按照费孝通的说法，"退隐山林是中国人的理想。这时，上边没有了随时可以杀他的主子，周围是感激他的亲戚街坊，他的财产有了安全，不事耕种而享受着农业的收益。这种'衣锦还乡'的境况，是中国专制政治下的特权人物的享有。"① 明末清初"三大儒"之一——顾炎武，便是最好的例子。像顾炎武这样德高望重的学者，无论在朝还是在野都以"明道救世"为己任，即使在病中还在呼吁"为万世开太平，此吾辈之任也"，但是为了自身的安全还是不能不派他外甥徐干学到朝廷里侍奉满清朝廷。从这里来看，政治愈可怕，仁者的智慧愈是得不到充分的发挥，甚至会适得其反。

当然，现在不是皇权专制的社会，也没有谁拥有生杀予夺的权力，况且还有越来越健全的法律加以制约。可惜的是，发展到今天，这种自觉担当起社会责任的"仁者"越来越少。许多社会、经济、技术因素破坏了原本的社会群体组合和家庭关系模式，它们失去了更多的载体。随之而来，那种依靠礼仪来获取权利的政治现象也越来越少，人们更多依靠的是宪法和法律。

即使如此，安乐哲认为，中国的宪法与美国的宪法不同，它在很大程度上仍然是仰仗礼仪实践来保障人权的。他进一步认为，在中国的传统中，无论是"人性"还是其界定的社会秩

---

① 费孝通:《乡土中国》，上海人民出版社 2007 年版，第 97 页。

序都不是静止的，宪法保持开放性是为了适应特殊环境中的特殊选民；中国的宪法与其说是一个政治文件，还不如说是一个社会文件，其功能是促进社会和谐而不是调解纠纷、消弭争端。^① 的确，受儒家文化的影响，中国宪法在制定的过程中会较多地考虑到道德上的善意性和正当性。容隐制度便是一个很好的证明。根据《论语·子路》篇"亲亲相隐"的学术公案，自汉朝起便规定了"亲亲得以相首匿"的合法性，至唐宋元明清时扩展为"同居相为隐"制度，直到清朝末期和民国时期依然保留了亲属容隐制度。之所以国家法律允许亲属之间可以互相隐瞒、掩盖犯罪，是因为认识到了只有维护人伦亲情才能有利于国家的长远利益。^② 直到现在，这一制度仍然得到社会上大部分人的支持。

安乐哲似乎对中国式的宪法制度非常欣赏——"儒家的选择表明几乎所有决定社会政治秩序的实际权利与义务都是由超出法律权限的制度、惯例来维持，并由社会压力而不是处罚来强化的。事实上，依靠应有法律和从属于法律的人权绝不是保护人类尊严的好方法，它从根本上消磨了人性，破坏了我们相互协调、妥协以确定恰当行为的特殊责任。"^③

诚然，礼仪具有非常重要的现实价值。其一，礼仪可以照顾到法律照顾不到的地方，比如天人关系、人心关系、父子关系、强弱关系等方面，在公共场合对老者尊敬，在公交车上给老弱病残孕让座，在进餐时把年长者安排到中间的位置，这些

① 参见安乐哲《以礼仪为权利——儒家的选择》，梁涛、高如辰译，《江汉论坛》2013 年第 6 期。

② 参见柴荣《论中西"容隐制度"与当下中国相关法律的完善》，《江汉论坛》2009 年第 9 期。

③ 安乐哲：《以礼仪为权利——儒家的选择》，梁涛、高如辰译，《江汉论坛》2013 年第 6 期。

法律都没有做出规定，但是已然成为社会约定俗成，这就是人们心中共同认可的"礼"发挥了作用。其二，礼仪可以消解争端，主要体现在古代的军事礼仪方面，"君子不重伤"（在战场上，不能伤害已经受伤的敌人），"不杀黄口"（不杀小孩子），"不擒二毛"（二毛指头发的颜色，黑白相间，意思是老人，就是不捕获上了年纪的老人），"五十步不追逃兵"（跑远的敌人就不要再追了），如果国际上有这样通行的规定，在战争中就会避免更多创伤。其三，礼仪可以体现出人的神圣性，"人之所以异于禽兽者几希"（《孟子·离娄下》），人与禽兽之间的区别微乎其微，人可以吸收礼仪教化使自己区别于禽兽行为，心存仁义，从而才能体会做人的神圣感。

遗憾的是，并非人人都能行礼义和礼仪，礼仪也并非尽善尽美，甚至在此背景下形成的惯例化的宪法都具有某种缺陷。在这里，笔者以一个发生在中国的典型事件——"南通儿童福利院切除两名智障少女子宫案"为例来论证这一说法。2005年4月13日，南通市城东医院为来自南通市儿童福利院的两位女孩做"阑尾切除手术"，事后被揭发两位女孩被切的是子宫——产生月经和孕育胎儿的器官。其监护人南通市儿童福利院声称这样是为了避免弱智少女经期"麻烦"，理由是智障少女无生活自理能力，属禁止生育人群，为智障女切除子宫是约定俗成，切除子宫后无并发症发生等。涉事医院和福利院一致认为他们是在做一项"公益事业"。① 南通市崇川区人民检察院以故意伤害罪向法院提出公诉，却因"此事未对社会造成危害"等理由，一审判决福利院副院长陈晓燕有期徒刑1年，缓

---

① 参见何亚宏《中美宪法文化思维方式之现实比较》，《五邑大学学报》（社会科学版）2008年第2期。

刑 2 年，判处福利院院长缪开荣和其他两名医生管制 6 个月而应付了事。可悲的是，案前案后均无人去关注智障少女的个人尊严。事已至此，无论判决轻重，都难以改变智障少女手术后所带来的身体伤害和精神上的侮辱。更令人愤懑的是，"为智障女切除子宫"在社会上属约定俗成，但在中国法律上却还是一片真空，这就意味着将来还会有更多人明目张胆地为智障女切除子宫，使得她们成为一个不完整的人而丧失基本的个人尊严。在中国类似案件不胜枚举，从中我们可以看出"惯例"的弊端，这恰恰说明在中国个人的尊严正是需要更加严肃的法律来予以加强和保护的。也就是说，在一定情况下，加强共同体的道德上的善意性并不意味着共同体中个人的尊严会得到有效的保护。

在本书中，我们暂且不去详细讨论宪法。只是想说明，我们的社会尚未进入孔子所设定的理想境界，对儒家文化的扭曲和误用都会给社会发展带来弊端，我们不仅要勇敢去面对，还要积极做出相应的调整。所以，回到"以礼仪为权利"这一命题，笔者认为它在理论预设中是可以成立的，但在中国现实社会中却难以把握平衡。

三　西方视域下的儒家之礼

尽管通过礼仪来获取人权有些艰难，但是它在中国社会历史发展中的作用不可小觑。美国学者罗思文曾说："对孔子而言，社会调节过于重要，以至于不能交由政府来承担。更好的做法是由传统（'礼'）来承担作为一种民众的约束性力量。"①这一主张意味着，在孔子看来，社会调节需要政府和传统共同

---

① ［美］罗思文：《〈孔子：即凡而圣〉的评论》，《东西方哲学》1976 年第 4 期。

来完成。毫无疑问，"礼"是中国传统文化不可或缺的一部分，中国人对"礼"的追求丝毫不逊于西方人对自由的向往。西方学者赫伯特·芬格莱特、本杰明·史华兹、葛瑞汉等人痴迷于"礼"的魅力，抛开历史上"礼仪之争"的宗教偏见，对中国的礼文化进行了学术性、知识性的探索。

芬格莱特认为，中国人是礼仪的存在。进一步说，在孔子思想中，人类道德和精神成就并不依靠欺骗或者幸运之神的降临，也不依赖于神秘的咒语或者任何外在的力量，而只是在适宜的礼仪环境中、通过恰当的仪态和言辞来希望达到目标。孔子发现并竭力唤起我们注意到：就其特性而言，那种真正的、独特的人的力量具有一种神奇非凡的品质。在这种情况下，我们必须要找到一条新的道路，来通往这个熟悉的领域。孔子发现了这条道路，那就是：通过他所提供的"礼"的方法，我们就可以畅通无阻。通过对中国文化的了解，芬格莱特认识到：人生下来得花很长的时间和艰苦的努力来学习"礼"。在已经学习熟练的礼仪中，每个人都按照一定的形式做他所应当做的事情。尽管我们谁也没有强制、逼迫、命令、督促或"做"其他任何使之发生的事情，我的姿态却能够和谐地与你的姿态如此协调。继而，其他参与者又会顺利地遵循我们的姿态。就是在恰当礼仪情境中的一种最初的礼仪姿态，从那以后，一切都会依之而发生。也就是说，合礼仪态是"蕴藏着最高神奇魅力潜能的一种状态"[1]。举例来说，我在大街上看见你，我微笑着向你走去，伸出手来与你握手。我们握手，不带有任何强迫性，而是一种完全自发、完美的合作行为。尽管握手并没有多少利害关系，但我们可以看到彼此之间相互的尊重和信任。显然，

---

[1] J. L. 杜维恩达克：《"无为"的哲学》，《亚洲研究》1947 年第 3、4 期。

我们为了完成一个合理而成功的握手和问候，彼此间的相互尊重和充分信任没有必要达到很深的程度，然而，即便如此，敏感的人还是能够从一次握手中探测到另一个人态度的深浅。相反，如果没有学习和接受传统习俗，就不会有礼的力量。或者，如果我们在不恰当的环境中言说并且唤起习俗的力量，礼的力量也不会发生作用；或者，如果礼仪没有被充分地贯彻实行，又或者如果执行礼仪角色的人没有被恰当地授权，也同样不会有礼的力量产生。总之，礼仪的姿势和言辞所特别具有的道德的然而同时又是约束性的力量，不能够从礼仪中抽象出来或者孤立地使用。通过以上观点，芬格莱特所要表达的意思是：孔子所设定的"礼"是带领人类通往和谐社会的最佳途径，但掌握这种"礼"的能力并非天生的，而是需要后天的学习和努力，只有当外在的环境与内心的道德契合时，"礼"才会发挥其神奇的力量。芬格莱特试图努力纯化孔子及其思想，但他所依靠的分析哲学使其脱离传统，不可避免地存在理想化成分。尽管如此，在他理想化的分析中，我们似乎看到中国人将古典时期的那种从容优雅发挥到了极致，礼仪则聚合了这一庞大共同体，从而塑造出那个闻名于世的克己复礼、秩序井然、进退有序的礼仪之邦。

与芬格莱特不同的是，史华兹更全面地意识到，具有神圣意味的礼仪只是"礼"的一部分，因为孔子所谈的"礼"更多涉及的是人事。他认为，应当把"礼"解释成既包括具体的礼仪实践，又包括整个规范性的社会政治秩序，而"礼"的终极目的在于赋予社会等级制与权威以人情的魅力。之所以这样认为，是因为史华兹看到了孔子把仁看作礼的不可或缺的一部分，"人而不仁，如礼何"（《论语·八佾》）；当孔子将"仁"注入"礼"中时，他才成为一名革新者而不只是传述者。依照史华兹的观点，孔子创立仁礼之学，是因为他注意到了等级制与权威在生活中存在的必然性和弊端，并力图以此来消解这种弊端。古代文明中疆土广阔的国家必然会导致权利上的不平等、等级制、权威，它不仅在中国，而且在所有处于疆土广阔的国家控制下的古代文明中都被看成理所当然的。在这种背景下，群体之间的冲突既是具体的又是激烈的，这时让多数人用透明可见的技术（道德约束）来控制少数人的观念似乎是可以令人信服的。把家庭、国家与含有仁义道德感情的仪式联系在一起，它可以为任何文明社会中都会存在的权威和等级制的关系注入人情味。可以肯定，等级制并不能排除相互性的存在。在谈到孔子"礼"概念的时候，我们习惯于将其理解为平等的相互性，而不是等级制，比如父子、君臣之间的关系。儿女对父母有尽孝的义务，父母对于儿女有慈爱的义务（"父慈子孝"）。臣子对其统治者有服从与忠诚的义务，因而统治者在对待他的臣子时也应该以礼行事（"君使臣以礼，臣事君以忠"《论语·八佾》）。在史华兹看来，"仁"与"礼"有机地联结在一起，如果二者产生脱节，人们对于权力、财富和外在光荣的追求将会走向歧途。他还进一步说明，假如孔子对两个方向有所侧重的话，那么孔子会倾向于断言：就像《以西结书》中的枯骨一样，礼是可以复生的，其条件是，必须依靠君子为"礼"注入"仁"的精神。

与前面提到的两位学者不同，在葛瑞汉对孔子思想的理解中，他认为，礼仪是政府治理国家最好的方式，政府的职能可以化约为礼仪。用他的话来说，即是"政府若礼仪"[①]。一是他认为孔子谈"性相近也，习相远也"（《论语·阳

---

① ［英］葛瑞汉：《论道者》，张海晏译，中国社会科学出版社 2003 年版，第 16 页。

货》），其强调的不是性善而是人性的可塑性。认为通过道德教化而形成的风俗、习惯和礼仪具有协调观念以及使低贱者接受优秀者感化的力量。二是理想的国度是一个有"德"和"道"的国度。"德"，是指一种无论善恶，不诉诸强力而能使人为之所动的力量。君王应该像舜那样"无为而治"，仅凭他弘扬的"德"就可以做到"居其所而众星共之"（《论语·为政》）。一个人的"德"是他遵循"道"的潜在性。在一个有"道"的国度，君王只需以礼而非武力便能赢得全体虔敬的归顺，那里凭借由他的人格焕发的"德"。三是在他看来，"义"（right），使得一个人的行动适合他的角色和身份。而"礼"，使得人们的行为充满了对他人的关爱和尊重。如果社会等级制度中政府实行"礼"，就可以改变人们与统治者之间的关系，人们会由服从统治者变成崇敬统治者。这也是葛瑞汉对于"上好礼，则民莫敢不敬；上好义，则民莫敢不服"（《论语·子路》）这句话的理解。葛瑞汉承认，他所理解的孔子为国以礼的理想几乎不可能付诸现实政治中，但他也肯定了孔子思想所赋予儒家的生命力。他坦言，儒家的生命力在于，作为周传统的守护人，他们亦成为中华文明的捍卫者。人们也许会补充道，因为儒学将它的所有一般观念根植于对已存的习俗、学问和历史先例的缜密的研究之中，它独自许诺将个体完全一体化于他的文化、社会和宇宙之中，这一定是中国社会得以延续的秘密之一。

近十年来，西方学者谈到儒学，都会把先秦时期的"礼"提出来作为起点。习惯上来讲，信奉宗教的他们都是以"天"为研究的开始，却发现中国人对"天"的感情并不像"礼"那么重要。在中国文化中，"礼"的功能非常重要。任何社会共同体的和谐生存都不能没有秩序，任何个人都必须生活于一种被共同体认定的社会秩序之中。"礼",正是儒家为中国这一共同体所构建的并被一致认同的话语体系。当然,他们也认识到礼仪只是礼文化中的一部分,中国的"礼"是一个庞杂而又坚不可摧的体系,它已经渗透到中国社会的政治、经济、文化、军事等各个方面,甚至已经深入每个中国人的心里。西方学者的突破性研究,让我们再次看到了中国礼文化的光彩。在两千多年的历史长河中,"礼"曾经被损益被升华,曾经被瓦解被抛弃,但都没有被毁灭被铲除,它已经成为一颗强大的"中国之心"。所以说,自周孔流传到今天的礼文化,得到不断丰富和发展,不是阻碍社会前进的沉重的包袱,而是蕴藏着宝贵的精神财富保证国家稳步发展的坚定基石。伦敦政治经济学院的马丁·雅克认为,中国拥有博大的疆域与心态并占有世界五分之一的人口,它并非传统意义上的民族国家,而是秉承着一套截然不同的主张、关切点与价值观的"文明国家"。要理解中国,我们必须置身中国的语境下,而非透过西方文明的三棱镜。① 不能理解"礼",则不能理解中国,这也许是对西方学者进行中国文化研究未来发展前景的最好诠释。

第三节　儒学中的自我、真理与超越

自我、真理与超越,原属于西方哲学概念,安乐哲试图在中国哲学里找出相同词汇以作中西比较。对于本话题的讨论,集中于《汉哲学思维的文化探源》一书。此书于 1999 年问世,郝大维、安乐哲协同创作的"中西思想比较三部曲"之一。书

---

① 马丁·雅克(Martin Jacques),伦敦经济学院(LSE)外交与国际战略研究中心(IDEAS)的高级客座研究员,是英国智库德莫斯(Demos)的创办人之一。本段话源自他在 2012 年世界汉学大会分组会议——"中国道路与世界经济秩序"的主题演讲。

中探讨的"汉哲学",指的是由汉代发源而来的,致力于注释和考证且一直延续至今的传统学术。在序言中,著者指出了汉哲学与儒学之间的紧密关系,认为儒学是汉文化统一的体现,是中国独特的文化核心。因此,探寻汉哲学,就是弄清"儒学的能动内核是什么"①。本书依然采用中西比较哲学的方法,围绕自我、真理和超越三个核心问题,展开了对古典儒家,乃至古典道家的解读和论证。

一 儒家式"自我"

"自我"一词,源自西方文化。安乐哲在中国词汇中找出了"自我"的相关意义和它的同类词,如"己""人""我""仁",认为它们包含中国传统中内省(self-reflexivity)的独特意义,与"自然""修身"存在密切关系。

在西方,"自我"往往与"理性""欲望""意志"等词密不可分。西方模式下的自我可以概括如下:自我是旋动于社会空间之中的生理构造,可脱离其肉体躯壳的精神或意识,是一个有机的、在社会中相互作用、追求目标的机体,是一个有意志的、不断地做出决定、能够进行自我创造的行动者,其意义由诱导作用所决定。安乐哲意识到,如果采用西方模式去解释儒家的自我,势必存在误读的危险。所以,他并没有着急去对儒家的自我做出自己的判断,而是首先反驳和批评了西方模式对儒家自我做出的轻率结论。

通常,西方模式下的儒家自我会是以下几种形象。

无我的自我。针对中国人对个人人权的态度,许多当代评

---

① [美]郝大维、安乐哲:《汉哲学思维的文化探源》,施忠连译,江苏人民出版社1999年版,《序言》第3页。

论认为，面对群体需要，儒家意识形态下的个人通常表现为"自我克制"或"自我舍弃"。孟旦（Donald J. Munro）认为："无我……是中国最古老的价值之一，以各种形式存在于道家和佛学，尤其是儒学之中。无我的人总是愿意把他们自身的利益，或他所属的某个小群体（如一个村庄）的利益服从于更大的社会群体的利益。"① 孟旦把儒家典范解释为一种集体主义，在这种集体主义面前，个人的利益要做出屈就或服从。安乐哲认为，这种解释忽视了中国传统中人的社会性。他指出，在中国，"无我"并不意味着没有私心。不论怎么说，如果一个人企图在社会财富中获取多于他自己的份额，就会被切断与所在社群的联系，唯有"无我"，才能参与社群交流，从而取得在西方民主社会所看到的那种自主权。儒家模式中的"己"与"人"是相互关联、相互依赖的，"己"总是在"成人"，而"人"也总是在"成己"。社会和政治秩序关系到参与者自己的利益，因此他们不应该被解释为自我舍弃。

无心的自我。黑格尔在其《哲学史讲演录》中指出中国的自我没有精神性：它（儒学）与众不同的特征是，属于精神的一切——自愿的道德、实践与理论中的精神，心灵、内在的宗教、真正的科学与艺术——这些对它来说都是陌生的。② 黑格尔认为中国人缺乏自主性和个性，缺乏那些至高无上的、独立的理性能力。安乐哲批评了黑格尔的说法，认为他是"一个典型的 19 世纪西方思想家"③。经过分析，他指出通过心、理和知这三个词可以找到中国传统中的"心灵"和"理性"的所

---

① 孟旦：《美国哲学家眼中的中国价值形态》，《中国特征》，哈佩与罗出版社 1979 年版，第 40 页。

② 参见［德］黑格尔《哲学史讲演录》（第 1 卷），第 138 页。

③ ［美］郝大维、安乐哲：《汉哲学思维的文化探源》，施忠连译，第 32 页。

在。儒学中的"心"（heart-mind），包含思维、判断和感情的活动等意思，反映出三元模式，不同于西方文化中"心灵—躯体"的二元论。儒学中的"理"，是作为秩序根源的原理，或包容特殊事物的基本种类，不同于西方具有超越性的信条。儒学中的"知"，是在富有成效的交流中产生的共同成就，而非获得天启的预兆。安乐哲认为，儒学中的思想和感情是不相分离的，心、理和知完全处于情境中，它将人的世界与自然、社会和文化环境融为一体。

无躯体的自我。与黑格尔相反，根据形式主义和唯物主义的论断，他们认为中国人只存在于精神，而没有付诸身体的行动。毫无疑问，做出这种论断的人不了解中国文化，不了解儒学。自古以来，中国人皆以"修身"为重。《大学》有言："自天子以至于庶人，壹是皆以修身为本。"中国人的躯体概念是与"修身"不可分离地结合在一起的，"修身"不仅指提高精神境界，也指调养身体。另外，儒家所关注的行礼、奏乐、书法、艺术创作都是躯体行为表达的方式。

非目的论的自我。这种说法来源于亚里士多德的"机体论"，即有机体是一个生命的统一体，其部分按照组织的目的而活动。据此，李约瑟否认中国人的思维具有严格的目的论性质，声称中国人不需要"指导性原则"，"对于他们来说……组成部分的相互配合是自发的，甚至是无意识的（本句话为安乐哲所加），仅仅这一点就足够了"[1]。安乐哲反驳，李约瑟是以一种模糊的方式将机体观念运用于中国的感悟方式，而没有区分生物"机体"和社会"组织"。他指出，家庭关系构成了中

---

[1] Needham, Joseph, *Science and Civilisation in China*, Vol. 2, Cambridge University Press，p. 302.

国人对周围世界的认知基础。在儒家关于自我的认识上，家庭秩序具有根本的意义，官僚系统和国家本身是家庭秩序的扩展。简而言之，家庭就是自我的目的。

非意志的自我。西方传统中，存在意志支配灵魂的哲学思辨。"行使意志的活动"具有两层含义：其一，权力关系作为外向的意志支配着人的行动，行动的目的导致直截了当地追求功效，从而引发一个行动者反对另一个行动者的斗争。其二，意志自由是由决定某一抉择的能力表现出来的，这种抉择过程可能会产生思想和意愿的分离，甚至是两者悖反。安乐哲认为这种意志与儒家所说的意志存在根本差别。儒家的意志至少有两个前提条件：一是意志力具有内在性，它和所支配的自我之间相互联系，以两者达到真正的和谐为目的；二是对自我的任何一种解释，只要导致思想与行动、行动与性情相脱离，在中国都会招致激烈的反对。所以，安乐哲认为这种西方模式也不适合来解释儒家的自我。

安乐哲对以上几种关于自我的西方模式的否定，是为了表示中国自我论中所说的"我""心""身""目的""意志"并非西方自我论中所说的"我""心""躯体""目的""意志"。在进行质疑后，他提出了自己认为可行的解释方法——按照"语境化方法"（ars contextualis）来理解儒家的自我。不论是儒家还是道家，对哲学思维普遍采取的一种态度，就是都侧重于对家庭关系或社会环境的关注。语境化方法可以为哲学思维提供一种阐释场域（interpretive context）——"焦点—区域"模式，将相互作用下的个人和环境融为一体。"焦点—区域"模式是相对于西方超越二元对立而来的中国哲学文化传统的一个核心结构。也就是说，任何事物在中国看来都是从"焦点—区域"模式去观察，而不是绝对、静止、一成不变和质相地看。

"焦点—区域"也被称作中国特有的"一多不分"阐释观念，它是一种"此—彼"（this-that）模式，而不是"一—多"或"部分—整体"模式，可以说明相系不分的万物构成了世界，同时还能展示万物之间的和谐。

儒家倡导"至善人格"，就是"己所不欲勿施于人"（《论语·卫灵公》）的黄金定律。在儒家文化传统下，个人按照"恕"的规定来提升自己的"德"，当"德"的培育达到可以整合环境的能力时，个人就成为一个区域，并且这个区域是不确定的，随着"德"的进步而不断的包容和扩展。概括来说，个人即是焦点，又是被聚焦的区域。用具体的例子来说，统治者，有其臣民；经典文本，有解释它的注和传，等等。中心有吸引力，由于获得不同程度的成功，它将构成它的世界分离的、各种各样的（其他）中心吸引到自己的区域来，并使它们留驻于其中。由于各自的世界在至善人格中体现出来，因此，这种人格自以为公正：统治者、官员或父亲的行为只要合乎义，只要不是自私的，就能调节所在场域内相关人的利益。正是这样，中国社会中才会有许多人面对集体利益而做出"自我克制"或"自我舍弃"的选择，事实上，这不仅是为了成就他人，也是为了更高地成就自我。

诚然，儒家的自我没有清晰的界限，在中国古代汉语中，第一人称单数"我"与第一人称复数"我们"通常会不加区别。"我"经常意为"我们"。同时，自我与社会也是相互贯通的。在这里，安乐哲引用了米德的一段话来表述：

> 完整的自我的统一性和结构，反映了作为一个整体的社会过程的统一性和结构……一个社会群体的组织与统一同社会过程中出现的任何一个自我的组织与统一是同一的，

自我在社会过程中出现，而群体参与了这一社会过程，或者说，它推进了这一社会过程。①

　　受益于米德的观点，安乐哲表明，社会关系构成个体，又被个体所构成，自我这种中心就是社会关系构成的区域。按照中国人的观点，所谓的"个人"，可以延伸到所有和他身份相关的最大的区域。"焦点—区域"的模式来自对人与世界的关系的认识，而世界则是由语境化的环境构成。之所以说自我是焦点，是因为它处于区域中，既构成了区域，又被区域所构成。儒家"焦点—区域"式自我具有这样的特点：它的结构与连续性是内在的，是其固有的，来自环境并且将始终与环境不相分离；它因家族、社会、文化和自然的环境不同所造成的潜在视野无限多，具有某种特殊性和独特性，这也保证了自我的开放性。

二　儒家式"真理"

　　对热衷于寻求真理的西方人来说，令他们好奇的是，在中国人那里是否有关于"真"的概念和理论。安乐哲的回答是否定的。他认为，一些粗疏的翻译家把一个词或文本从文化语境中分离出来，声称发现了与"truth"相对应的中文词汇（"道""真""理"），这种做法是很不负责任的。在西方，真理通常被定义为事物中存在的奥秘，与实在相一致的那些永恒的、不变的事实、原理和理论。这种真理，究竟是不是中国人所找寻或需要的？

---

　　①　G. H. Merd, George Herbert, *Mind*, *Self and Society*, University of Chicago Press, 1934, p. 223.

事实上，中西方思维方式不同，对于"真理"的理解有着根本的区别。林语堂曾做过这样的描述：诸如生物学这样的科学在中国从未获得在西方那样的发展，其原因就在于，西方人遇到一种未曾见过的植物或动物会问"我怎样才能把它加以归类"，然而，中国人马上会问"这东西怎样才能加工食用"。[①]在西方，人们崇尚的真理是对事实和原理加以分类的结果，这导致他们对上、下和周围世界坚韧不拔的探索，其动机总是由"勇敢地迈向先前无人去过的地方"这样的欲望激发的。然而，在中国，人们崇尚的真理是一种实际技巧，是对行为方式的正确引导。正如杜威所言："引导我们的东西是相当真实的——这种引导力恰恰正是真理的寓意。"[②]古汉语中，"导"与"道"可以通用。"道"，最早见于《尚书》开凿渠道，"疏导"河水，以防决堤的叙述之中。除此之外，"道"还可以引申为路，道路；方法，途径；道理，规律；政治主张或思想体系；述说等含义。就儒家来说，对"真理"的追寻即是对"道"的探索。

中国人寻求"道"，是因为他们有更加实际的、急迫的政治与社会上的关切。自古以来，中国就是一个多元文化、多种族的社会，很难在各种不同语言、神话、习俗和礼仪所表现的诸多方式中确定一个具体的、特定的道路让人们去遵行。在这种情况下，寻求和谐成为最终目的，直接手段就是去追求抽象的、最终可普遍适用的原理和标准。可以想象，如果坚持要求在中国放弃对道的关切，转而奋力追求真理（Truth），这容易对多民族社会的稳定构成威胁。

---

① 林语堂：《生活的艺术》，陕西师范大学出版社 2006 年版，第 187 页。
② Dewey, John, *Reconstruction of Thinking*, New American Lbrary, 1920, p. 128.

据此，安乐哲认为儒家对道的理解具有实用主义倾向。他继续阐明儒学的实用主义特征：

> 在中国人对思想的讨论中，绘制与塑造是直接地对付人们的环境所固有的秩序的方式。这种绘制（Map，原意"地图"）并不是再现地形，而是体现、实现它。一个模式不是将已成形的现在的事态加以衡量，而是让一种事态形成。现有的地图和模式被用作范本，人们按照它们，又总是根据他们环境的新要求，继续前进以绘制和塑造另一个环境。①

同样，张东荪也曾经对古典时代中国人的思想特点做出过论述：

> 中国人只对知天意感兴趣，以便求福避祸。至于天的本质，他们不关心。这一事实表明，中国人并不把实质的范畴用于关于天的思想，不把天当做宇宙的最终的材料。②

情况确实如此，中国人"优先考虑怎样"（how-priority）的思想对我们的思维方式产生了最广泛的影响。即使像《论语》这样的儒家经典，也没有去思考世上价值的终极根源是什么，而是描述了作为道德高尚、思想敏锐的圣人孔子，在社会交往中恰当的言行，以及成为一个合适榜样的路径。在古典时

---

① ［美］郝大维、安乐哲：《汉哲学思维的文化探源》，施忠连译，第 153 页。
② 张东荪：《中国哲学家的知识论》，《燕京社会研究》第 1、2 期，第 178—179 页。

代的中国，"认知"不是认知什么——这样一种东西，它提供关于周围自然界条件的知识，而是要知晓怎样很好地对待关系，在乐观地对待这些关系提供的可能性时，怎样增强对这些关系的生命力的信念。坦白地说，中国人关心的主要不是命题的真，而是臣、友的忠实可靠。

对孔子而言，"道"可以说是其一生追求实现的志业，"朝闻道，夕死可矣"（《论语·里仁》）一语最能体现孔子的这一追求。孔子所求之"道"究竟在哪里？孔子之所以立志求道，是因为自觉意识到自己生活在一个"无道"的时代。"天下无道也久矣，天将以夫子为木铎。"（《论语·八佾》）那么，孔子所谓的"道"何所指呢？安乐哲认为，孔子之"道"即指为人之道，具体来说就是"君子之道"。在孔子以前的文献中，"君子"直译为"君的儿子"，这个词有严格的政治意义。这就是说，"君子"这个词特指出生于高贵等级的人，并不作为一个表示人格完善的范畴加以运用。后来孔子借用这个政治范畴，按照他自己的目的而给予重新规定，结果使政治参与成为人格修养的必要成分，个人修养成为担任官职、发挥政治影响的必要条件。孔子在用新的道德条件来规定君子时，并不先取消官职上和政治上的条件。"君子之道四焉：其行己也恭，其事上也敬，其养民也惠，其使民也义。"（《论语·公冶长》）总体来看，君子之道既可以指一般意义上的立身、处世、待人之道，同时也可以指为政、治国、利民之道。再者，孔子将君子之道与仁和义联系起来，"君子道者三"，"仁者不忧，知者不惑，勇者不惧"（《论语·宪问》）。综上所述，孔子所谓的"道"，将个人的修养与共同体的利益紧密联系在一起，体现了孔子本人所追求的君子之道的最鲜明而突出的人格特征。① 对于西方政治理论来说，私人利益与共同体利益是不同甚至相反的，这种情况在中国总的来说是没有的。儒家式的人格实现，不主张在伦理学与政治、个人事情与社会事务、私人利益与公众利益之间加以严格区分。

三 儒家式"超越"

西方哲学中，"超越"是一个很重要的概念。"超越"一词在最初使用时，具有"独立于被创造的秩序之外"的意思，包含上帝不干预自己设定的自然秩序。这其中暗示着尘世与上帝是相互独立的。然而，在后来的使用中，它主要指一种非对称的关系（即双方位置不可对换），在这种关系中上帝超越于世界，反之则不然。具体来说，超越的意义就是：B 的存在、意义和重要性只有依靠 A 才能获得充分的说明，然而 A 的存在并不依靠 B，那么，对于 B 来说，A 是超越的。② 牟宗三、方东美等人对西方哲学中的"超越"一词做出分析，认为它相当于汉语中的"超绝"。"超越"与"内在"的对立根源于神学系统，意在规定上帝独立于世界之外，同时也确立上帝佑护世界这样一种关系。从儒家角度来看，不存在具有超绝属性的"天道"或是其他事物。所以，安乐哲反对将具有"超绝"意义的"超越"用到儒家哲学中，这样会让西方语境下的学者产生误读。

让安乐哲颇为烦恼的是，近现代以来，"超越"的观念越来越多地用来解读中国古典文化。一些中国学家、翻译家，甚至有些颇有建树的中国学者，他们却认为"超越"的观念在中国哲学中也非常重要，继续使用超越性的概念来翻译中国的术

---

① 参见林存光《孔子新论》，人民出版社 2012 年版，第 176 页。
② 参见［美］安乐哲《自我的圆成：中西互镜下的古典儒学与道家》，彭国翔编译，河北人民出版社 2006 年版，第 19 页。

语，比如将"天"译为"Heaven""道"解释为"the Way"，甚至解释为"God"。西方学者本杰明·史华兹（Benjamin Schwartz）将超越归于古典中国，他发现，"在老子和庄子的书中的'道家哲学'里，有一种甚至更加彻底的超越的倾向"[①]；"在自然秩序与社会秩序——它以儒家著作已经勾画过的观念为基础——之间有一种彻底的二元分裂"[②]。牟宗三先生在论述"天道"时，提出了这样的说法："天道高高在上，有超越的意义。……我们可以康德喜用的字眼，说天道一方面是超越的，另一方面又是内在的。天道既超越又内在，此时可谓兼具宗教与道德的意义，宗教重超越意，而道德重内在义。"[③] 同时，牟宗三在将儒家的世界观与系于神学的西方模式加以对比时，又将人的努力置于中心地位，并且明确地排斥人们可能建立的（与）神的意志观念的任何联系。安乐哲认为，超越性概念使中国古典时期的思想受到严重损害，这种解释适用于一神论，不适合用来叙述多元化的中国古典传统文化。[④] 对于牟宗三的观点，安乐哲认为存在矛盾：既然儒家在精神上的感悟方式是以人为中心，这样，就必定会明确地拒绝任何他者性（radical otherness）的观念，或否定这一过程中他称之为内在的与超越的，或道德的与宗教的方面之间在本体论上的差异。[⑤] 李明辉争辩说，牟宗三作为一个博学的学者完全掌握了欧洲哲学中超越的许多用法，他有理由对这一多义的欧洲观念加以变通，以

---

① ［美］本杰明·史华兹：《古代中国的思想世界》，程钢译，刘东校，江苏人民出版社2004年版，第64页。

② 同上书，第65页。

③ 牟宗三：《中国哲学的特质》，台北学生书局1963年版，第20页。

④ 参见［美］郝大维、安乐哲《汉哲学思维的文化探源》，施忠连译，第197—198页。

⑤ 同上书，第231页。

作为弄清中国哲学的工具。① 李明辉赞同牟宗三的观点，认为中国哲学中存在严格的超越概念。

安乐哲不反对用新的概念和理论进行哲学重建。他所关心的不外乎以下几个问题：第一，轻率地使用超越的词汇，可能会在不知不觉中造成西方常见的对中国传统的误解。第二，使用严格超越的语言，会鼓励更多的学者主张西方和中国的古典文化传统之间有太多的共同基础存在，这样，也就低估了中国哲学作不同于西方哲学的独立性和特殊性。第三，神学、科学和社会理论中的超越观念在西方已经成为过去式，中西对话者通过诉诸超越的范畴来寻找共同基础，这种做法基本上行不通了。

在论述古典时期中国人的世界观时，安乐哲建议要返回中国文化世界本身之中，以寻求一种更方便、更合适的语汇，彰显出中国文化本身的生命和创造性，而不应该因为诉诸超越的观念而放弃这个原有的世界。站在这一立场上，安乐哲对儒家哲学中"天""仁"等词汇进行论证，试图辩明中国传统文化的核心观念既是非超越的，又具有深刻的宗教性。

首先，从非超越性上来理解"天"。汉英词典对于"天"的标准翻译有：（1）物质的天体、太空、天空；（2）天气；（3）一日；（4）天国、天命、上帝、（拟人化的）大自然；（5）丈夫；（6）必不可少的。尽管有某些重叠，这些释义与汉语词典所提供的解释形成鲜明的对照：（1）天空；（2）气；（3）天的运动和天象；（4）太阳；（5）神；（6）自然界、自然的；（7）君；（8）父亲；（9）必不可少的；（10）一段时间；（11）一日；（12）阳；（13）一个人的命运；（14）一个

---

① 参见李明辉《当代儒学之自我转化》，台北国学出版社 1994 年版，第 143 页。

人的自然倾向和天性、身；（15）巨大、伟大。根据这两方面对"天"的规定，安乐哲肯定地认为，汉语词典中明显地缺少"天国、天命、上帝、（拟人化的）大自然"（Heaven, Providence, God, Nature）的释义。将"天"翻译为"Heaven""Providence"（天意、天命、天公、上帝），或"God"（上帝）就会掩盖它应有的含义，比如"天"无处不在的变化，或是"自生自长的世界"，以及人类的文化创造对它的影响。安乐哲认为要想准确传达这些中国哲学术语的意思，不能单纯靠字面上的直译，必须辅以语境化的解释。安乐哲对天的解释是：（1）"天"是"自然"。没有什么先于它；它没有开端，也没有终结。自然与自然的组织和生成的力量之间无界限。（2）"天"有人形，这意味着它与神话即历史论的发生、演变过程有密切的联系，而这种神话是中国祖先崇拜的基础。（3）"天"不仅在文化上是独特的，而且也有地域性。发现一种新的和高度发展的文化，可能预示着将要发现一个代表这种文化的"天"。（4）"天"不说话，但（与人）有效地虽不总是很明确地交流，它是通过神谕显灵，通过气候反常，还通过人的世界的自然条件的灾变进行的。总之，"天"既是世界呈现的样子，又是它何以如此的原因。万物并非"天"的创造物，也不是由一个独立于它的安排之外的"天"来决定其秩序的，它们是"天"的构成部分。"天"既是创造者，又是整个被创造的世界。"天"作为规定中国人的精神性的核心观念，不能解释为一个超越的范畴。

其次，从非超越性上来理解"仁"。"仁"通常译为"benevolence"（仁慈、善行）、"humanity"（博爱、人道），"love"（爱、爱情、热爱）、"altruism"（利他主义）、"goodness"（善、优良、德行）等。《荀子·子道》篇中有一篇文字重提了孔子与他几个弟子关于"仁"的一次讨论：

　　子路入。子曰："……仁者若何？"子路对曰："……仁者使人爱己。"子曰："可谓士矣。"

　　子贡入。子曰："……仁者若何？"子贡对曰："……仁者爱人。"子曰："可谓士君子矣。"

　　颜渊入。子曰："……仁者若何？"颜渊对曰："……仁者自爱。"子曰："可谓明君子矣。"

　　安乐哲对这段文字进行了评论，认为儒家意义上的"爱"在成为"明君子仁人"的过程中产生，是个人和他人结合的基础；"爱"表示"爱惜"，爱他人就是爱惜他人。从《荀子·子道》这段话来看，完善人格的第一步，也是最起码的一步，要求一个人的为人使得他人把此人的关切当成他自己的，即"使人爱己"。在孔子眼里，这是值得称赞的行为，然而它仍然是单向的，它主要关注他自己的需要。人格修养的第二步需要一个人将他人的关切当成他自己的，即"爱人"。这也许是比第一步提高了一个层次，然而也只是单向的，它主要关注别人的而不是他自己的需要。这种利他主义虽然是令人赞美的，然而它仍然需要自我克制，这样一来，一个人自己合情合理的关切没有得到适当的满足。更高一步必定是返回自身，将自己与他人的关切范围全部纳入他自身当中，即"自爱"。在此，"仁"成了一种不可分离的、互助互补的自我与他人之间的美好关系。由此来看，在对"仁"的追寻中，孔子并没有诉诸超越的存在或法则，不把它们当作成长的终极参照，相反，他说的是一种"下学而上达"的，由单向付出到双向受益的人格修养过程。有学者做出归纳，认为"仁者自爱"是一个人生命深处的自我觉醒，一种精神与人格的自我实现和升华，一种道德潜能的充分发展和扩充，一种对自我不完善的存在形态的克服和扬弃，也是一种自我生命的丰满和润泽。①

最后，从非超越性上来理解"礼"。"礼"与"仁"也一样，也是双向的。礼要求合乎规范的举止行为，还要求身份个性化，并且通过将其自我意识和他自己的重要性贯注到身份之中，从而使身份"成为他自己"。礼由个人实行，并在实行它的社群中引起反应。从孔子反复讲的"仁""礼"来看，由于缺少某种超越的本体，人们必须依靠家庭或社会中的亲疏关系，作为完善自身的资源。孔子始终认为："人能弘道，非道弘人。"（《论语·卫灵公》）这正应了安乐哲的一个基本假定：在儒家哲学中，天与道不可以被相互替代，而是相互联系的，即天人一体，相互依赖。经常用的"天人合一"这个术语，概括的就是儒家的宗教感悟方式。孟子所说的"万物皆备于我"（《孟子·尽心上》）表达的也是这个意思。

---

① 参见王楷《仁者自爱：儒家传统的道德生命观及其哲学基础》，《京师中国哲学》第4辑，黑龙江人民出版社 2013 年版，第 53 页。

第五章　中西方文明的比较与反思

从安乐哲对儒家思想的关注，到儒家经典文献的哲学阐释，再到儒家思想的开放性解读，我们不难发现他的实用主义特征。从表面上看，安乐哲意欲打破西方哲学"独霸天下"的局面，对美国个人主义意识形态充满了反感，似乎只有沉浸在儒学中才能找到对未来社会的憧憬。然而，事实上，他对西方世界充满了热爱，他的不满只能说明他对此存有更高的期望。依照笔者来看，安乐哲有着一种悲悯济世的人文情怀，他的期望在于：一方面，让西方人走出那个自命不凡的世界，去尝试接受另一种或更多种智慧成果，儒家思想只是一个不错的选择；另一方面，为中国哲学，尤其是儒家哲学打造一个平台，让它散发出应有的光彩，实现中西哲学，甚至更多哲学思想之间的真正平等的对话。本章的题目——"比较与反思"有两层意思，既是安乐哲对中西民主思想、中西哲学与宗教方面的比较与反思，又试图以此来引起读者的比较与反思。

第一节　儒家式民主之路

在现代社会中，"民主"成为全球性热议而最具有争议的话题。无论是学者还是政治家，他们都在争相追逐着"民主"，这种现象给民众造成了一种"只要是民主，就是进步"的假象。事实上，世界各国的民主都会带有自己的特征。我们必须对民主有一个清晰的认识，比如那些被狂热追捧的民主到底是何面目？我们真正想要的是什么样的民主？本节的目的，就是通过安乐哲对"民主"思想的探讨，比较中西各种"民主"形态之间的异同，进而了解儒家民主思想的现代价值。

一　自由主义民主与社群主义民主的比较

安乐哲的态度很鲜明，他反对自由主义的民主。具体来说，他反对的不是这种或那种理论，而是反对自由主义的立场——以权利为基础的民主原则。站在这一立场的人，坚持认为个人无论如何应高于他/她所属的社会，以及个人的权利必须高于共同利益之上，法制必须高于预设社会同情存在的非法律机制之上。安乐哲认为这样的立场会阻碍真正的民主化进程。[①] 总体来看，自由主义分为许多流派，它们的理论源头是古典自由主义。从柏拉图到康德再到黑格尔这样一批古典思想家主张心灵的完整与不公开，将其看作"灵魂"或"理性自我"。在此基础上，十七八世纪西方工业革命和资本主义体制下产生的一种意识形态，托马斯·霍布斯、大卫·休谟和亚当·斯密将基督化形式的个人主义进行了经济化表述，主张人应该享有生命权、自由权、财产权的基本权利。由此，加强了自由主义与资本主义经济学之间的联系。

19 世纪末，在这种古典自由主义框架下产生了许多争论和分歧，霍布豪斯提出新自由主义。这种新自由主义与古典自由

---

① 参见［美］郝大维、安乐哲《先贤的民主——杜威、孔子与中国民主之希望》，何刚强译，江苏人民出版社 2010 年版，第 41 页。

主义有着非常大的差异，主张政府介入经济，来确保个人在贸易时的自由平等权利。1933 年，罗斯福上台后将新自由主义运用到了政治实践中，他把政治自由和经济公平、个人自由和国家干涉、自由竞争和社会利益结合起来，为美国福利式国家奠定了理论基础。① 自由主义的民主，宣称个人是"有权利的生灵"。自由主义民主的政府体制，其现实目的都是为权利行使者提供最大的利益。现代以来，自由主义民主逐步成为普遍的政治实践，世界上许多国家争相效仿。从表面上看，它把公共权利奠基于委托之上，适度防范了专制独裁，适度实现了平等和自由。而事实上，它看似解决了阶级难题，却并没有解决人性难题。②

　　美国等一些西方国家极力鼓吹自己的民主制度，并把中国当作集权国家的典型，认为中国人是"长期习惯于拥抱枷锁而培养成的"。但是，安乐哲认为这种西方的自由主义民主制度无益于中国民主化进程，或者说这种模式不适合中国。不仅如此，安乐哲还认为，资本主义是阻碍而非促进了可行的民主；个人主义不利于民主社群和人权的实现。所以，"西方人不应该再诱导中国人既接受民主婴儿，同时也接受肮脏的洗澡水"。③ 翟小波教授也认为，"自由主义民主很难充分落实'利益同一化指令原则'，很难兑现公共福祉最大化的承诺，很难保障基本人权。然而，民主、人权和法治相依相成，是现代政治的三大支柱，任何一方的缺席都可能使政治沦为恶政。负责任的政治哲学，应尽力谋求三者的统一。结果主义倾向表明，

---

① 参见后哲、朱丽敏《罗斯福的自由主义政治思想》，《理论月刊》2004 年第 2 期。
② 参见翟小波《自由主义民主之反思》，《中外法学》2009 年第 1 期。
③ ［美］安乐哲：《儒家式的民主主义》，《东方论坛》2006 年第 6 期。

自由主义民主论很难为民主提供牢固的证成。"①

相比较而言，安乐哲更倾向于社群主义民主。乔治·赫伯特·米德和约翰·杜威都认为，社群主义民主是一种最完美的生活形式——社群民主承认国家的存在，国家不仅是一种政府组织，它还是群体共同生活、沟通交流的方式；个人的进步与社会的发展息息相关，个人的利益要服从共同体的利益；个人的行为方式要切合道德，即要贯穿忠信、诚实、奉献、友谊、博爱、忍耐、宽容、审慎、明智、勇敢、公正、正直、仁慈、纯洁、爱国等美德，个人行为所起的作用是追求和实现共同体的善；"共同善"是社群互相包容和互相依存的基础。就以上表述来看，这种社群组织化形态重点在于追求共同体的利益，将群体利益置于个体利益之上，较之西方，中国的制度理念更接近社群民主的理想。

二　儒家思想与杜威实用主义的共通性

民主制度，特别是现代形式的民主，总被人认为是西方特有的发明。一些西方学者认为以儒家思想为底色的中国太独裁，等级太森严，不可能允许有真正的民主化。美国学者亨廷顿在一本近作《第三波：二十世纪晚期的民主化》中表明了这一观点："儒家民主很显然在字眼上是矛盾的。"② 安乐哲不同意他的看法，认为亨廷顿对儒学以及其中极为丰富的含义不了解或存在误解。

对于儒学，安乐哲依然持有它与美国实用主义存在一致性的看法。同样，美国过程论哲学家怀特海也认为儒学与杜威实

---

① 翟小波：《自由主义民主之反思》，《中外法学》2009 年第 1 期。

② Samuel P. Huntington, *The Third Wave: Democratization in the Late Twentieth Century*, University of Oklahoma Press, 1991, p. 307.

用主义非常相似，他曾说"要想了解孔子，去读杜威；要想了解杜威，去读孔子"①，"他（杜威）的有机主义哲学似乎更接近中国思想的某些流派"②。也许，在怀特海看来，杜威和孔子都服膺于经验主义，他屏蔽了两者在哲学思想上的相通性。1919 年，杜威应胡适和蒋梦麟之邀来到中国，因为新文化运动的迅速崛起，令杜威与孔子失之交臂。但是，随着大西洋两岸同时出现的儒家和杜威实用主义的复兴，杜威与孔子再次相遇。安乐哲的儒家民主主义就是一个最鲜明的例子。从上面对社群主义的民主特征的描述来看，杜威注重的是共同体中人的重要性、共同的目的和情感的重要性、德性在维系共同体成员关系中的重要性。笔者认为，这些方面在儒学中都得到了更全面更深刻的体现。

自孔子起，儒家思想就有以"人"为中心的传统特征。在中国人的观念中，天和民、神和人是一体的，如《尚书·周书》言"民之所欲，天必从之"（《泰誓》），"皇天无亲，惟德是辅"（《蔡仲之命》）。在孔子那里，更加重视人的存在，《论语·乡党》记载："厩焚。子退朝，曰：'伤人乎？'不问马。"朱熹注：非不爱马，然恐伤人之意多，故未暇问。盖贵人贱畜，理当如此。③《孟子·离娄下》讲："仁者爱人，有礼者敬人。"④，"爱人""敬人"是仁者的行为准则。荀子更是提出应该发挥人的积极主动性，"从天而颂之，孰与制天命而用之"（《荀子·天论》）。在儒家思想中，"人"的地位具有核心性和神圣性。与杜威的社群主义民主相比较而言，儒家思想更关注

① Lucien Price, *Dialogues of Alfred North Whitehead*, Mentor Books, 1954, p. 145.

② Process and Reality, *Donald Sherbourne correct edtion*, Free Press, 1985, p. 7.

③ （宋）朱熹：《四书章句集注》，第 121 页。

④ 同上书，第 285 页。

成"人"的过程。安乐哲这样理解东方的"成人"："我们人类做人，不是一出生而做一个人，我们出生的时候什么都不是，可是如果我们把家庭关系做得很密切，很丰富，很有意义的话，我们就会变成人，我们不是 human beings，而是 human becomings。"安乐哲注意到中国传统思想中"成人"的过程性、动态性和逐步完善性，这不同于西方的"人"的既定性。儒家认为，一个达到一定年龄，具备对社会基本的认知，有一定道德素养的人才能被社会认可为真正的"人"，氏族社会时期的"成丁礼"，周代以后的"冠礼"，现在的"成人礼"，这些都是很好的证明。当颜回向孔子请教"成人之行若何"（《孔子家语·颜回》）的时候，孔子说："达于情性之理，通于物类之变，知幽明之故，睹游气之原。若此可谓成人矣。既能成人，而又加之以仁义礼乐，成人之行也。若乃穷神知礼，德之盛也。"[①] 也就是说，成人的行为既要符合人性又要具备仁德。

儒学中也存在着民本思想的丰富资源。事实上，殷周之际就已经有了朴素的民本思想。《尚书》所谓"天聪明自我民聪明，天明畏自我民明畏"（《虞书·皋陶谟》）和"民为邦本，本固邦宁"（《尚书·五子之歌》），就是警示统治者要顺天保民的发端。民本思想在儒家思想中得到了发展：《大学》开篇即为："大学之道，在明明德，在亲民，在止于至善。"《孝经·开宗明义》指出："先王有至德要道，以顺天下，民用和睦，上下无怨。"孟子更是提出了以"贵民""爱民""惠民""富民"为基础的王道政治学说。当然，儒家的民本思想与君主制紧紧联系在一起，并没有赋予人民制约君主的权利。但是，我们还应该注意孟子的一段话，即"君之视臣如手足，则臣视君

---

① 杨朝明、宋立林：《孔子家语通解》，齐鲁书社 2009 年版，第 225 页。

如腹心。君之视臣如犬马，则臣视君如国人。君之视臣如土芥，则臣视君如寇雠"（《孟子·离娄下》）。其中暗含的意思是，如果君主没有履行君主的职责，也就等于失去了君的名分，民众可以起而反抗。推翻暴君乃是"诛一夫"，这被视为民众的一种权利。[①] 儒家的民本思想类似于《美国独立宣言》中所讲的：人人生而平等，享有生命权、自由权和追求幸福权；政府为维护被统治者的正当权利而存在，反之，人民将有权改变或推翻它。[②] 不同的是，西方文化重视个体自由和个人权利；而儒家所设想的政府，关注的是整个社会的共同利益。

与杜威实用主义相比，儒学更加注重内在德性的培养。西方对"道德"的理解与儒家大不相同，他们认为"爱""友谊""个性""谨慎""自力更生""能力""英雄主义"等都属于道德范畴。杜威所提倡的道德中心思想就是自我教化，他把道德实践视为一种特殊形式的自愿行动或行为。他的内在理路是通过自我教化所获得的幸福和理性去召唤民主品格的形成。[③] 杜威的道德关注的是正统行为，而儒家的道德关注的是正统思想。从《说文解字》来看，"德"字从"心"，段玉裁注："内得于己，谓身心所自得也。外得于人，谓惠泽使人得之也。"[④] 也就是说，修德全在于内心的修养。内省其心，使心正为德。《尚书·虞书·大禹谟》中就有"正德、利用、厚生、惟和"的思想。从"心"之"德"由周代起，后为儒家所继承。孔子以德为标准整理六经，以此来教化民众。《史记·孔

---

① 参见秋风《你可能不认识的孔子》，《南方人物周刊》2011 年第 4 期。

② 转引李存山《儒家的民本与人权》，《孔子研究》2001 年第 6 期。

③ 参见［美］罗伯特·威斯布鲁克《杜威与美国民主》，王红欣译，北京大学出版社 2010 年版，第 159 页。

④ （东汉）许慎撰，（清）段玉裁注：《说文解字》，中国戏剧出版社 2008 年版，第 1399 页。

子世家》记载：

> 古者《诗》三千余篇，及至孔子，去其重，取可施于礼义，上采契、后稷，中述殷周之盛，至幽厉之缺，始于衽席，故曰"《关雎》之乱以为《风》始，《鹿鸣》为小雅始，《文王》为大雅始，《清庙》为颂始"。三百五篇孔子皆弦歌之，以求合《韶》《武》《雅》《颂》之音。礼乐自此可得而述，以备王道，成"六艺"。

从对《诗》的整理中，我们可以发现孔子成功地将古时民间歌谣注入了他所关注的"德"的理念，这种"德"的价值又通过对礼仪的运用体现出来。除了《诗》之外，《书》《礼》《乐》等都是孔子思想传播的形式媒介和教化民众修身正德的思想源泉。

除此之外，儒家对共同体以及成员之间关系的维系更加超乎西方社群主义者的想象。实用主义关注的是人与人之间的外在交流，认为一个健康的人是生活于健康社会的人，而这个社会是"一个沟通的共同体"。① 然而，儒家思想，乃至中国文化注重的是人与人、人与社会、人与天之间的由内而外的交流，具有复杂而深厚的关系性。《易经》即是"共生共荣"和谐思想的源头，"其用阴阳两个方面的对立统一关系的变化来说明宇宙运动的规律。《易经》六十四卦，每卦都是由阴爻（－－）和阳爻（一）构成的，卦爻的吉凶悔吝则是由阴阳的和谐状况来决定。阴阳两个方面和谐平衡时，卦爻就吉利；阴阳两个方

---

① 参见［美］郝大维、安乐哲《先贤的民主——杜威、孔子与中国民主之希望》，何刚强译，第84页。

面不和谐、不平衡时，卦爻就不吉利；阴阳严重失和时，就会有悔、吝、厉、咎、凶等情况发生"。①《易经》中的阴阳相生观念，就向人们阐释着"共生共荣"的思想。这种宇宙关系论说在儒家思想中得到了发展，并且主要将其运用到社会互动过程之中。孔子所提倡的核心思想——"忠恕之道"，即"己欲立而立人，己欲达而达人"（《论语·雍也》）、"己所不欲，勿施于人"（《论语·颜渊》），讲的就是维系人与人之间关系的重要性。依照儒家思想，人是通过与他人的关系，而不是按其自身属性来定义。儒家倡导关爱以个人为中心的每一个关系，安乐哲将关爱他人视为滋养自己，从而达到"自爱"的一种途径，"'自爱'意味着要关怀我置身其中的那些特殊角色与关系，将关怀它们当成滋养自己，将它们视为我个人实现的根本源泉与实体——'自爱'，爱的是与我的妻、我的孩子、我的同事等等我所置身其中之关系"②。另外，儒家还关照人与天之间的关系，孔子言"小人不知天命而不畏也"，又言"不知命，无以为君子"。在孔子眼中，天与人可以通过"命"来进行对话与沟通。总之，从儒家思想与杜威实用主义的共通性来看，儒学中包含更加丰富的社群观念。

　　同样关注社群利益，儒学和杜威的实用主义在这方面是否完全一致呢？新加坡国立大学的陈素芬教授对两者做出比较，认为儒学和杜威的实用主义虽然相似，但不完全相同。虽然两者都把个体看作社会人，但孔子的"仁"比杜威更强调共同体的作用，杜威的目标是纠正而不是完全排斥自由主义，因此，他比孔子更强调个体选择的作用（虽然是重建的选择概念）。

---

　　① 孙熙国：《中国古代和谐思想的两大源头：以〈易经〉和〈尚书〉为中心的考察》，《理论学刊》2008 年第 8 期。

　　② ［美］安乐哲：《儒家角色伦理学》，山东人民出版社 2017 年版，第 142 页。

虽然两人都相信创建共同体要求人际交往的各个方面努力，也相信情感与思维密不可分，但是孔子强调"礼"的美学特征，杜威则强调"协作探究"的思考。他们思想的不同背景导致哲学上的重要差异。孔子强调"民享政府"，但是在"民治政府"方面闭口不谈；杜威则特别关心两者之间的联系。① 或许，两者最根本的不同就在于，在杜威的宇宙中，作为广大无边的有机统一原则，上帝是理想的人格或人格的基础，因此，宇宙的最终目的是上帝人格的实现。人格是庄严而神圣的。在强调人格的实现这一点上，杜威接受了一种在 19 世纪末和 20 世纪初成为基督教自由主义思想之特征的观点。那么，儒家思想与自由主义又是何种关系呢？

三 儒家思想与自由主义的交锋

20 世纪 50 年代，台湾学术界出现了一次引人注目的儒家思想与自由主义的交锋。以徐复观、牟宗三为代表的新儒家与以殷海光为代表的自由主义，分别通过他们主办的《民主评论》和《自由中国》两本刊物展开了激烈的口诛笔伐，他们争论的焦点是：在通向自由民主之路上，如何对待传统文化？徐复观一派的立场是：一切文化上的创新必须坚持儒家传统文化，以此为主导发展出科学与民主，政治自由要以道德自由（意志自由）为前提和基础。殷海光所秉持的"自由"是借助经验判断的政治自由——"活泼、宽宏、大量、无拘无束、反对加于人性的任何形式的抑压，反对加于人智的一切桎梏，反对加于人类行动的每一不合理的管制"②。总体来看，新儒家承认传统文

① 参见［新加坡］陈素芬《儒家民主——杜威式重建》，吴万伟译，第 17 页。
② 周宁、贺昌盛：《现代思想的抉择：新儒家与自由主义之争》，《台湾研究集刊》2008 年第 1 期。

化中具有自由的因子，其并不阻碍民主政治的发展；殷海光坚持"传统修正主义"的立场，认为实现政治自由时，传统可修正，可保存，也可更改，毫不黏滞，毫不拘泥。其实，这两种观点都是为了达到中国现代化的目标，存在一定的合作基础。

同新儒家一样，美国学者狄百瑞在《中国的自由传统》①一书中表明，儒家思想中存在自由主义传统。以朱熹对《大学》的注解为例，认为儒家的"为己之学"与西方自由主义具有相似之处，都强调要依靠自制自律来最大程度发挥自身潜力。② 关于"儒家与自由主义"的议题，杜维明和陈名两位先生展开了一系列的对话，他们反对将儒家的优点与自由主义的优点进行机械组合，而是要进行儒家现代化和自由主义自我反思的双向思考。以美国自由主义为例，杜维明认为，美国人的思想中自由的价值远远超过平等的价值，甚至超出公益的价值；美国民主政治背后是个人价值的凸显，在不顾一切去追求个人权利而征服自然的同时，忽略了生态问题、男女之间性别的差异、多元宗教的存在、全球伦理的关照等问题。儒学与自由主义相比较，他认为：

> 儒学与自由主义不仅可比，而且还有很强的优势，它与生态环保、宗教多元、全球伦理，甚至女性主义都能有很好的配合。我有这样的观点，儒家所代表的人格理念，在一个现代意义的自由民主社会中，即公民社会发展的较完满并实行民主政治、市场经济的社会环境，其发展的前提要远比在传统的封建社会和现代的权威社会、专制社会

---

① ［美］狄百瑞：《中国的自由主义传统》，李弘祺译，香港中文大学出版社1983年版。

② 参见［美］狄百瑞《〈大学〉作为自由传统》，刘莹译，《儒家与自由主义》，生活·读书·新知三联书店2001年版，第191页。

中更好更健康。而且儒家只有经过了现代转化，经过启蒙所代表的价值的洗礼，经过自身内部的调节之后，它才可能对启蒙心态的弊病做出有力的批评，才能真正对现代的新课题提供它的独特的精神资源。[1]

可见，杜维明认为现代社会为儒家自由民主思想的转化提供了一个更有利的时机。许多中国学者认同儒家和自由主义存在对话的可能性，分别围绕着自我观、自由和平等、民主宪政等问题展开讨论。

儒家和自由主义的民主模式在对待政府的态度上有着共同的认识，它们都不否认政府的干预，并且认为政府不仅可以扮演积极的角色，还有责任对社会进行合理分配。杜维明认为："美国的自由主义事实上是由大政府主义所代表的。"[2] 东亚以新加坡、韩国和中国台湾地区为例。新加坡政府成功地将儒家文化与西方文化相结合，以法治权、高薪养廉的方法最大程度地消解了内部族群的矛盾，避免了宗教群体的分裂与冲突，维持了社会秩序的稳定发展，被称为世界上最清廉的政府。[3] 深受儒家文化影响的韩国，在卢泰愚政府宣布《六二九宣言》的同时启动了民主化进程，并在短短三十年的时间里完成了由威权性质的政权向民主国家的转型。中国台湾地区虽然已经充分实现了民主自由，但是也需要政府出面干预社会运动和政治危机。我们可以看到不论是新加坡、韩国，还是中国台湾，各个

---

① 杜维明、陈名：《儒家与自由主义——和杜维明教授的对话》，《儒家与自由主义》，第40页。

② 同上书，第8页。

③ 参见董琼华《儒家文化、东方式民主及其前景探论：以韩国、中国台湾和新加坡为例》，《理论导刊》2010年第8期。

政府对社会都有重要的控制力和影响力，其民主政治的实施都是围绕政府展开的。

　　一直以来，中西方学界（尤其是西方）也存在另一种声音，他们认为儒家文化和自由主义是水火不相容的两种意识形态。事实上，他们针对的是自由主义民主背后极端的个人主义或精英主义。列宁一针见血地指出，西方的民主是一种只供少数人，尤其是富人享受的民主。[①] 杜威提出，是共同体赋予了个人利益和权利，人只有拥有权利才是自由的，而且这种权利只有在遵循整体利益的条件下进行活动；[②] 个人自由不是没有条件限制的，它需要社会化的道德理性的支持和引导[③]。北京大学何怀宏教授也有同样看法："共同体和个体同样需要自由，而个体对于共同体的需要则超出了资产阶级思想的预期。因此，不能把民主等同于自由。所谓理想的民主，必然要在秩序的框架中寻求维护和统一。"[④] 这些批评都倾向于认为，建立在个人主义基础上的自由民主阉割了民主的生命力，会使人们对公共政治生活冷漠，加剧政治上的不平等，从而对共同体造成威胁。在过去的十几年中，作为对批评的回应，自由主义的理论家也在试图修正他们的立场，使之变得进一步靠向社群主义的关注内容，诸如团体、相互依赖、社会福利、传统的贡献、风俗习惯以及对法律机制依赖设定限制的道德等。[⑤] 面对儒学与社群

---

　　① 参见［俄］列宁《列宁选集》第4卷，人民出版社1972年版，第248页。
　　② 参见［美］郝大维、安乐哲《先贤的民主——杜威、孔子与中国民主之希望》，何刚强译，第78页。
　　③ 参见赵万详《进化与宽容——约翰·杜威的民主观探析》，博士学位论文，吉林大学，2014年，第149页。
　　④ 何怀宏：《理解黑暗》，《光明之子与黑暗之子》，北京大学出版社2011年版，《序一》第4页。
　　⑤ 参见［美］郝大维、安乐哲《先贤的民主——杜威、孔子与中国民主之希望》，何刚强译，第41页。

主义、自由主义之间纵横交错的复杂关系，他们之间是否能在"民主"方面做出调和？未来的"民主"将呈现出何种发展方向？这都是值得思考的问题。

四 儒家式民主如何可能？

对于未来"民主"的发展方向，安乐哲倾向于儒家式民主，是一种儒家思想和杜威社群民主主义有效结合的形式。这种民主形式能否实现？安乐哲在《儒家民主主义》一文中坦言："可以这样说，儒家民主主义不仅仅是一种可能性，而且在今天还很有希望实现。"①

在一些西方学者看来，实现民主至少要解决以下两个问题：多元主义和思想自由。安乐哲对此有足够的信心，并且从两个方面加以论证。第一，儒学具有兼容并包、海纳百川的特质，可以和平处理与多元文化、各派宗教之间的关系，它是一种协调多元文化和谐相处的智慧。在古代中国，儒释道三家和谐共处，甚至出现"你中有我，我中有你"的合流之势，或者一个特定人格可以达到儒释道兼修；在现代中国，儒家正以开放的姿态与西方文化、基督教、伊斯兰教等展开对话。这充分体现了儒学的多元性。第二，在中国传统中，思想、性情与行动是互相一致的。皮伦布姆（Randy Peerenboom）说："思想自由是当代西方自由民主思想的核心。能够进行独立思考的权利是我们最为珍视的权利，思想自由是其他一切权利的基石。"② 西方人认为，思维、行动与情感都是各自独立的，三者可以合为一

① ［美］安乐哲：《和而不同：比较哲学与中西会通》，温海明译，北京大学出版社2002年版，第205页。

② Peerenboom, Randy, *The Politics of Piracy*: *Intellectual Property in Contemporary China*, *The Journal of Asian Studies*, Feb. 2007, Vol. 66, Issue 1.

体，也被允许彼此分离。但是，在中国传统中，讲究知行合一，行动、情感和思想的分离会被认为"离经叛道"。无论在顺境或逆境下，儒家向来没有放弃对社会和谐，即对"共同善"的追求。中国知识分子主要追求修身为己之"道"，同时也特别关心社会和谐，所以，当中国全社会开始反思的时候，并不会轻易去破坏道德和政治秩序，而是注重自我之"道"与社会秩序的一种潜移默化的调和。需要注意的是，这并不意味着儒家的个人利益必须为了社群利益而做出牺牲。中国文化与西方的集体主义和以权利为基础的个人主义都有所不同。"儒家式的个人利益涉及不同个体之间的互惠互利。这种互惠互利是通过群体之中的彼此忠诚和责任实现的，而群体之中的彼此忠诚和责任激励着每一个人，并且有助于确定个人自身的价值。"①

从安乐哲的以上论证来看，儒家式的民主符合社会的诉求。但是，就目前来看，安乐哲并没有完成对儒家式民主的整体规划。有一点需要注意，他强调了"礼仪"在儒家式民主模式中的中心作用。他认为，礼仪具有一种持久的以人为中心的精神意义，我们必须将以礼仪为构成要素的社群视为精神性自我实现的基本中心，这些文化遗产是精神发展和宗教经验生生不息的源泉。

值得一提的是，罗伯特·卡明斯·内维尔已经用波士顿社会作为例子来说明儒家与现代美国联系起来的方式，他认为儒家可通过礼仪实践扮演批评家和文化创造者的角色。② 这种以礼仪为手段的民主形式，可以把政治民主改造成文化民主和道德民主。在这种文化型的民主制社会中，容许人们的

---

① 安乐哲：《儒家式的民主主义》，《东方论坛》2006 年第 6 期。
② 参见 Neville, Robert Cummings, *Boston Confucianism: Portable Tradition in the Late-Modern World*, Sunny Press, 2000, p. 110。

意见和要求能得到迅速和顺畅的沟通，公共事务可以得到高效而切实的解决，谦让和尊重品德的实践不只简单地强化权威结构，而且把权威地位及其占有者凸显出来供人们批判和审查。在儒家民主中，这些将通过基于诚信的礼仪实践来完成，这些礼仪将约束许多后现代资本主义社会中出现的严重破坏民众信任和共同体情感的对立和仇恨。① 也就是说，这种文化型民主的理想预设是——通过合乎礼仪的行为和角色来达到社会和谐。

的确，"礼"是孔子及其儒家对我们最好的馈赠，是我们通往未来世界的密钥。对"礼"的依赖在中国是一个不容置疑的事实。这源于中国历史上发达的农业文明：中国社会传统一直是以农村为主，其比重占80%。在法规制度相对缺乏的情况下，地方的传统和家族的纽带使非正规的机制——礼仪得以运行。但是，中国的人口分布正在迅速发生变化，农村逐渐城镇化，礼仪慢慢失去了传统的载体。人们可以预见，这个现实情况将日益对维持社会和谐的"礼"的功效提出挑战，从而导致对于"法制"的更大依赖。安乐哲指出，要想摆脱个人主义和社会价值的冲突，解决自利的个人与自身追求繁荣共同体的自我矛盾，避免儒家武断式民主，其有效途径就是诉诸法治和建立正式的民主机制。

安乐哲意识到："这只步履蹒跚的中国囊虫正在稳固地纺织着它的丝茧，尽管在民主化痛苦的过程中存在着盲目性，在纺织者中，却也存在着对最终会出现何种类型的民主这一问题的大量反思。"② 就儒家和杜威的实用主义而言，儒家的哲学和

① 参见［新加坡］陈素芬《儒家民主——杜威式重建》，吴万伟译，第241页。
② 王成兵：《一位真正的美国哲学家：美国学者论杜威》，中国社会科学出版社2007年版，第170页。

文化资源能够促进杜威所理解的民主。然而，安乐哲所构想的儒家式民主过多地强调了个人在关系社会中的道德自觉，而忽略了赋予个人对民主政治参与和监督的权利。在这一点或更多方面，自由主义民主也可以提供更好的资源。笔者认为，儒家式民主与西方自由民主或其他文明并不会冲突，它可以呈现出不同的形态来适应各种文明。所以，我们不能就此停留住对儒家式民主探索的脚步。

第二节　中西方哲学与宗教问题的走向

中西方文明的交流与碰撞自 16 世纪开始。孔子最初引起西方注意时，一些人把他看作一位擅于道德说教的宗教领袖，甚至被塑造成天主教的圣徒。同样，在西方，儒学译著都被归为东方宗教。他们认为，儒学自始至终具有深刻的宗教性。尽管目前越来越多的哲学家参与了儒学的研究和翻译，但是儒家学说的宗教性无可回避，甚至连大部分中国学者都承认其哲学性与宗教性兼而有之。也许那些早期西方学者过于看重儒家的宗教思想，无视其哲学内涵或轻描淡写，有简化主义之嫌，但是这也为儒学与西方哲学及其宗教的双重对话提供了可能。事实证明，随着中西文明交流的日益频繁和深入，对儒学的偏见现在有所转机。当然，在交流的过程中，双方本着各自的立场，有对话，也存在冲突。严格来讲，儒学并不能涵盖所有的中国文化，但它也许是一个与西方对话的契机。中国文化需要吸收外来文化增强自身的生命力，西方文化也需要开辟中国这片"场地"。长远来看，这并不意味着谁要战胜对方，而是人类文明发展的一个方向。这一点正是许多思想家、哲学家、宗教学者的共识之处。所以，为了人类有一个和谐共处的未来，一些中西方学者模糊了各自的地域立场，站在更高的角度为文明对话找寻新的突破。笔者试图对儒学与西方文化长达400余年的交流与碰撞的历史进行梳理，以安乐哲的观点为主线，对两种文明予以比较，谈谈他对中西方哲学与宗教的反思和期望。

一　传教士对儒学的曲解

明末清初，为配合传教和殖民扩张活动，以利玛窦为代表的一批传教士来到中国，开启了中西文化交流的篇章。为了更容易进入中国并归化中国人，利玛窦身着"儒装"，研究"儒教"的"四书"，传教时每次都以孔夫子的仪式开始。他谦虚和谨慎、尊重中国习俗、使用汉语汉字、研习"四书"和其他中国经典的知识，所有这一切得到了中国文人和统治阶层的热情欢迎和赞赏。为使基督教融入中国本土，利玛窦等耶稣会士认同基督徒参与祭孔祭祖大礼，肯定孔子学说的优越地位，并将孔子塑造成天主教的圣徒①。但是，耶稣会士的这一做法却引来了罗马教皇的震怒。教皇视儒家礼仪为异端，认定儒家的祭典有违天主教教义，并下令禁止中国基督徒入孔庙、祠堂行礼、参与丧葬仪式等。教皇的这种做法激怒了康熙皇帝，导致"礼仪之争"由基督教内部修会之争演变为教廷和清廷之争。因此，耶稣会士被下令驱逐出中国国境。

耶稣会士在华的传教活动以失败而告终，他们却成为第一批诠释中国经典的西方人。当传教士们在最受中国文人崇拜的著作——《论语》等经典中找到了"上帝""祈天""事天""畏天""敬天"等术语时，他们感到欣喜若狂。他们认为中国

---

① 参见王琨《17、18世纪欧洲文化视野中的孔子》，《孔子研究》2001年第4期。

人也被上帝的"自然理智之光"照亮过。他们按照基督教的理念对儒家经典作了诠释，认为《论语》中"敬鬼神而远之"的意思为"吾不敢以此简吾上帝之尊也"。在孝道问题上，把传统的"三纲"改编为"凡人在宇内有三父，一谓天主，二谓国君，三谓家君也。逆三父之旨者，为不孝子矣"[①]。传教士们原本想通过这些诡异的解释让中国人归化于基督教的教义下，企图让中国放弃和毁灭其文化遗产而全盘西化。起初，中国人对孔夫子的虔诚不仅没有丝毫改变，反而认为传教士们也可以成为相当杰出的儒教信徒。当后来更为清楚地了解到天主教的内容，及至看到了传教士们追求的目的时，中国知识阶层全部变成了仇视传教士及其教理的人士，一度爆发了仇教运动。通过传教士们的书简和著述，欧洲人更多地了解了中国的儒教情结，便不再更多地谋略归化中国人的事业了。

　　有学者认为，传教士们在华传教方面是失败的，但在文化传播方面成绩斐然，尤其是他们在向欧洲介绍中国文化方面成绩显赫。[②] 安乐哲却有另一种看法，他认为传教士们有必要对儒家经典的歪曲传播负责。他在一篇文章中说道："在儒家思想被介绍到西方学术界的过程中，关键的哲学词汇和儒教的专门术语被人们以亚伯拉罕式的宗教价值，而不是其本身所拥有的价值重写了。在许多西方人眼里，儒家思想被看成是一个贫血的、次等的基督教教义。"[③] 在最初的翻译版本中，他所说的关键哲学词汇的宗教化确实普遍存在，如"天"是"Heaven"

---

　　① ［法］谢和耐：《中国与基督教——中西文化的首次撞击》，耿昇译，商务印书馆2013年版，第20页。

　　② 参见耿昇《法国汉学界对于中西文化首次撞击的研究》，《中国与基督教——中西文化的首次撞击》，《序》第1页。

　　③ ［美］安乐哲：《从儒学自身理解其宗教性》，《首届尼山世界文明论坛》2010年9月1日，第25页。

（上帝）、"仁"是"benevolence"（仁慈）、"孝"是"filial pie-
ty"（子女的虔诚）等。这样一个词汇表冠以中国人一个预设
的、由单一秩序和神圣命令所控制的宇宙，预示着中国人也是
靠上帝的正义之手所引导，并启示人们对上帝的信仰和顺从。

　　儒学的确有其宗教性，但不同于基督教传统。安乐哲对两
者作了比较和区分，认为亚伯拉罕诸教①的"敬拜"模式取决
于那些先前的、独立的、外部的暂时性力量的终极意义——施
莱尔马赫（F. D. E. Schleiermacher）称之为"绝对依赖"的宗
教。而儒家宗教不同，其宗教经验本身是共同体兴旺发达的产
物，公众生活的质量直接决定了宗教生活的质量。儒家思想的
神圣性不仅体现在其兴旺发达的群体的根基之上——此根基经
由其先辈传承而来，也体现在其文化得以确立的基础之上，而
且是一种受生活经验启发而获得的生生不息的品质。安乐哲对
儒家的宗教情感做出了生动的描述："当人们从觅食而发展到
掌握高级烹饪术，当人们从以木棍做记号而发展成精美的书法
和惊人的青铜制造术，当粗鲁的姿势被发展成一些仪式的庄严
节奏和舞蹈的优美韵律，当咕哝的招呼声发展成优雅迷人的旋
律时，宇宙就变得更加宽广、深邃和丰富了。正是这一转
变——使普通的日常生活变得很优雅——至少为这种神秘感提
供了部分的宗教情感的其他表述，这在一些超常的、超自然的
诉求中都能找到。"②

　　儒家思想与基督教的根本不同体现在天人或人神关系方面。
对于基督教来说，神（上帝）是基督教信仰者的全部意义之所

---

　　①　犹太教、基督教、伊斯兰教统称为亚伯拉罕诸教，因亚伯拉罕在这三个教中占有
重要的地位，他是犹太教、基督教和伊斯兰教的先知。
　　②　安乐哲：《从儒学自身理解其宗教性》，《首届尼山世界文明论坛》2010 年 9 月 1
日，第 30—31 页。

在，人被上帝所创造，人的本质就是上帝的形象，人性是有罪
的，需要得到上帝的救赎。也就是说，上帝是人的绝对主宰，
人必须依附于上帝而存在。总之，上帝是一切人类活动的中心。
对于儒家思想来说，天是一个抽象的存在，人从天那里获得宗
教情感，依靠对天的敬畏来追求一种理想的人类社会秩序，但
以天为根据的人才是整个儒家思想的中心议题。另外，在儒家
思想中，人不求助于天的救赎，而是存有"为仁由己"（《论
语·颜渊》）、"人定胜天"（《荀子·天论》）等观念，提倡发
挥人的积极的创造性。

二　中西方哲学界的自我中心主义

18—19 世纪之交，中西之间的互不理解占据了突出地位。
尤其是西方的文化中心主义所表现出来的对中国文化的"无
视"，甚至可以说是"忍受"。从西方人的角度来说，对于入华
耶稣会士传入中国的科学问题上，存在两种错误认识：第一种
错误倾向是把传教士传入中国的科学，看得比它的实际情况要
先进得多。第二种错误倾向是认为中国一切都要向西方学习，
把传教士们的布教活动在中国所引起的批评与沉默，都归咎于
中国人的愚昧、仇外和狭隘地坚持民族传统等因素。欧洲有一
种根深蒂固的偏见，即认为起源于西方的定律和原理都是最高
明的。① 到目前为止，很多西方专业哲学家仍然不能放下偏见，
他们很少参与向西方学术界介绍中国哲学的工作，抑或是根本
不承认中国文化中存在所谓的"哲学"。

众所周知，欧洲哲学是西方人心中的真正的哲学。欧洲哲

---

① 参见［法］谢和耐《中国与基督教——中西文化的首次撞击》，耿昇译，商务印书
馆 2013 年版，第 39 页。

学的主流思想与基督教理念密不可分，其涵盖着超越、绝对理念、二元化、单一秩序等概念。如果对欧洲哲学追根溯源的话，毕达哥拉斯是第一个使用"Philosophy"（哲学）这个词语的人，"Philosophy"的本意是"爱智慧"。但是毕达哥拉斯之后的柏拉图、亚里士多德赋予了哲学一个神圣的使命，那就是追求知识和真理，将哲学引向一个绝对不变的理念。古希腊哲学和基督教结合在一起之后，基督教的终极实在就成了一个抽象的、完全不变的上帝。正是由于这些原因，西方哲学追求的不是中国人所理解的"智慧"，而是与上帝有关的真理。安乐哲对唯欧洲哲学马首是瞻的西方哲学提出了批评，认为西方哲学的终极目的不是"和而不同"，而是"同而不和"，其"和"也是为了"同"。他还指出西方哲学最大的遗憾就是康德把道德提升为一个普遍性的、抽象性的原则，以至于使道德丧失了对最基本的人伦亲情的阐释力。他认为谈道德应该从"一个人为什么要爱他的孩子"这样日常化的议题开始，而不应该把道德教条化。①

西方中心论兴起于 20 世纪，是西方随着东方文明的衰落和西方殖民化进程的发展而产生一种优等心理，认为西方文化优于甚至高于非西方文化。当然，西方哲学有它自身的优势和特点，尤其是它擅长分析和思辨，这些是儒家哲学在发展中所需要学习和借鉴的。可是，当西方哲学宣传它的普世价值的时候，我们必须清楚，每一种文化和文明都是针对自己的传统所发展出来的，没有谁是万能的"膏药"，对于儒家哲学来说也是如此。

---

① 参见牟钟鉴、安乐哲、单纯《全球化背景下的中国文化反思——牟钟鉴、安乐哲对话录》，《中国图书评论》2007 年第 1 期。

需要指出的是，中国也存在自我文化中心观念。与西方中心论不同，它并不否认其他文明的存在，而是否认它们对中国现实的价值和相关性，即中国文化自认为可以自我满足，不需要借助西方文化来实现。这种意识源于中国文化的特殊性。自孔子起，中国文人便承载着"修身齐家治国平天下"的古训。尤其是儒家学者，他们传统上一直肩负传承文化和治理社会的双重职能，他们的理论思考非常贴近现实，往往会受到执政者好恶和社会问题的影响。中国历史发展到现代，儒家哲学依然与政治文化和社会生活保持着密切的联系，儒家学者仍是社会的思想领袖。为了社会政治文化的发展，他们会自觉地，甚至激情满怀地提出和推行自己关于人的价值和社会秩序的纲领。儒家哲学传统拓展了哲学的外延，已经远远超出了西方对于"哲学"的界定。[1] 然而，正是这种务实性，使得西方学术界认为儒家思想根本称不上"哲学"。就连中国学者李泽厚也认为："中国学问有个重大不足，就是缺乏自然科学的基础，缺少抽象理性的思辨训练。"[2] 中国人都对自己的文化没有信心，又怎么能让西方人看到其中的闪光点呢？

因为彼此缺乏沟通，所以中国哲学在西方学界获得的理解是非常有限的，加上传教士对中国哲学进行了基督教诠释，使得它趋向于一种神秘主义。后来，有一些学者付诸相应的努力，试图把失去其原有根基、被移植的儒家思想从这样的基督教环境里拯救出来。原本想通过消解儒家思想深刻的宗教内涵而保存其完整性，但其结果却通常是通过东方主义的棱镜而重建了儒家思想的观念和价值。如此一来，也将儒家思想降格为

---

[1]　参见安乐哲《差异比较与沟通理解——当代西方学者研究中国哲学的倾向及障碍》，张燕华译，《时代与思潮》1998年。

[2]　李泽厚、刘绪源：《中国哲学如何登场？》，上海译文出版社2012年版，第20页。

一种世俗的人文主义。所以，基督教化和东方主义是中国哲学一直以来遭受的厄运。如果要改变这种现状，还有很长的路需要走。

三　哲学、新教运动的兴起与中西文化的交融

哲学作为一门学科，它是负责知识的获得的。它是非常重要的一门学科。但是，综观目前的哲学领域，欧洲哲学一家独大的局面仍未改变。在美国哈佛大学的哲学系，基础性哲学课程有古代哲学（前苏格拉底、柏拉图、亚里士多德）和近代早期哲学史（笛卡尔、洛克、休谟和康德），主要讲述的还是欧洲的形而上学，仍然很少看到美国后现代主义哲学等本土哲学的影子，像福柯、麦金太尔等本土哲学家在美国也没有受到重视。中国的北京大学也存在同样情况，哲学系最受学生欢迎的是海德格尔等西方哲学，当然也有中国哲学，但都是边缘化的，中心还在欧洲哲学。在日本东京大学，哲学系仍然以康德哲学为主。在安乐哲看来，欧洲哲学非常专制，具有排他性；印度哲学、伊斯兰哲学、中国哲学、日本哲学、韩国哲学、非洲哲学，这些对他们来说都算不了什么，哲学是他们的工作。同时，他认为，也存在"自我殖民地"的问题，源于对自己的文化缺乏自信。①

每一种文化或文明都有一个诞生、成长、兴盛、衰微、消逝的过程。② 20世纪后半期，西方文化呈现出衰落的端倪，欧洲哲学的权威性地位也随之受到威胁，西方哲学家们以及各种哲学运动对其哲学理论和方法提出了质疑和挑战。同时，在西

---

① 参考本书第一章第一节。
② 参见季羡林《西方的没落》，《科学对社会的影响》2007年第2期。

方传统内部，新实用主义、新马克思主义、后结构主义、后现代主义，以及女权运动等继之而起。面对当今西方社会层出不穷的问题，欧洲哲学逐渐失去了内在动力。西方哲学家们开始认真看待其他文明的价值，对中国哲学的研究已经变成了一个非常重要的课题。在这一背景下，安乐哲对美国哲学与儒家哲学的沟通充满了信心。他首先批评了用欧洲哲学来治理国家所造成的不理想的后果："以列维斯特劳斯为代表的马基雅维利学派，把个人（这里的个人并非普通大众，而是指那些富有的中产阶级）主义奉为圭臬。用这种思想来治理国家，美国就变成了现在这个样子。"① 然后，他指出："美国想要扩大自己在全世界的影响力的话，就不能光考虑自己的利益，把民族主义强加给别的国家，而是要以身作则。"② 站在美国的立场上，安乐哲认为美国应该向儒家学习，比如中国的"孝道"，儒家的角色伦理（注重人与人之间关系的维护），以及贵和思想。他把儒家的"和"理解为"活和"，即不是僵化的、一成不变的，而是一个在实践中不断被追求的过程，甚至是一个永远都实现不了的目标。他认为美国实用主义是目前西方学界理解中国哲学的一个最好方式，因为美国以爱默生、杜威、詹姆斯为代表的实用主义哲学家，他们的主张与儒家有着许多相似的地方。

　　在西方哲学做出调整的同时，中国哲学家们也在从不同的角度向西方哲学接近，他们已经意识到了中西交流的必要性。众所周知，倡导"西学东渐"的近代思想家梁启超言："舍西学而言中学者，其中学必为无用；舍中学而言西学者，其西学

---

① 牟钟鉴、安乐哲、单纯：《全球化背景下的中国文化反思——牟钟鉴、安乐哲对话录》，《中国图书评论》2007 年第 1 期。
② 同上。

必为无本。无用无本，皆不足以治天下。"① 冯友兰先生从"贵和"的角度来重新解释马克思主义辩证法，尝试将儒家思想和马克思主义思想相结合，坚持发展有中国特色的哲学。以牟宗三先生为代表的港台新儒家用康德的理论来解释中国哲学，虽然这种方法有一定局限性，但是必须承认他的历史功绩，他们用这种方式让西方人无法否认中国哲学的存在，为中国哲学在世界文化中保留了一席之地。金岳霖关于归纳问题的研究，也堪称中西哲学交流的一个典型案例。中国哲学在向西方学习以后，已经结出了不少高质量的学术成果。但需要注意的是，在融合和交流的过程中不能放弃自己的立场。梁涛教授认为，"中西哲学之间的相互吸收、借鉴、融合甚至是获取'灵感'是无法避免的，也是十分必要的，我们反对的只是在中西哲学地位不平等条件下对西方哲学概念、理论的简单比附、套用。"②

从宗教方面来看儒家思想，它的可贵之处在于理解和欣赏，这有利于各种信仰之间在中国展开真诚的对话。牟钟鉴先生认为："以孔子为代表的宗教观体现了中庸之道的特色，它对鬼神的存而不论或将其散化为自然，它对宗教的情意功能和道德功能的强调，它保留神道并将其纳入人道的做法，都表现出一种难得的睿智和远见。"③ 历史证明，儒学在中国多元化宗教的融合中起到了非常重要的作用。在儒家思想温和宽厚品格的影响下，中国历代政权都采取儒释道三教并奖的政策；对待各民族特色宗教，如藏传佛教、南传佛教、伊斯兰教和北方萨满教、

---

① 梁启超：《梁启超全集》，北京出版社1999年版，第85页。
② 刘笑敢、梁涛：《老子、经典诠释与二十一世纪的中国哲学》，《中国思想史前沿》，陕西师范大学出版社2008年版，第161页。
③ 牟钟鉴：《涵泳儒学》，第329—330页。

南方巫教，皆采取"因俗而治""用教安边"的政策，成就了一个宗教种类最多却关系最和谐的国家。

20 世纪下半叶，已经有一些基督教神学家意识到传统的基督教神学（即便像保罗·蒂里希的文化神学）已经渐渐过时，因为"做神学的语境已经改变。如今需要从更大范围，从诸宗教的世界做神学了"①。换言之，神学需要从传统上说的基督教神学转向基督教的诸宗教神学。如果不能正视其他宗教，不能合理地处理与其他宗教的关系，那么神学注定要走向失败。牟钟鉴先生坦言："现在斗争最激烈的几个宗教，它们都是从亚伯拉罕系统这一个根源里出来的，包括犹太教、基督教和伊斯兰教。如果一神教不改革、不调整，它就容易采取强烈的排他性手段。"② 值得关注的是，近年来，基督教已经和我国本土文化进行了充分接触，并且出现了融合态势。基督教在中国的现状，也是宗教融合的一个最佳例子。几十年前，基督教刚在中国人身边出现的时候，很多中国人是排斥它的。发展到现在，很多中国人已经开始慢慢接受它，就像当时中国接受佛教一样。中国有的乡村里，有些老太太在做礼拜的时候，会给耶稣烧香，有时候还会跪拜。她们会用传统的典礼来表达她们的心情。安乐哲也注意到了这个情况，认为这是一个好的现象——"中国的基督教是中国人自己的基督教，中国的佛学，禅宗、三论宗、华严宗等，这个跟印度佛教关系不大，当然，印度是它的来源，可是这个是中国的一个文化。将来中国的基督教会变成中国自己的一个文化。在西方，基督教是一个信仰结构，

---

① See Ewert Cousins, *Christ of the* 21*th Century*, *Rockport*, Element, 1992, p. 211.

② 牟钟鉴、安乐哲、单纯：《全球化背景下的中国文化反思——牟钟鉴、安乐哲对话录》，《中国图书评论》2007 年第 1 期。

而在中国，它只是一种实践。"① 这说明，中国已经在试着接受这个西方宗教，同时，基督教在传教中也开始尊重中国本土文化。这与历史上的"礼仪之争"相比，已经有了很大的进步。由此我们认为，不同的信仰之间应该多一些理解和欣赏，这样才会真诚地展开文化间的对话。没有各宗教间的和平，便没有各文明间的和平。1993 年芝加哥世界宗教议会走向全球伦理宣言把"每个人都应受到符合人性的对待"和"己所不欲，勿施于人"作为全球伦理两项基本的要求，虽然宣言上没有儒家学者签名，但孔子的思想已被吸收进《全球伦理——世界宗教会议宣言》。② 可见，儒家思想在处理宗教问题上具有非常重要的作用。

四　回到自己的文化传统

交流和对话固然重要，但更重要的是不能忘记自己的文化传统。从中国的角度来看，盲目跟从西方的风气已经有所改变，我们的传统也正在逐渐受到重视，这源于中国经济发展所带来的文化自信。站在中国的立场上，安乐哲认为："中国很多大学现在都争相成立国学院，这是一个很健康的现象。要回到你们自己的根，来找到你们的将来。这个不是排他，当然要接受外来文化，但最重要的还是回到自己的传统。"③ 宗教之间的融合并不等同于抹杀各种宗教的特殊性，只是在交流方式上要有共识。牟钟鉴先生提出"温和"论："信仰的多样性是人类良性文化生态的体现，如同自然和生物的多样性是良性自然生态的体现一样，人类应该加以珍重和保护。但信仰需要理性的、

① 参见本书第一章第一节内容。
② 参见牟钟鉴《在国学路上》，中国物资出版社 2011 年版，第 22 页。
③ 参见本书第一章第一节内容。

温和的，不能是反理性的、极端的，否则会破坏和谐。如果这
个世界的有神论是温和的，无神论也是温和的；东方文明是温
和的，西方文明也是温和的；国内政治是温和的，对外交往也
是温和的，一切矛盾都能有效化解。信仰什么不是问题，只要
是温和主义，世界就会安宁。"①

　　笔者赞同"回到传统"的主张，并且认为要从两个方面去
理解它的含义。

　　一方面是要回归到原始的人性的出发点——家庭。说到底，
哲学与宗教都是为了给人类找到更好的生存方式。而家庭是生
存的起点，中国和西方都一样，所以，我们要从家庭出发来谈
哲学和信仰。基督教中存在着保守和相对自由的两派。保守派
坚持在基督教里，信仰是第一位的，爱是第二位的。基督教中
最大的爱就是对上帝的爱，因此必须百分之百地信仰上帝，对
其不能有一丝一毫的怀疑，把信绝对化，放在爱之上。而另外
一些自由主义派别，比如中国的丁光训主教，他认为上帝就是
爱，爱人就是上帝精神的体现。这样基督教就可以与其他文明
对话了。② 但是，在西方国家，保守派的观念占主流。这就随
之产生了一个问题，即只关注到对上帝之爱，而忽视了对其他
人的爱，势必会引发一系列的社会问题。儒家讲求"爱有差
等"，先爱自己，再去爱父母、孩子、妻子丈夫、老师、朋友、
邻居、路人等，反过来，儒家对自己的"爱"不是自私自利，
而是建立在爱别人的前提下，不仅不能损害别人的利益，而且
尽量要去成全别人的利益，即"成己成物"。安乐哲认为儒学
在激发道德的内在动力方面很有说服力。

---

① 牟钟鉴：《在国学路上》，第24页。
② 参见牟钟鉴、安乐哲、单纯《全球化背景下的中国文化反思——牟钟鉴、安乐哲
对话录》，《中国图书评论》2007年第1期。

　　另一方面不仅要重视自己的文化，还要让更多的人看到并认可你的文化。西方人是科学型的，而中国人是文化型的。西方人很难理解中国的来自于生活经验的哲学，中国人也很难消化西方人的形而上学的苦涩理论。所以，在对外交流时，必须考虑到语言和概念方面的障碍，要尽量站在对方的角度来解释自己的文化。安乐哲对突破中国哲学的困境提出两个建议：一是扩展唐君毅等学者所做的工作，发掘规定中国自然宇宙观的一系列特质，这些特质决定了中国宇宙观与西方世界观之间的深刻差异。比如，在重译《论语》时，要提供仁、义、礼、乐、信、心、知、天、圣人、君子、和、道、德、正、孝、命、性、恕、忠、中庸等术语的详尽解释，以此来转述《论语》的世界观。二是把中国古代哲学文献译成西方语言时，应该坚持将那些哲学词汇直接罗马字母化，如"天"译成"Tian"，"道"译成"Dao"等，提醒读者他们正进入一个陌生的哲学世界，这样就对读者提出了更高的要求。① 对于中西方文化之间的鸿沟，安乐哲认为可以逾越："我们完全不必担心古代中国文化和现代西方的不同步，我们根本不用把解释我们历史运动的框架硬套到孔子身上。因为，从历史意识看，我们前面没有现成的道路，也没有明确的目的地。我们的文化自我理解包括一大堆的方法、原则和解释，它们根深蒂固，'呼之欲出'。"②

　　在经过一系列的讨论之后，笔者想说的是，各种文明之间都是平等的，最终的意义不是要分出优劣，而是需要彼此之间的包容。正如斯宾格勒在《西方的没落》中所说的那样，"世界历史的外观在一切其他文化中都是和人类历史的外观相同的。

---

　　① 　参见安乐哲《差异比较与沟通理解——当代西方学者研究中国哲学的倾向及障碍》，张燕华译，《时代与思潮》1998 年。

　　② 　安乐哲：《试论东西方文化的结合》，李志林译，《时代与思潮》1991 年。

世界的起源就是人类的起源，人类的末日也就是世界的末日"。① 或者可以说，文明没有永恒的优劣，只有暂时相对的优越，最重要的是它能解决自己传统，甚至更广泛领域所出现的问题。古今中外因意识形态的不同所爆发的战争不胜枚举，所以，世界各文明之间需要更多的交流和认同，只有这样才能产生更高层次的文明。综观文明发展的历史，我们会发现，它们已然经历了一个从"你敌视我，我敌视你"到"你无视我，我无视你"的过程，现在正处于"你需要我，我需要你"到"你欣赏我，我欣赏你"的阶段，相信以后会共同走进一个"你中有我，我中有你"的圣境。

第三节　安乐哲儒家哲学在中西方文明发展中的价值

21世纪以来，安乐哲的名字频见报端，短短几年便成为哲学界、汉学界、语言学界一个响亮的招牌。在我们听多了"之乎者也"的夫子训导之后，安乐哲的出现好似一阵春风扑面而来。一位金发碧眼的西方人操着一口流利的普通话对孔子思想侃侃而谈，让我们顿时感到既清新又亲切。他对孔子和儒学深入浅出的解读，让我们从另一个角度看到了一个鲜活的儒家文化世界。实际上，这绝非偶然，而是源于他近四十年来学术研究的厚积薄发，十几部著作与近百篇论文是最好的证明。② 必须肯定的是，他为儒家哲学的传播和发展做出了重要贡献。当

---

① ［德］奥斯瓦尔德·斯宾格勒：《西方的没落》，江月译，湖南文艺出版社2011年版，第22页。

② 安乐哲主要著述目录，《自我的圆成：中西互镜下的古典儒学与道家》，第629—647页。

然，站在研究者的角度，我们应该对其哲学思想有一个相对客观的认识，在此笔者尝试做一简要评价。

一　安乐哲对儒家哲学的学术贡献

第一，对儒家经典《论语》《中庸》《孝经》进行了实用主义的翻译和解读。一方面，在尊重儒家哲学特殊性的基础上，提出用阐释学方法翻译儒家经典，使儒家思想在英文翻译中逐渐走出了"第二基督教"的阴影，有了自己初步的话语体系，改变了一代西方人对中国哲学的看法。另一方面，对儒家哲学术语"仁"（权威性）、"礼"（合宜合情的礼仪）、"中庸"（切中伦常日用）、"诚"（创造性）、"孝"（对家庭的敬爱归属之情）等进行了实用主义的解读，使它们摆脱了形上伦理的案臼，倡导以家庭为培养道德和宗教情感的起点，更加贴近生活经验，有益于吸收和实践。

第二，提出了重要的学术论断和哲学分析。提出"儒家角色伦理学"创新理论，主张以家庭生活和家庭情感为起点，将个人纳入家庭角色和代际关系之中，援引道德在关系中成长，从而成就一种理想的社会秩序。提出"儒家式民主主义"，主张儒家民主和西方社群主义民主的结合，反对以权利为基础的自由主义，倡导普遍性人权，建立共生共荣的和谐共同体。提出孟子之"性"并非天生赋予，而是一种动态的、独特的、创造性的文化产物，与一个人的"修养"密切相关；"性"具有无限的创造力，通过不断的文化修养，不仅能使自身的善性才能得到深化、滋养和扩展，还能善于处理好人与社会、自然环境的各种关系，进而追求更高层次的人性。提出"以礼仪为权利"的命题，指出中国人创造"权利"一词来翻译"人权"，是一种源于特殊情境下的暂时优势，也是被风俗与传统维护着的基本尊严；而"礼仪"即是人们改变人文和自然环境进而争取"权利"的正确途径。

第三，将儒学与西方哲学进行了比较与贯通。一是儒学与实用主义相比较，有以下共通性：都反对种族中心主义和强调文化叙述的重要性；都关注社会交往和互动；都强调自律、自我教化和自我实现；都强调通过谏议责任敦促政府向着民主化进程发展；都积极地以习惯、风俗与传统为导向；有着类似的民主视野。二是儒家文化思维模式与西方第一问题思维模式（公元5世纪以奥古斯丁的作品出现为标志的那一整个时期）相比较，有以下相似性：既不带有宇宙演化论的含义，也不带有宇宙论的含义；它们并没有设想出一种初始的发端，也没有认定存在一个单一秩序的世界；承认发展变化的动态过程，并不妄断存在一个构成事物一般秩序的最终原因，而是寻求各事物之间的关联。三是将儒家与西方哲学中的自我、真理和超越性进行比较，认为儒家式"自我"不同于西方的独立的个人，而是可以扩展到规定他并且借以表现他自己的身份达到的地步，是一种"焦点—区域"式自我；儒家式"真理"不同于西方所指的事物中永恒不变的奥秘，而是一种需要用毕生来追求的为人之道；儒家式"超越"不同于西方那种独立于世界之外的"超绝"，而是一种天道与人道的相互贯通和创造。

以上所说，基本上包括了安乐哲在儒家学术领域的创见。另外，他也涉猎中国道家、兵家等思想，在此不作详述。上述诸多的提法、观点、分析、定位，已经引起了几次较大规模的学术讨论，目前仍是学术界研究的热点，这种持续扩大的影响力也可以被看作安乐哲学术成就的体现。

二 安乐哲儒学研究中的误区和瓶颈

围绕安乐哲所讨论的上述儒家观点，我们会发现，他的研究主要集中在早期原始儒学，主要选择吸收孔孟思想，倾向于要拿儒家哲学与实用主义结合去解构盎格鲁—欧罗巴哲学、个人主义、自由主义等西方旧有传统。当然，这不是他对儒家哲学的推崇和热爱的初衷。我们要清楚地意识到，他之所以对儒家思想有选择性地吸收，是因为始终坚持着自己的立场。安乐哲说道："我现在生活在一个亟需儒家思想滋养的世界"①，"我的责任不是赞美中国文化，我不是中国人。但我相信中国文化有巨大的价值，这种价值会充实西方文化。它会开始一个新的方向，也就是从了解，到学习，再到共同学习。我们需要做的是与中国文化共同学习。我们的工作不仅限于了解中国文化，也不仅是增强西方文化，而是让西方和中国在哲学上共同进步"②。同中国人一样，只有当他们将中国思想与西方自己的问题关联起来的时候，对一件事物的追寻才会达到痴迷的程度。

基于立场的不同，笔者认为安乐哲先生对儒家哲学的理解存在某些片面性。认识的片面性主要表现在：过于看重礼仪在社会共同体中的作用。显然，他对儒家思想"以礼治国"的范式非常欣赏，从而认为"儒家的选择表明几乎所有决定社会政治秩序的实际权利与义务都是由超出法律权限的制度、惯例来维持，并由社会压力而不是处罚来强化的。……相比之下，对礼仪的强调能够使这些可能性得到最充分的体现。中国模式显

---

① ［美］安乐哲：《2013 年度孔子文化奖获奖感言》，《第六届世界儒学大会学术论文集》，第 17 页。

② 王堃、安乐哲：《让西方和中国在哲学上共同进步——安乐哲先生访谈录》，《当代儒学》2012 年第 2 期。

示了非法律机制也能够化解争端。它提供了其他的理性选择从而降低了人们运用法律手段的热情。离开正式程序也就意味着趋向更多的实用性"①；"对于一个如此习惯于以仪规行动来保持社会和谐的社会来说，试图从与风俗传统相联系的道德规劝转到具体的法律保障，这一过程也会对社会带来不稳定"②。这样的表述试图在向西方人表明法律不是引导社会和谐的最佳手段，可以想象，其针对的是西方的政治体制和自由主义意识形态。可是，站在中国人的立场，这种观点好像忽略了儒家"隆礼重法"的传统特征。荀子是早期儒家主要代表之一，最突出的贡献就是提出"隆礼重法"的治世理念，即"治之经，礼与刑"（《荀子·成相》）。罗国杰先生认为，这一理念克服了过去儒家和法家在政治思想、伦理思想上的"礼""法"对立的片面性，开了我国传统思想中"礼法并重"的先河。③ 荀子以后，儒家学者都不同程度地吸取了"隆礼重法"的思想来建立治国方案。当然，在儒家思想中，"礼"具有基础性和根本性，但是同样强调"法"的依据，只有"礼法并重"才有利于国家的长治久安。就中国现状而言，法律制度相对薄弱，"依法治国"正是目前所需要加强和提倡的。所以，安乐哲先生的这一提法在中国学界可能很难得到共鸣。

回顾 20 世纪 70 年代以前，美国基本上是立足于"以西方为标准的东洋主义"理论来研究中国历史。无论是以费正清为代表的"西方的冲击与中国的反应"这种研究角度，还是以列

---

① 安乐哲：《以礼仪为权利——儒家的选择》，梁涛、高如辰译，《江汉论坛》2013 年第 6 期。

② ［美］郝大维、安乐哲：《先贤的民主——杜威、孔子与中国民主之希望》，何刚强译，第 127 页。

③ 参见罗国杰《荀况政治伦理思想新探——"德治"和"法治"的相辅相成》，《湘潭大学学报》（哲学社会科学版）2005 年第 4 期。

文森为代表的"传统与近代化"的研究角度，都是拿西方的标准套用于中国的研究。① 但是，经过 1964—1974 年的越南战争和水门事件后，美国史学界的部分学者对美国与西方文明的精神价值发生根本动摇，对西方"近代"历史发展的整个道路与方向产生怀疑，从而对以西方为出发点的研究中国的模式提出挑战，倡导以中国为出发点来研究中国的历史。这一学术风气的转变被美国史学家柯文称为"中国中心观"（China-centered approach）。② 另外，德国思想家斯宾格勒的代表作《西方的没落》一书，考察了各种不同文明之后，揭露了西方文化由盛及衰的"宿命"，这对 20 世纪的西方社会产生了很大的触动。面对非西方文化尤其是中国文化的崛起和西方文明的衰落，亨廷顿等一批西方学者深深感受到了挑战，同时意识到文明或文化的冲突将来会成为世界冲突的主要形式，不得不承认以后会是一个不同文明共存的世界，每一种文明即使是西方文明都必须学会与其他文明共处。③ "二战"后西方对中国文化的研究就是"中国中心观"的现实情境。

安乐哲的译著和研究正是发生了"中国中心观"转向之后的产物，同样体现了这一时期美国对中国文化研究的特点，他力主回到孔子本身去理解儒家思想，反对用"种族中心主义"的眼光去看待中国文化，并且在竭力消解之前西方人对其产生的误读。然而，太过偏执地去剔除中国文化所沾染的西方色彩，势必会把它与西方文化的某些相似之处一同撇清，照样会影响

---

① 参见並木赖寿《P. 柯文的〈在中国发现历史〉》，汪婉译，《国外社会科学》1993 年第 3 期。

② 参见林同奇《"中国中心观"：特点、思潮与内在张力》，［美］柯文《在中国发现历史——中国中心观在美国的兴起》，中华书局 2002 年版，《译者代序》第 5 页。

③ 参见李小兵《从"文明的冲突"看"西方的没落"：论"文明冲突论"的理论背景与社会基础》，《哲学研究》1995 年第 9 期。

中国文化的完整性。笔者认为，安乐哲先生对儒家思想在消除误读时所产生的误读起码有两个方面：一是误以为儒家哲学没有超绝性；二是否认孟子之"性"的先天性。

安乐哲认为西方严格意义上的"超越"即是汉语词汇中的"超绝"，他认为这种超绝性存在于西方基督教的"绝对理念"中，而儒家哲学仅具有一种非超绝的宗教性。但是，从孔子"朝闻道，夕死可矣"（《论语·里仁》）这句话来看，"道"即具有超绝性特征，它代表着人类的终极生活意义，统摄万物，又难以企及，更是不可逾越，表达的是儒家式的"真理"。在朱熹那里被称为"理"，"理"的世界是一个超越（超绝）当下秩序的种种缺陷和不义的世界。① "道"或"理"，可以被视为同一个道德形上学的价值体系。所以，笔者认为，儒家哲学同样存在超绝性。

以动态发展观去理解孟子之"性"固然可以更加凸显孟子人性论的文化价值，但是认为"性"并非先天赋予的，而仅仅是人的文化修养和成长的结果，似乎偏离了儒家哲学的方向。儒家哲学虽然重视后天文化和道德的培养，但是也承认"性"是人与生俱来的"人之为人"的根基。儒学史上有"以生言性"的传统，从"生"来理解"性"可以看出"性"不是抽象的本质，而是动态的活动和过程，其包含生长、成长之意。但是，由于"性"有"生"，其在"生"的过程中必然产生种种需要、种种表现，而这些需要是"性之和所生"，即是"性"在自身和谐生长中产生的，故满足这些需要乃是"天之经，地之义"，是天所赋予人的权利。② 所以，"性"自生命的开始就

---

① 参见［美］白诗朗《普天之下：儒耶对话中的典范转化》，彭国翔译，河北人民出版社2006年版，第133页。

② 参见梁涛《"以生言性"的传统与孟子性善论》，《哲学研究》2007年第7期。

已经产生，"生"的过程也就是"性"的实现过程。然而，安乐哲认为："在孟子那里，人之所以异于禽兽，不是某种不可侵犯的自然赋予，而是一种暂时和始终特殊的文化修养。"① 在这里，安乐哲似乎抛开了"性"的先天特征，更多地就经验方面来谈论，致其失去"人之为人"的既定方向，这样不可避免地会使"性"置于漫无目的的经验论中。

三 安乐哲的研究方法对中国学者的积极启迪

安乐哲的研究立场可以用"中西互为中心论"来表述，给我们提供了一个很好的研究范式，让我们了解到只有中西方文化相互学习，才能最大程度地发掘各自文化中的潜力。美国学者安靖如、法国学者于连一致认为，研究欧洲哲学不能绕开中国，因为中国和西方是两个非常不同的哲学体系，只有在了解中国哲学的基础上，才可以更清楚地发现西方哲学的优点和问题，从而促进西方哲学进一步发展。他们还指出，在知己知彼的前提下，中西文化更需要相互学习，这并不代表彼此会成为同一个价值体系，而是继续保持各自特色。② 同样，中国学者也应该有此认识。

笔者认为，对待中西方文化，中国学者应持一种开放而谨慎的态度。毫无疑问，安乐哲的研究使我们看到了儒家思想中的生命力，但这对于中国来说是一种"送来"的文化，是针对西方而非中国的治病良药。要想找到解决中国症结的药方，中国学者必须有更加广阔的文化视野。很长一段时间，儒家思想受到质疑和批判，可在西方学者那里却发现了它的闪光点，所

---

① ［美］安乐哲：《自我的圆成：中西互镜下的古典儒家与道家》，彭国翔编译，第288页。

② 参见孙敬鑫《安靖如在对话中实现中国文化崛起》，《对外传播》2012年第10期。

以，中国学者对待自己的文化要多一些宽容和理解，要有足够的耐心去思考和发现。同样，对待西方文化也应该持有这种态度。目前来看，虽然有些儒家学者所关注的"不是中西文化关系语境里的问题，不是面对民主、科学自证其知识合法性与价值合法性的问题，而是这样一个渊源久远的儒家传统如何在新的历史条件下解决应对新问题以重新获得新开展的问题"①，但是如果以一个开放的心态去关注到其他人类文明，当你回首审视儒家文化时，可能更清楚其精华所在。

　　在此之前，已经有很多中国学者尤其是港台、海外新儒家，他们致力于儒学的现代化与世界化，对儒学研究范式的现代转型做出了很大贡献。面对西方文化的霸权，他们倡导儒学传统与马克思主义、基督教、伊斯兰教等对话交流来应对东方文化所面临的危机，在学术互动中实现自身的发展。他们灵魂深处折射出全球意识和寻根意识的完美结合，牟宗三、唐君毅、钱穆、冯友兰、余英时、刘述先、杜维明等人都是这方面的优秀代表。在儒学现代化转向过程中，儒家哲学研究取得了很大的成绩，但是也出现了许多值得重新思考的问题。比如，对西方哲学教条化的理解，致使儒家哲学走向了玄虚化、虚无化的路径；强烈的忧患意识使得一些学者奋力地在儒家经典中找寻具有普世价值的符号，从而忽视了对传统本身的特殊性的发掘等。② 这些问题的症结就在于，儒家哲学还没有走出西方哲学的阴影。如果我们不表达自己，就很难摆脱被别人所表达的命运。所以，我们现在亟须思考的一个问题是：中国如何跳出西方话语体系？安乐哲的研究方法就是一个很好的尝试，他试图

①　陈明、朱汉民：《原道》第21辑，东方出版社2014年版，第7页。
②　参见马振江《20世纪中国传统哲学研究范式转变之回顾与反思》，《西南大学学报》（社会科学版）2012年第4期，第35—36页。

打破西方制度的伪命题，比如"人是理性的；权利是绝对的；程序是万能的"① 等，鼓励中国人回到自己的文化传统，用贯穿中国文化源流的语言构建自己的话语体系。同样，安乐哲也会回到美国的传统，依靠儒学充实美国哲学。

四　安乐哲儒家哲学研究的发展方向

随着"儒家角色伦理""儒家民主主义"等热点问题的讨论，安乐哲的思想也将被更多的学者所关注。作为一个研究者，笔者认为要想全面把握安乐哲思想的脉搏，既要深入了解中国传统文化，又要对美国哲学和西方哲学有一个清晰的认识。当然，还要克服语言上的障碍。进行安乐哲思想研究的学术意义在于，我们在花很大力气总结他对儒家思想所做出的研究及其所采用的方法时，其目的也是想借助他的哲学分析方法的引领，发掘儒家思想中所没有被认识到的创造力，反过来可以补充国内儒学研究的不足。现实意义在于，通过儒家思想与实用主义比较，探寻出一条儒家哲学与西方哲学平等对话的道路，并在中西文化交流中达成更深层次的共识。

事实上，目前对安乐哲的思想做出总体评价还不合时宜，因为他对儒家思想的研究还在继续，还不断有新的观点出现。笔者在研究中发现，他对荀子思想较少提及。然而，荀子对中国文化和儒家思想有着深远的影响，他对时代提出的问题，较为全面地丰富和发展了儒家哲学。所以，加强荀子研究将更加有利于全面把握儒家思想。重要的是，笔者认为，相对于孔孟而言，荀子思想对于现代社会同样具有重要的实践意义，有助

---

① 宋鲁郑：《跳出西方框架，讲述中国自己的故事——从〈中国超越〉谈当代政治理论创新》，《社会科学报·理论解读》2014 年 11 月 6 日。

于找到更有利于西方的价值。举例来说，对于安乐哲所提倡的
"儒家民主主义"，荀子思想将是一个很好的补充。廖名春教授
认为，从荀子尊君的目的看，从其论道义与君权、民与君的关
系看，荀子与孔孟一样，基本上是一个民本论者；讲儒家的民
本和民主思想，绝不应当忘记荀子。[①] 我们期待安乐哲在这个
领域的进一步研究。

　　尽管立场不同，但是安乐哲看到了儒家思想对现代社会的
应用价值，向世界展现了儒家哲学的独特魅力。这也是孔子所
希望的，正如他所说："学而时习之，不亦说乎？有朋自远方
来，不亦乐乎？人不知而不愠，不亦君子乎？"（《论语·学
而》）杨朝明教授对这句话做出新的注解："如果我的主张被时
代或社会所采用，那不就太令人喜悦了吗？如果在社会上行不
通，可是，忽然发现有赞同我的学说的人，与我一同讨论问题，
不也很快乐吗？再退一步说，不但自己的主张在社会难以施行，
而且也发现不了理解自己的人，自己却坚守认定的思想观念，
不也是一位了不起的君子吗？"[②] 或许，这句话是安乐哲与孔子
最好的联结。

---

① 参见廖名春《对荀子思想的新认识》，《河北学刊》2012 年第 5 期。
② 杨朝明：《真实的孔子》，《光明日报》2010 年 1 月 28 日。

附录一　儒者·儒行·儒学

——安乐哲教授访谈[①]

问（李文娟，以下省略）：安先生，您好！在一篇题为《我的哲学之路》的文章中，您提到少年时期受到父兄的影响，从那时起就接触到中国哲学和文化，能谈谈年少时的经历吗？

答（安乐哲教授，以下省略）：我的父亲是一个写小说的作家，我的母亲是一个英国人，我的父亲是第二次世界大战的加拿大空军，当时在欧洲打仗，所以他娶了一个英国的夫人。我的哥哥是英属哥伦比亚大学的文学教授，刚刚退休了。他的名字很有意思，我是安乐哲，他的中文名字是安乐文，文学的"文"。所以，在我们的家里，语言是非常重要的事情。年轻的时候，我很喜欢写诗。我们的家在加拿大温哥华，当时我得到了 UBC（英属哥伦比亚大学）的奖学金，可是我没有接受，我要到美国加州的 Redlands（雷德兰斯大学）。因为 Redlands 会邀请当时最著名的文学家和诗人来学校举行 Workshop（研习会）。能够在那里学习我喜欢的专业，我感到非常愉快。

---

① 2014 年 7 月 19 日于北大中关新园 9 号楼采访安乐哲先生，以"求学之路"为主题线索。

问：对于一个 17 岁的孩子来说，孤身一人从一个国家到另一个国家去求学，这需要很大的勇气吧？

答：当时我的家里比较贫穷。我的父亲有 6 个孩子，我们高中以后就必须要自力更生，他的钱还要养活其他的孩子。在西方就是这个样子，你们在中国体会不到。在中国，孩子上大学是家庭的事，而在西方就是个人的事。从一方面来讲，这样很好，因为你很快就会成为一个独立的、能干的年轻人；可是，从另一方面来讲，最大的遗憾是：你的成就不是他的成就。在中国家庭，如果一个孩子得奖或者有了一定的地位，这是一个家庭的荣誉，可是我的父亲他没有这个感觉。

问：从 Redlands 到香港学习，您当时是一个怎样的想法？

答：当我 17 岁的时候，已经修完了大学一年级的课程。有一天，我在校园里看到一个通知，是学校要派学生到香港中文大学做交换生的项目。我那个时候很年轻，对外面的世界所知不多，认为这是一个增长见识的机会，于是就提交了申请。

问：您来中国之前，对中国有多少了解？

答：在温哥华，那个时候华人不算多，算起来是北美洲第二个或第三个唐人街，我有两三个同学是中国人，和他们没有什么密切来往。在我的印象里，香港是一个很远的地方，有酒吧，有鸦片，很贫穷。1966 年，我来到了香港，发现那里是另外一个世界，跟我想象的不太一样。50 年以后，我回到香港，以前的同学还是很好的朋友。他们现在都开奔驰，都很富有，因为我们是学者的世界，所以他们看得比生意伙伴更重要。

问：学习中国哲学期间，劳思光、唐君毅等先生都对您的学习给予指导，能谈谈他们对您的影响吗？

答：在香港求学的一年中，我跟从劳思光、唐君毅这两位学者学习。那个时候，香港中文大学没有中文学院，有钱穆创立的新亚书院，我经常去那里听唐君毅的演讲。在崇基书院，劳思光是我的正式的授课老师，我跟着他学习。他们两位对我的影响很大。从那时起，我开始学习中国哲学。

与别的学者不同的是，我学习中国哲学和西洋哲学是同时的，也是同步的。我认为，这也是我最幸运的事情。如果从一个传统开始，第一个传统会影响第二个传统，有先入为主的负面影响。我的学习方式是一个好的开始。在这个基础上，我可以对中国哲学和西洋哲学做一个客观的比较。

问：通过比较，您觉得中国哲学和西方哲学有什么相同点和不同点？

答：搞哲学的话，对于一个现象，你要了解它、要把握它，motivation（动机）很强，无论是中国哲学还是西洋哲学都要去了解不懂的事情。当然，它们也有相当大的不同，名字完全不同，思维方式也有很大的区别。西洋哲学是从个别开始，中国哲学是从关系开始。如果谈孟子人性论的话，人性不是个别的，而是关系性的。孟子谈"四端"的时候，"仁"是关系的，"义"是关系的，"礼"是关系的，都是从关系开始，我们不要把它看成一个分离的东西，而是要受语言、价值以及家庭的影响。

问：中国哲学渗透到生活中的比较多，西方哲学往往都是形而上的内容。您能不能谈谈，在学习中国哲学，尤其是儒学的这一过程中对您个人有哪些影响？

答：从我个人来看，儒学的教化是一个事实。如果不变化，就说明你还没有开始学习儒学。西洋哲学是要离开我们日常的生活，而一个哲学家也很特别，他要依靠理性来生活。希腊哲学和基督教结合在一起的时候，这种特征会变的更明显。一个研究哲学的人，像 Socrates（苏格拉底），你的灵魂要不断往上面去追求，追求一个纯粹的目标。在基督教看来，这就变成了一个永远存在的灵魂，这是一个模范，要到天堂去。我对这样的思想没有什么兴趣，我不要离开这里，我要留在这里，在这里找到我的快乐。这就是儒学。

儒学要把生活提到一个很雅致的、很优美的境界，就像一个祖母爱她的孙子一样，是最普遍的，也是最美好的一种现象。儒学，是用一种审美的眼光去肯定生活的价值。具体地说，我们是动物，我们吃的和狗一样，可是我们可以把它提高到鱼香茄子、麻婆豆腐、北京烤鸭等最好吃的菜，吃得非常好；我们是动物，所以我们走路有脚印，可是我们能够用书法、绘画来表现出来，提高到很雅的层次；我们有声音，像狗一样汪汪叫，可是我们可以把声音做成音乐。在每一方面，我们都可以把日常生活变成家庭文化。这个跟儒学的"礼"有密切的关系。"礼"是一种提升生活的方法，把人类的生活提高到一个高雅的层次。

问：是的，儒家文化让我们的生活变得更美好。但是，有些人认为儒家文化过于看重人情关系，会产生贪污腐败、滥用社会资源等负面影响。您怎么看待这种问题？

答：我们人类是一样的，我们的生活不是在皮肤里面，走路需要地毯，呼吸需要空气，需要太阳，个别人存在个人主义的想法。西洋哲学，他们要离开我们的世界，要到天堂，什么都是目的论，什么都是将来。儒学追求的理想世界是一个和谐的世界，不是为了明天，而是为了今天。

你说的腐败现象，我个人认为这个不是儒学的问题。Association，联合的样子，这是一个现实。我们人类的生活都在联合之中，包括跟别人、自然环境以及社会环境，都互相离不开，没有办法把人抽象出来。在这个情况下，什么都是 organic（有机性的）。儒学要将我们的生活提高，腐败是另外一回事。当然，腐败和人情也有关系。用人情关系来找到一个赚钱的机会。可是，腐败不是儒学的目标，是儒者以外的人们用他们的关系来做不恰当的事情。

问：您的意思是说儒者一般不会做出这种事情？

答：如果是真正的儒者，他不会这样做的。在《论语》里面，孔子说要做"君子儒"，不做"小人儒"。对不对？在我看来，"儒"不是一个学派，不是一个教条性的意识形态，而是一个社会阶级。我们三个人是"儒"，因为我们的功能是接受以前的文化，多了解这个文化，是用这个文化来面对我们现在的问题，然后把这种文化传给第二代，使之继承下去。儒者的功能就是来更好地协调这个社会。

问：从您的身上我们能看出一个儒者对社会的人文关怀。在研究儒学的过程中，您有没有感觉到儒家的仁义礼智信对您生活的影响？

答：我想这是一定的。儒学的沉淀离不开日常生活，比如最普遍的老师与学生的关系、夫妇的关系、家人之间的关系。这在人类生活中是最重要的事。儒学对我的影响相当大。

问：您作为一个研究儒学的西方哲学家，您跟父母住在距离很远的两个地方，在处理与父母之间的关系，以及与夫妻、孩子、朋友之间的关系时，是用西方式的行为方式来处理，还是用一个传统儒者的方式来处理？

答：自从上大学以后，离家比较远，我和我的妻子以及她的家人关系很密切，和我自己的兄弟、妹妹关系也非常好，可是跟我的父母有点远。当然，我要孝顺，要去看他们，可在一起的时间还是很短暂。对于我的父亲，我一直很关心。他生了病，是一种癌症，我们找到了中国的一种药，叫自然因（音译）。这个药对我父亲的影响很大，他相信这个药，感觉吃了后会提高免疫力，不那么容易患上感冒，得癌症时 75 岁，去世时 86 岁。其实，这个药跟癌症没有什么关系，只是可以加强他的身体。这个药相当贵，多年来，我们都会给他买这个药，然后送到他住的地方去，仅仅是为了让他身体舒服一些。如果谈孝顺的话，我们（西方人）做得也不错。只是因为当时我的父亲没有办法支持我们，同时我们很早就离开父母了。我们的生活、方向越来越远，不是忽略他们，而是就是这种情况。如果有个人主义做最基本的思想，这会对家人之间的关系有影响，但这不是普遍现象。

西方人也孝顺，但不像中国人那么密切。孝道，是中国人的传统，流淌在中国人的血脉中。如果谈儒学对我的影响，可能要算我跟我夫人的父亲之间的关系。我们关系非常好，他不仅是我的岳父，也是我很好的朋友。他是加拿大人，出生在加拿大，可是他是日裔，专攻日语，在国家外交事务中担任翻译。他是个东方人，我和他的关系非常好，可能是因为我们有共同的兴趣。

问：您曾经说道"研究中国哲学的个人意义远远超过学术意义"，从这点可以看出您对中国哲学有着学术研究以外的特殊感情，这对于一个长期生活在国外的西方学者来说很是难得，您能谈一下研究中国哲学的个人意义吗？

答：《论语》说得很清楚，"入则孝，出则悌；谨而信，泛爱众而亲仁；行有余力，则以学文。"就是说，你在家庭里要做你应该做的事，在社会中要做你应该做的事，如果还有力气，就要看书。看书不是儒学，做人才是儒学。

问：据我所知，您把自己与郝大维先生的关系比作庄子与惠施的关系，你们在很多学术问题上都存在共同的认识，失去这样一个志趣相投的好朋友是非常难过的。两位先生的友谊非常值得我们学习和尊敬。作为一个年轻学者，我好奇的是，是什么动力促使您和郝大维先生保持长达20多年的学术合作的？

答：事实上，我们不是有很多共同的思想。如果要合作的话，不要找到一个很好的、软弱的朋友，最重要的是和而不同，最重要的是不一样。郝大维是美国芝加哥大学、耶鲁大学的博士，在哲学方面的能力很强，眼界很宽，他会把各种关系用图表表现出来，非常聪明。事实上，跟另外一个人写一本书的时候，这个过程非常难过。我们学者，都很骄傲，很自私，都有相当大的自我。当你把自己的稿子给另外一个人，他要给你修改，有时稿子送回来的整个一天很生气，要跑（发泄），要说坏话。这个是我，他要改我，这样让我受不了！可是，当最后看到结果的时候，你会发现，1加1就会变成3，因为彼此修改，彼此挑战，会提高到另外一个层次。最后，你要对整个一本书负责，而不能等到开会的时候别人问起一个问题，你却说这个不是我的是他的。第一，你要了解他在说什么；第二，你要同意；最后要统一。合作的过程很难，可是效果很好。所以，我一辈子的书，多多少少是合作的。我跟郝大维、罗思文合作，还和我的指导老师刘殿爵合作《淮南子》《孙子兵法》等这些书。合作，是一个很好的方法。

问：在学术界，这种合作不太常见。

答：对。这个也是我从儒学中学习到的，应该合作。

问：但是，每一次的合作都是一个很煎熬的过程。

答：是的，我的气度要比别人大两倍。因为合作，能够让我在每方面都有两个人的成就。如果一个人做的话，成就只有一半。我从 David Hall 那里学习了很多。他很年轻就去世了，当时六十几岁。我学习了那么多，对我的改变那么大，他去世后，我写的书感觉应该把他的名字写上去。事实上，"我"就是我跟他。这个也和儒学有关。我们说"make friend"和"making friend"，在儒学看来，这不是一个比喻，而是正式的，我们是彼此创造的。如果没有他的话，好像一个刀，要把你的一部分切掉。整个人都融合在一起了，不只是思想和生活。"Mind"，就是思想，这个思想存在于彼此之间的时间和空间中。Mind is in the world！你出生时，第一年第二年记不清，因为你没有参加一个共有的思想。沟通，是创造思想的一个方法。如果不沟通的话，思想永远不会进步。Mind is in the world, it's not something in a head.

问：郝大维先生对中国哲学了解很多吗？

答：没有。我很喜欢谈郝大维，我真的很爱这个人。我带他到中国来，他对中国菜没有什么兴趣。他跟我正好是相反的。

如果我要做我自己的事情，环境对我来说很重要。我在夏威夷的办公室位于海边，周围有山，很漂亮。而郝大维不一样，他做一件事情，要到图书馆去，找到一个没人干扰的地方去看书。他一个汉字都不认识，中文的资料都是在我那边。他是一个很厉害很聪明的哲学家。他西方哲学做得多，中国哲学也做得很好。我不认识郝大维以前，如果你问我"一个人不懂中文能不能学习中国哲学"，我一定会说"没有办法，中国哲学是离不开语言的"。可是，郝大维有系统性的想法，用他的宇宙论来了解中国思想的语境，并且来阐释这种语境。

我们现在有一个很大的错误。我们把谁都称为"汉学家"。可是，"汉学家"和"比较哲学家"是两回事。我们现在最大的问题是，以汉学家来定义一个标准。汉学家把中国哲学翻译成外语，如果依靠他们，中国哲学不会被承认是哲学。如果在一个书店买一本《论语》，或《庄子》《易经》，通常这些书不会被摆到哲学架子上，而是被放在东方宗教的牌子下面。庄子是一个哲学家，思想很深刻。可是，他们没有经过哲学训练和背景。如果要把它翻译成另一种语言的话，当然语言很重要，可是缺了哲学的话就做得不好。哲学有它的贡献，是一个 synaptic，它是最宽泛的，有容量的一种看法。

问：在您的文章中，您提到西方哲学中存在种族中心主义的偏见，您能谈谈具体表现在哪些方面吗？

答：这个问题的讨论已经有二三十年的历史，这是一个关于合法性的问题。据我了解，西洋哲学到现在为止，是专业哲学，是印欧哲学，是排他的。印度哲学、伊斯兰哲学、中国哲学、日本哲学、韩国哲学、非洲哲学，这些对他们来说都算不了什么，哲学是他们的工作。在一方面，我们可以责怪他，因为追求智慧是全人类文化的一种需要。可是，另一方面，由于他们的哲学家们没有参与把中国哲学介绍到外国去，所以翻译的代表中国哲学的资料标准不够高。看英文的《庄子》，有时根本就不通，他们不知道它在说什么，达不到哲学的高度。这些哲学家不参与，但是他们看汉学家翻译的资料，发现这些一点都不像哲学。

另外，也存在"自我殖民地"的问题。如果到北大去，哲学系最受学生欢迎的是海德格尔，在东京大学是康德。欧洲以外的搞哲学的，他们接受印欧哲学是专业哲学。在北大，哲学多多少少是西洋哲学，当然也有中国哲学，汤一介等人在做，但都是边缘化的，中心还是西洋哲学。现在，这个传统现在正在改变。中国自信，中国崛起了，越来越重视自己的文化。就像你们学校成立的国学院，这是一个很健康的现象。要回到你们自己的根，来找到你们的将来。这个不是排他，当然要接受外来文化，但最重要的还是回到自己的传统。

问：中国目前的社会状况也引起了很多学者的反思，都在寻找发展和突破，有些学者提出儒家文化与自由主义相结合，您认为这与实用主义相结合会有什么不同？

答：我个人认为，实用主义是实用主义，这是我的一种解读方式。如果全部用基督教或者海德格尔的框架来了解中国哲学的话，第一，会破坏中国哲学；第二，会产生第二次误读。我的方法不是一个 holistic wholesale analogy（整体性的批发），而是各别零售性的 piecemeal retail。这是一个比喻。我们看中国哲学，要一步一步向前走。如果看《道德经》，它可能和海德格尔的哲学有一点关系，所以可以用海德格尔来解释它。可是这只是一个小部分。有的时候海德格尔比较恰当，有的时候是别人的观点比较恰当，哪一种解释我们都离不开。如果不了解一个对象，就一定要通过自己原有的经验来了解它，而没有办法一下子直接去了解，所以一定要用自己的思想、语言和词汇来了解它。一个文化传统要了解第二个文化传统的时候，一定要通过自己原有的经验。可是要小心的，不要用一个东西来了解第二个东西，要把这两个东西联合在一起。

问：所以，您认为中国哲学应该回到自己原有的传统？

答：这个感觉很微妙。比如，贝多芬，不是德国人的音乐，而是全世界都喜欢听的音乐。中国人在欣赏贝多芬音乐的时候，会把贝多芬扩大，他们感觉的感觉会改变，会和德国人的感觉不一样。所以，贝多芬在中国有另外一种价值。

一方面，我们不要说我们要回到中国哲学的"根"，而排斥西方人来了解中国。因为中国哲学国际化，让中国哲学扩大，这会越来越有意义。我们要承认，比较哲学对中国哲学国际化的贡献。可是，同时，我们不要用西方的框架来误读中国哲学的传统。第一步，让中国哲学讲它自己的，让它有自己的 integrity（完整性）。第二步，要建立一个对话，对话目的在于扩大。如果开始的时候被误读了，中国哲学就会失去它的全面性。

前几天，我和我的学生田辰山去北师大讲学，第二天，有一个人姓周，从 Princeton（普林斯顿）来的学者，他跟大家说，那个外国人对中国文化什么都不懂，不要理他们。当然，如果没有不同意的地方，也不会使我们感到高兴。他们不接受我的说法，这个也没有问题。我跟中国最优秀的学者像陈来、张祥龙、梁涛有很密切的来往，从来没有感觉到他们会孤立老外，他们也没有认为老外很浅薄，都相处得很好。我的立场和他们不一样，"不识庐山真面目"，我不在"庐山"，我在外面，从外面来看中国的传统，不是因为我比他们聪明，或者我比他们了解得更深刻，但至少这是另外一个立场。

问：是的，不应该排斥外来文化对中国的影响。这就像中国传统和基督教的关系一样，几十年前，基督教刚在中国人身边出现的时候，很多中国人是排斥它的。发展到现在，很多中国人已经开始慢慢接受它了，就像当时中国接受佛教一样。

答：对，现在中国出现了一些家庭教堂。这个现象很好。我个人认为，中国的基督教是中国人自己的基督教，中国的佛学，禅宗、三论宗、华严宗等，这个跟印度佛教关系不大，当然，印度是它的来源，可是这个是中国的一个文化。我完全同意你的看法，将来中国的基督教会变成中国自己的一个文化。

问：现在，中国有的乡村里，有些老太太在做礼拜的时候，会给耶稣烧香，有时候还会跪拜。

答：对，我了解，她们会用传统的典礼来表达她们的心情。同时，她们认为这是她们的快乐所在。不像西方一样，一个人做了一辈子的坏蛋，生命最后一刻说"我爱Jesus"，然后他就可以上天堂。我估计这不是中国人的想法。在西方，基督教是一个信仰结构，而在中国，它只是一种实践。

问：中国人信仰基督教，很大程度上是把它作为一种调整自己生活和心情的一种方式。

答：对，这个很妙。我在武汉教书的时候，我碰到相信基督教的中国学生，就挑几个人问了一下，看他们是不是真的像西方人一样相信基督教。我发现，信教只是他们的一种手段，而不是一种信仰，平常的时候他们要学习英文，或者要找一个机会到外国去，他们都有一个目标。富布莱特派一些教授们到武汉大学去，他们用这个机会来传教，跟学生们谈他们的宗教。后来，我回到北京，就和大使馆说，富布莱特不要派这种教授到中国来，传教和学术是两回事。利用讲学的机会来传教，这是不应该做的事。

在中西方文化里面，"超越"是两个不同世界的理论。一个是先有理念，然后有表象的世界，这个世界是天人为二，上帝先来到世间，然后创造了人类。也就是说，上帝是西方二元论、基础主义、目的论、形而上学的来源。中国的传统是自然而然，没有一个世界以外的超越性的来源。当然，中国有自己的"形而上学"，但是它存在于天地人三才之中，是互相性的，有阴阳论等范畴。

问：就目前西方文化的发展来看，"上帝"的理念也在发生改变。以前的"上帝"是绝对的、唯一的、不可冒犯的。现在的"上帝"似乎也在寻求与人类的对话。

答：你说得对。21世纪的西方，出现了内在自我的批评。达尔文攻击的目标是神造论和物种不变论。达尔文以后，出现了phenomenology（现象学），其中很多活动是在排斥基础主义、系统哲学。所以，我们不需要到中国文化中去寻找，西方自己都排斥"超越"，杜威、怀特海他们都在试图打破这种唯一的哲学谬误。西方自己的变化很大。

以前的西洋哲学没有办法跟中国哲学对话。为什么呢？因为我们有唯一的上帝，有唯一的标准，你们一定要听我们的。所以，在这种情况下，没有办法对话。现在到中国的书店去，你们把西方所有的著作都翻译成了中文。可是到了西方国家的书店，连你们最了不起的学者梁漱溟、唐君毅、牟宗三，他们的翻译著作几乎没有。所以，西方还是应该反思一下自己的"黄金标准"。

问：相对而言，中国的皇帝在中国人心中也有这样类似宗教性的特征，他们被认为是神圣的、不可超越的、不可冒犯的。

答：对，他们被称作"天子"。但是，他们终究还是一个传统性的人物。就像尧、舜、孔子，一方面他们是圣人，可是他们不是时间空间以外的客观性存在。这不是宗教，而是一种宗教感。制度性的宗教与宗教感有什么不一样？在制度性的宗教中，我与你都具有一样的价值架构，把我们看作一样的存在物，要我们形成一致性的思想。看杜威和爱默生的作品，你会发现宗教感就是我们每个人都可以做一个了不起的自己，彼此尊敬，而不是去做一样的存在物，因为我们条件不一样。宗教是"同而不和"，宗教感是"和而不同"。

问：当前学术界掀起了研究荀子的热潮，认为荀子思想更适用于今天的社会。对于荀子及荀子思想，您是如何看待的？

答：荀子很值得研究。因为人的生命不够长，所以我没办法深入研究，但是我有几个学生在研究荀子，并且发表了英文的论文。

我个人认为，荀子是第一个误会孟子的人。他的"孟子"不是真正的孟子，他把孟子"性"的概念看得太简单了。孟子认为的"性"是一个创造，"善"是一个成就，"四端"（仁义礼智）不是本质存在，而是一个人一开始的外在条件。而荀子却认为孟子所说的"性"是已经存在的一个成分，所以他认为孟子不对。这个是他对孟子的误会。一个刚出生的婴儿，不是一个单独的存在，她有一个母亲，有一个父亲，有一个社会和一个文化传统。婴儿是关系性的存在。"四端",是她的母亲爱她(仁),她一出生就是这个母亲的女儿(礼),她的母亲有她的思想和传统文化(智)等。

西方人很喜欢荀子,因为荀子比较像西方那种擅长辩论的哲学家。荀子也好,孟子也好,但是我们不要让荀子误会了孟子。

附录二　探寻儒学与西方哲学对话的中庸之道

——田辰山教授访谈①

问（李文娟，以下省略）：田老师，您好！首先我想了解的是，从安先生的著作中，我们可以看出他对中国哲学的解读受到了港台新儒家的影响，尤其是唐君毅的观点对其影响至深。您能具体谈谈吗？

答（田辰山教授，以下省略）：从中西哲学比较来讲，唐君毅提出了一个非常好的概念——"一多不分"，安老师就是从他这里接着阐述的。如果你不看唐君毅的"一多不分"，就不明白安老师讲的是怎么回事。关于比较宇宙观，唐君毅先生一共讲了七点，其中有一点就是"一多不分观"。港台新儒家中对他学术起到启发作用的主要是唐君毅，再就是钱穆。

问：如果更具体一点，除了唐君毅先生"一多不分观"之外，安老师在孟子人性论方面也受到了他的影响。

答：他谈到"一多不分"的时候就讲到过孟子，谈到对

① 2015 年 1 月 27 日，于北京外国语大学采访田辰山教授，以安乐哲先生治学方法为主题线索。

"人"和"人性"的看法。安老师讲课时用到过唐君毅的好多资料，有时间你可以看一下。

问：好的。其他学者，比如葛瑞汉、芬格莱特等人对安老师也有影响。

答：葛瑞汉是他的老师。还有陈荣捷、劳思光都对他有影响。但是，在我看来，安老师的理论，从体系上来讲，等于是唐君毅体系的延续和发展。如果说这个体系在唐君毅那里比较初步，在安老师这里等于是成形了。这是我的看法。

问：港台新儒家的特点，是以儒学来比附西学，对儒学采取哲学化的解读。从这一点来看，您认为安先生与港台新儒家有何异同呢？

答："以儒学来比附西学"，这个说法不对，应该是"以西学来套儒学"。这也是一种比附，用西方的概念来比附中国的学说。比如，有人说孔子的"仁"就是"民主"，仁学就是民主学，就是西方的自由民主。其实，这是两套完全不一样的理论。

问：牟宗三先生多用欧洲的哲学来解释儒学。

答：牟先生用的是西方康德的理论来比附中国的东西。当然，港台新儒家这样做，在历史上是具有功劳的，而且历史功绩很大。功绩在于他们用这种方式来告诉西方人，我们中国哲学也不错，使得西方人不能完全否定中国文化。就这样，他们保留了中国文化的一席之地。但是，他们走了一条迫不得已的道路。安老师的研究方法和新儒家的完全不一样。安老师所做的研究，就是要告诉大家中国文化和西方的不一样，西方思想有形而上学、超绝、二元对立的抽象，中国是经验的、从生活中总结出来的。中国人看问题是从现实当中看的，而且是整体性地、互相联系地看问题。安老师为了给西方人讲得更明白，他把实用主义拿出来，说中国文化就像实用主义似的，不再讲形而上学，而是从现实出发。所以，他说如果西方人要想真正了解儒家，可以先学习一下实用主义。

问：前段时间，安先生在报纸上发表了一篇文章，题为《儒学与世界文化秩序变革》，提出"不能留恋个人主义"的观点，社会上出现了正反两种不同反响。

答：发在《人民日报》，我给他翻译的。现在整个社会意识形态都是个人主义。网上一些乱象如犯罪活动、丧失道德底线、完全从个人出发，还有一些歌星强调个人成功等，这都是个人主义。安老师认为，个人主义意识形态对社会发展会起到阻碍作用。现在的情况是这样的，世界要向好的方向发展，西方就不能留恋个人主义，吸收儒家文化来补充自己的文化。儒家文化要继续发扬下去。

问：安老师对盎格鲁—欧罗巴哲学体系采取批判的态度，其理论基础立足于美国哲学，尤其是美国的实用主义。您能谈谈两个哲学体系各自的特点吗？

答：欧洲从苏格拉底、柏拉图到亚里士多德，他们建立起来的哲学体系就是形而上学，就是超绝主义、二元对立。这种哲学体系从古罗马一直延续到现在的基督教传统，中间插入了一个文艺复兴。文艺复兴实际上是要把已经出现的形而上学打掉，完全从人的经验的角度出发，它是一种人文主义。人文主义否定抽象，否定形而上学，否定上帝，走到个人至上。这样

一来，个人就成了上帝，上帝就和个人联系到一起了，个人的
东西都是上帝支持的。所以，西方启蒙运动以后到今天为止，
讲的都是个人主义，是科学的、理性的东西，核心贯穿的都是
个人主义。

问：也就是说，之前西方传统认为上帝是超绝的，现在转
而认为个人利益是超绝的。

答：个人利益为什么是超绝的？因为是上帝给我的。即使
不是上帝给的，也一定是什么其他的一神（Deity）。现在的情
况是，以前的上帝被打掉了，西方有人们在改教的基础上去信
仰上帝，认为上帝是支持个人努力的。虽然有的人们已经不信
仰上帝了，但他相信有一个跟上帝一样的唯一来源。今天的思
想体系有一个超绝的东西在那里，这跟信不信上帝不是必然
关系。

问：安老师也信仰上帝吗？

答：理解安老师的东西要明白两点：一是他指出的是西方
超绝的、形而上学的、二元对立的理论；二是他作为一个经验
主义者、实用主义者，讲的是人的生活、人的经验、现实的内
容。安老师的学术最核心的工作就是要将这两个东西分开。他
讲实用主义，是对形而上学的批评；他讲儒家，是为了向西方
说明这个东西是中国本土发展起来的。

问：既然安先生认为儒家可以补充西方文化，那么他也赞
同"儒家具有普世（适）性"这一说法吗？

答：其实很应该弄明白的是"普世性"。什么叫"普世
性"？"普世性"就是上帝性，因为上帝才普世，绝对真理才普

世。中国人的"普世"概念不是这个意思。理解安老师的研究，一定要把这个概念搞清楚，不然会导致误解。"普世"的英文是"Universal"或"Universality"。在西方看来，普世主义就是上帝主义，就是唯一的真理主义。中国人讲普遍的、有意义的、普遍可用的东西恰恰是人类经验的、实用性的东西，而不具有绝对性，这不是普世性。这是中国学界的一个大问题，大家都在讲中国的普世性，可是西方却不承认它。中国在讲普世性的时候，其实不太清楚西方普世性为什么不行。西方普世性不行，是因为它是上帝的、绝对的东西。我们中国人恰恰不相信有绝对的东西存在，而是什么都讲相对性，比如任何事物都讲阴阳，事物与事物之间也都是联系在一起的，这不能叫作普世主义（universalism）。中国的和西方的"普世性"一定要区别开来。

问：可是我们中国人通常会用普适性来表达，是"适合"的"适"，不是"世界"的"世"。

答：区别不是在中文字眼儿上，关键是把它同西方概念的"普世（适）"区别讲出来。如果认为就是英文的"universal-ist"，那就是错误的。所以我们在讲自己"普世"、用自己的语言说话时，一定要明白自己是在说哪个。

问：安老师探讨儒家哲学的前提就是想给西方哲学一个补充，如果他不承认儒学普世性的话，那儒学将是一种什么角色？

答：不是普遍适用，而是作为另一种文化的一个参考。他想告诉西方人，儒学文化是值得借鉴的，因为个人主义意识形态不是从人与人之间关系出发的。儒学是很讲人与人之间不分关系的，值得西方思考，值得如何想办法怎么才能把它作为自己的文化部分。

问：可是就凭美国这种自傲的个人主义，它能接受儒学的理念吗？

答：这个问题我想要这样考虑：学术本身是一个问题，学术之外的人们的态度是另外一个问题。个人主义意识强为什么不接受别人的理念？就是因为太自傲的态度。自傲就会产生不懂、盲目、认为自己最棒这些后果。安老师是在讲这个道理：我们不是最棒的，我们的意识是什么，它导致了什么，再看看中国儒学是不是值得我们考虑考虑，我们是不是应该对它有所认可？这也是学术界一个很大的问题，把逻辑、思维、思想本身跟它产生的效果混为一谈。事实上，这是两码事。首先要把理论搞清楚，其次才能明白它适不适合应用到现实当中，以及怎么去用。"知行合一"，首先要明白"知"是什么。"知"可能是从现实当中总结出来的，但是形成了一定的理论之后，现在又要重新去用它，如果环境、时间、地点都不是你总结理论时的那个样子，那你在"行"的时候就得根据情况的变化而变化。这其中就有一个"思想本身是什么"的问题。

把现实当中的东西看作某一特定思想的东西，往往会有偏差。从思想落到现实，那距离很大，甚至有很多是完全扭曲的。别看打的是儒家旗号，用的是儒学理论，可是执行过程很可能跟儒学思想对不上。比如有人说："西方是主观、客观分开谈的，因为分开谈，所以它就清楚，就有逻辑感；中国是不分的，所以中国人糊涂，没有逻辑感。"这就是理论和实际的问题。在现实当中，主客观肯定是分不开的。我们中国人就是从现实生活出发的。要是主客观都分开的话，那中国哲学就不是中国哲学了。西方人把现实中不能分开的东西硬是切开了，切开的优点是有利于看问题，有利于分析；但是，切开后就不是现实了。这个道理，必须要看重。可是，现在人们似乎给予很少关注。20世纪八九十年代，韦伯的理论受到大家追捧，其实他自己讲得很清楚，他说为了利于分析才把两件事分开说，实际上两者在现实当中是分不开的，它们是一回事。所以，如果把韦伯分析的理论应用到中国，这是要出问题的。安老师看到儒学有价值的地方，就是"一多不分"的，把关系考虑进去。中国人是在关系中生活的。

问：我们知道，安老师受到美国哲学，尤其是杜威实用主义的影响，认为杜威实用主义与中国哲学存在可沟通之处。

答：是啊。他觉得在美国哲学中，比较能和中国哲学沟通的，是杜威的实用主义。其实"实用主义"的翻译不恰当，应该是"实验主义"。

问：安老师所提出的理论和杜威的实用主义还是有些区别的吧？

答：不一样。杜威是从美国的文化出发产生的一种美国本土哲学，有中国思想的影响，但是他没有去深入研究中国哲学。安老师采用的是一种比较哲学的方法，他的深度和高度就在于他对中西两套哲学都有研究，而且在两个哲学之间的比较上提出了很关键、很重要的、别人没有看到的理论。

问：您认为在美国哲学与中国哲学是否具有天然的联系？如果有，表现在哪些方面？

答：这说的还是杜威的"实验主义"。美国"实验"主义和中国哲学在经验方面有相似之处。作为英国人或美国人，生长在西方文化背景之下，要想知道儒学如何，就得先了解"实验"主义；美国"实验"主义和儒学比较能对上话，虽然不是完全一样的，但是思维、整体看问题方面有些雷同。

问：安老师在谈到"实用主义"时，有时会使用"实验主义"这个词，不知二者有何区别和联系？

答：实用主义与实验主义是在中文翻译层面上产生的误解。我们过去把"Pragmatism"翻译成"实用主义"，很多人就会把"实用主义"等同为胡适所谈的"自由主义"。实际上，杜威的"实用主义"不是像胡适所理解的"自由主义"。杜威本人不是自由主义，他是不同意自由主义的。安老师在要纠正这一点的意义上，认为把杜威的"Pragmatism"翻译成"实用主义"是有误的，翻译成"实验主义"更为恰当。

什么叫"实验主义"呢？"实验主义"就是在现实经验生活性的，带有经验性的效果，如果有效果就去做，如果不正确就去修正。

问：美国学者爱默生在《美国学者》为题的演讲词中，告诫美国学者不要让学究习气蔓延，不要盲目地追随欧洲传统，不要进行纯粹的模仿。另外这篇讲词还抨击了美国社会的拜金主义，强调人的价值。被誉为美国思想文化领域的"独立宣言"。在安老师的思想中，也存在对"走出传统""强调人的价值"的呼吁。您是否赞同安老师有"爱默生情结"的说法？

答：爱默生的这篇文章我知道，但是没看。这个说法一看就是非常符合逻辑的。实用主义就是批判欧洲传统，是美国本土哲学。这里讲的"学究习气""盲目地追随欧洲""模仿""拜金主义"，其实讲的就是在美国大学里面和美国学术界占主导地位的是欧洲超绝的非经验性学术。这是很符合实际的。爱默生抨击美国的拜金主义，实际上就是批判个人主义、自由主义。他强调人的价值，不是我们现在所说的个人主义意识形态的个人价值，而是像儒学讲的天地人、人不脱离宇宙，在不二关系上这样的人的价值。

问：安老师也曾经提到过，在我们中国的北京大学、日本的东京大学等一些学校里的哲学系讲的主要是欧洲哲学，本土哲学处于劣势。看起来，在美国也是这种情况。

答：对啊。安老师批评的就是这种情况。"实验主义"在美国地位很低，它不是一个很被认同的哲学体系。在美国，实用主义被认为是上不了高雅之堂的，欧洲哲学占主体。他们认为欧洲哲学才是真正的学术。中国、印度、日本、美国哲学系讲的都不是本土哲学，讲的都是欧洲哲学。所以，这是整个世界的问题，都拿自己的东西不当哲学。安老师也强调"走出传统"，按他的说法就是"走出庐山"，只有走出去才能明白自己的传统。西方人要走出西方的传统，来看看中国讲的是什么。中国人要走出自己的"庐山"，走进西方、了解西方，回过头来再看看自己才能看明白。非常好的一个比喻。安老师"强调人的价值"，就不是个人主义价值。个人主义强调的不是"人"的价值，而是"一己"的价值。中国文化强调的才是"人"的价值，这是整体人类的价值，是与宇宙相联系的价值。

问：您是否赞同安老师有"爱默生情结"的说法？

答：安老师的真实身份叫作"新实用主义者"（New Pragmatism）。安老师的"新"，就在于他是比较哲学当中产生的对美国实用主义的特殊理解。就新实用主义来讲，爱默生也在其中，他本身也是一个实用主义者，具有美国"实验主义"的思想。爱默生讲"人"，是把"人"放到环境当中去，基础是人与环境的关系，安老师在讲课时列举过爱默生的许多观点。不过，也不能说安老师有"爱默生情结"，只能说是安老师用爱默生阐述美国"实验主义"和儒家思想时具有雷同性。爱默生在安老师的课堂上不算特殊的一位，但是提起来也是必然会引用的人。在美国思想文化传统当中，也有雷同于中国儒家思想这样的思想存在，也是一种很有价值的文化资源。这样的文化资源应该被大家拿来所用，应该成为大家需要注意或考虑的问题，不要动不动就讲个人主义。

问：在比较哲学视野下，安先生所提出的儒家式的民主主义与西方传统观念中的民主有什么不同？

答：他讲的民主是"实验主义"的民主，这和一般说的西方的民主不是一个概念。儒家的民主和"实验主义"的民主，就是从人的关系出发，讲的是个人在社会中怎样更好地处理关系，社会怎样来照顾这个关系。我是搞西方政治学的，个人主义意识形态的民主，不是像我们所说的维护劳动人民、大多数人的利益，它是一套程序架构，包括上帝、个体人，个体人之间竞争，竞争之后优胜者形成利益集团，利益集团再互相竞争形成了三权鼎立，三权之间还是竞争的，这套程序完了之后才是所说的"民主"。所谓的"民主"，就是保障了一些个人的争夺性、成功性，最后成功的个人获得了上帝给予的自由、幸福、权利、健康等各种各样的好东西。这和我们中国讲的民本意义的"民主"不是一回事。安老师认为，个人主义、自由主义意识形态是个虚构。

问：这样看来，西方的"民主"是一条使上帝赋予你更多东西的道路。

答：对。西方现代"自由民主"有四个假设概念：上帝是存在的；人性是邪恶的；曾经人类经过一个自然状态（State of Nature）。按照霍布斯说法，这个状态就是个人与个人之间自由竞争、争夺，包括杀害对方的性命；为了结束这个自由状态，大家要订立一个契约（法律），互相竞争但要避免互相杀害，要让渡一些权利，接受强制政府的权威。

问：前提是人性是恶的，所以要用强制的手段来控制。

答：对。所以一讲到民主，如果头脑当中首先想到的不是这四个假设概念，而是中国民本意义上的人民的利益、言论的自由，就会产生误解。西方根本就不存在儒家理解的这种民主，它是一个不涵盖道德观念的政体。中国人所追求的民主，实际上就是民本。我们理想中的西方民主是从民本的含义上去理解的。

问：安老师经常讲到儒家的审美秩序，您能具体谈谈吗？

答：审美秩序，就是说儒家看事情是"一多不分"的，万物都是联系在一起不可截然而分的，事物之间是分不清楚的，不可严格地分清楚就是美学的含义。任何一种美术品，都不是严格地按照理性、科学、机械那样分清楚各个部分，各个部分也不是单线联系的。审美之所以美的意义，就是因为它没有单一的秩序性，没有二元对立性，就是一种模糊性、浑然一体性，互相是不可缺少的。安老师经常用这个词，因为它用英语来表达是可以说明问题的，如果翻译成中文使得中国人也能理解它的意思。所谓美学，就是美感的模糊性，是一种积极的模糊性。

模糊性在理性上是一种负面含义，但是在美学上具有积极性。

问：接下来我们能不能谈谈西方宗教的问题？

答：西方宗教就是以神为中心的、具有机构组织形式、信仰超绝主义、二元主义、唯一、绝对"真理"。

问：安老师是基督徒吗？

答：没有问过他。但一般是英国、美国家庭里的孩子从小都会是。不管是否是，他是属于一种现代、后现代思想家。现代应该说是文艺复兴接着的启蒙之后，就是否定过去宗教的传统，今天又进入一个后现代。后现代很多人都不信上帝了。从我对他了解，安老师是不信上帝的。

问：在西方，哲学与宗教是一种什么关系？

答：西方的哲学与宗教是精神追求上可看成是不分的。宗教是信仰，哲学是追求唯一真理的知识。西方宗教是信仰唯一的神；西方哲学就是追求一个唯一本源，追求外在的真理在哪儿，追求跟真理有关系的各个方面的分支下来的问题的知识。

问：在中国，哲学和宗教的关系似乎不是这样的。中国的佛教、道教的经典和教义都被当成哲学问题来看待。

答：中国的"宗教"概念是现代概念，它常常与迷信有相混合的意义。中国的佛教不像西方的基督教，中国化的佛教它是一种智慧，是一种世界观，并不认为有一个唯一的真理、唯一的神。就是释迦牟尼也是要告诉人们大千世界是多种多样的，互相联系的。

问：您说得很好。在中国，宗教是一种智慧；在西方，宗教是一种信仰。

答：对。其实在我们看来，"宗"是延续性，文化从古老的年代延续到现在；"教"是一代一代传承下来的教化。"宗教"（Religion），是从西方翻译过来的词汇，不是基督教就是其他西方宗教，它相信某一个神，有一套规则，有一套组织，有一套膜拜的形式。来到中国，它就具有了负面性。一直到现在，我们经常一听有人信仰宗教都会觉得这个人不太对头，因为他信仰"六合之外"有神灵性的东西。

问：牟钟鉴先生讲过，中国的宗教是宗法性的宗教。

答：对。中国人信仰的是我们的祖先、我们的文化英雄，像孔子、老子、庄子这都是文化英雄。文化英雄就是文化的体现者。这些人的文化是中国主流的文化。这些人都不是上帝，所以跟西方宗教是两码事。

其实宗教是哪里来的？为什么会有宗教？是因为人们需要互相之间有联系，在一块儿生活。人的"群性"，或者说"好凑群性"，这种"好凑群"的心理状态叫作宗教感（religious-ness）。起初就是大家伙凑在一起做游戏，就像中国人过家家，有一个正确的、唯一的、能够审判一切的形象，慢慢就形成了一种宗教。宗教的作用就是将单个的个人联系在一起，形成了一种社区，使得社区里面的人们达成一种共识。宗教感，有人的群居性，可这不是"religion"的意思，在人性上来讲，它是人们倾向一起凑群、一起活动的这样一种心理状态。所以，安老师是从宗教感的角度来理解儒家的。

问：在儒家看来人神是互动的，人与神是互相影响的。

答：安老师的意思是，儒家也好，道家也好，都是以人为中心的宗教感。西方是以神为中心的宗教。

问：在您看来，中国哲学与欧美哲学以后的未来走向将是怎样的？

答：我的看法是将来互相之间有更多的理解。中国理解西方越深刻、越透彻，越不会被西方传统的负面东西所"染指"。西方越了解中国，将来就越会意识到中国哲学是值得重视的，认为中国的东西会是好东西。我说的是一般的人们，不带任何政治与意识形态偏见的。

问：现在的情况好像是中国人愿意主动去了解西方，但西方对中国还是有一些排斥。

答：这就是中国文化的长处，中国文化是开放性的，中国人的心理状态也是开放性的。有向别人学习的意愿这种文化元素，恐怕是中国文化的一个特质，而且这种元素很强盛，根子就在于中国思想传统不追求绝对性，谁好就向谁学习。而印欧追求超绝性的意识不少地表现排他性：我这个民族是最优秀的民族，是与上帝关系最直接的，别的民族都是次于我的。

问：与中国这种开放性相对而言，美国意识形态在这方面是比较保守的。

答：是的。我们过去总认为中国传统保守、封闭，其实不是，有理由说中国文化是最开放的文化，自古以来就是如此。恰恰是追求超绝性的意识传统更具封闭性，它们把整个宇宙、自然万物都信仰为是上帝创造的，如果没有假设的唯一本源，就不知道该怎么解释一切，就不知道该如何思考了，任何不讲上帝或有个唯一本源的东西都是不可思议的。所以，传统思维具有封闭性是这个原因造成的。

问：您能否简单谈一下"夏威夷学派"？

答："夏威夷学派"是有学者提出来的，严格来讲，它不是实体性的，而是一种学术方法。这个提法是蔡德贵老师的，他发表过文章，把"波士顿学派""夏威夷学派"这么区别了。他的这种分法与实际情况基本一致，因为"夏威夷学派"确实就是阐释学，安老师的这套理论就叫作比较中西哲学阐释学。

当然，比较中西哲学阐释学对于把中国文化讲清楚、转述出去是有重要作用的。现在，往往提到中国文化"走出去"，人们就想到要做翻译中国经典的工作，会很少想到最主要的还不是翻译，因为以往翻译为西方语言的经典，很多情况下被变成了含有基督教意义的东西。安老师是想提示我们，翻译中所用的词汇很多都是很成问题的。近代以来，中国知识分子是在采用西方理论框架和概念来说话的，这样已经说不出来中国老祖宗的那些思想，而是把丰厚的中国文化简约化了、削薄了。我们现在要想把自己的文化说清楚，而且向外国人说清楚，必须要借助比较中西的阐释方法。

问：不是用词汇来对译，而是要用比较的语言来解释。

答：是的，因为我们中国人已在很大程度脱离自己的文化语义环境了。中国文化"走出去"，已不是把它翻译的问题，而是把中国阐释出去。阐释的方法就在于跟西方相比照，说清楚西方怎么样，我们在哪里跟西方不一样，把不一样的东西阐释清楚了，我们的文化就"走出去"了。

问：从安老师的书中可以看出，他通常用西方的第一问题思维来与中国儒家思想相联系。

答：他之所以这么联系，是因为西方的第一问题思维跟我们中国的主流思维是雷同的，它是讲万物之间互相联系，没有超绝性，但是这套东西在西方没有发达起来，在中国文化传统中发达起来了。同样，中国传统也出现过一些很讲究逻辑的学派，像墨家、名家，但是这种倾向在中国没有像在西方那样发达起来。

问："关联性思维模式"是安老师认识儒家哲学时所采用的重要学术词汇，您能讲讲其具体内容吗？

答：这是安老师学术中很重要的一个词汇，英文是"correlative thinking"，我是将它译为"互系性思维"。为什么叫"correlative thinking"？就是因为中国人的思想传统、哲学、儒释道讲任何事情都是从一切事物的互相联系出发的。中国人思维的一个特点，就是把世间万物都看成是互相联系在一起，"一多不分"的，事物之间划分不出严格界限。"correlative thinking"就是这个意义。《易经》是典型的中国互系性思维开始，中国的儒释道思考问题都是如此，包括我们的语言都是一种互系性语言（correlative language）。

问："关联性思维"是安老师自己提出的，还是从其他学者那里借鉴的呢？

答：其他学者用过这个说法，像葛瑞汉、李约瑟，安老师是从他们那里把这个词汇沿用过来的。不过，这个词汇在他这儿获得了充分阐释。

"互系性思维"是中国与西方哲学相区别的关键性词汇。

西方不是"correlative thinking"，而是超绝的、二元对立的、分割的、独立的、单线单向的思维模式。"correlative thinking"，如今安老师有新的发展，他最新写了一本《儒家角色伦理学》（*Confucian Role Ethics：A Vocabulary*），其中有一个新的说法叫作"primacy of relationality"，是"以关系为本"的意思，用来区别于西方文化传统的 primacy of individuality（"以单子个体性为本"）。最近这些年他经常用这个词，对此作了新的更深刻阐述。中国人的思维方式是"correlative thinking"，中国人的语言是"correlative language"，中国人的宇宙观是"correlative cosmology"。从这里可以得到启示，中国人最看重事物的内在联系。中国人异乎寻常地注重"天人合一"，也即天与人之间的不二关系，以至将"天人合一"都作为中国人的价值观。

问：西方是否存在这种关联性思维模式呢？

答：西方主流不存在，但是支流有，就是刚才提到的西方的第一问题思维（first problematic thinking），那是一种"correlative thinking"，讲世界万物是联系的、变化的。就像现代在中国传播的马克思主义，它就是讲没有上帝的，万物之间互相联系的，宇宙是运动的等。这样一说，我们就知道马克思主义为何这么容易被中国人接受了，是不是？从西方，中国人不是想拿什么东西就能拿来的，它有个前提，就是必须符合中国宇宙观与思维方式。当然，安老师没有做马克思哲学的研究。另外，值得注意的是，中国人曾将黑格尔的辩证法理解为与中国思维很接近的，但其实是一种目的论，在根本上是二元对立的，跟中国的是不一样的。尤其是马克思哲学当翻译为中文之后，会让人感觉与中国的哲学非常合辙，所以非常容易被中国人接受。

很有理由说，在现代西方哲学中，马克思的思想是最接近中国的，比恩格斯还要更接近中国。在一个历史时期，马克思哲学曾经对欧洲哲学主流构成强大冲击，形成了很大的社会舆论和反响。所以西方人是忘不了他的，评选西方大的思想家时总是少不了他。

问：安先生除了提到关联性思维之外，还经常提及审美秩序，二者之间有着什么样的联系呢？

答：这两者是一套东西。互系思维跟西方超绝的、二元对立的思维相区别开来，它就是一种审美秩序。也就是说，它不是单线单向的、二元对立的，而是一种物与物不二不分关系的，分不开就会模糊的审美性。所以，审美秩序是区别于超绝单一秩序的一种宇宙观和思维方式。

个人主义意识形态认为什么都是独立的，这成为一种心理状态。甚至会导致认为如果什么东西都是分不开的话，似乎心理上都难以接受，所以想尽各种办法把事物或事情分开来看。分开来看，人就会觉得比较妥当，感觉就有抓手儿了。只要是能划清了，心理状态就有安慰了。如果事情总是变化的、分不开的、没有一个稳定的状态，就会感觉不安，个人利益也会受到损害。假设一个上帝意味了什么？意味着自然和人类社会太不可理解了，变化太大了，抓不着把不稳，心理上太不能安了。假设一个唯一的、不变的上帝，一个根源来处，一切都会有确定性，心理上就有慰藉安定。哪怕假设是不对的，但是有这个心理状态，以它面对变化的一切，心理也会产生平衡。现在中国有很多人信仰基督教也有这个原因，因为这个现实社会对他们太不可理解，太不可把握，太不能使自己心灵安定了。所以，如今不少中国人也是这样。不同的是，中国的哲学不是为我们提供一个信仰，而是要教化我们如何在变化中理解变化，找到变化的内在联系的"道"，找到变化与变化之间的产生发展过程，然后我们也跟着变化，就会变得更聪明。

问：在这种环境下找到最适合自己的位置。

答：对，要面对变化，而不是说要逃避现实。

问：也就是说，这种变化性、关联性的思维模式可以让人得到更好的提升，潜力得到更好的发挥。就像安先生所说的，西方认为"人性"是"nature"，即固定的、不变的，而他认为中国的"人性"是一个变化的过程，而且会随着个人对文化的吸收发展得越来越好。

答：安老师是有这种说法的，即中国哲学是一种智慧哲学；西方哲学是一种知识哲学。实际上就是怎样去理解和认识事物的思路不同。西方要把它掰开了、揉碎了，瞧瞧里面究竟是什么，就像剥洋葱，看看最后是什么。这是一种知识。而中国不是掰开、敲碎，而是面对事物每天都会产生变化，想办法求找它是怎么变化的，是什么内在联系，一个什么过程，然后根据变化而适应或驾驭变化。这就是一种智慧，是一种乐观对待世界的态度，这就是一种审美，中国人的生活就是艺术。安老师讲"德"，把它翻译成英语"excellence"（卓越不凡），就是说掌握了生活的变化之"道"（得道/道得），而且会自如地随着"道"的变化而变化地对待，这显示你在认识世界的艺术上达到很有造诣的程度。只有翻译成"excellence"，西方人才能明白中国的"德"是什么意思。西方的"德"是"virtue"，它本身就是上帝赋予的、与生俱来的。二者完全不同。所以，理解安老师的思想须从注意语言问题开始。理解中国哲学，牵扯到很多语汇，中国的语汇和西方的概念都不是一回事。

问：安老师在《通过孔子而思》一书中提到过"跨文化时代误植"。所谓"跨文化时代误植"的具体含义是什么？

答：这个概念应是"时代错置"，是一种哲学谬误。可以说形而上学的抽象哲学是一种"时代错置"哲学。因为在理解现实社会、现存事物的时候，历史被狭隘地理解为追溯某一既定理论结构。它不是根据现存的东西去理解，而是要找到这个现存的东西在两千年以前的假定虚设前提，比如什么事情都要找到上帝的原因那儿去，解说什么事情都要含有上帝的原因。有了上帝这个"第一原因"，任何现实出现的事物才获得它本身的意义。这就是"时代错置"。孔子儒学恰恰不是"误置"的，而是现实的经验。

问：为什么说是"错置"呢？

答："错置"，就是把时代前置了，错放地方了。明明是现实的存在，非要把它放到两千年以前，这不是放错地方了吗？还有一点非常重要，西方思想传统是把结论当成前提的，这是逻辑上的错置。所以，不少西方思想家对自己的思想文化传统有很多这样的批评。安老师的《儒学角色伦理学》一书中，前面有一大段是关于对西方哲学的一种批评，提到很多这样的错误。看过以后，你就会明白什么是"时代错置"。

问：依照您的说法，安老师是在提醒西方人这种"跨文化时代错置"在中国是不适用的？

答：是，中国不是这样一种思想传统。

问：就是说外国人看中国的东西，也不要有先入为主的这种观念？

答：对，就是这个意思。提醒西方学者，看中国的东西不要带着西方人自己的各种思维套路，"时代错置"的哲学谬误。中国人没这种哲学传统，你要把这套路子放到一边，才能去接近中国。

参考文献

一 古籍类

（东汉）郑玄注、（唐）贾公彦疏：《仪礼注疏》，上海古籍出版社 2001 年版。

（东汉）许慎：《说文解字注》（第 1 册），段玉裁注，商务印书馆 1936 年版。

（宋）陆九渊：《陆九渊集》，钟哲点校，中华书局 1980 年版。

（宋）朱熹：《四书集注》，凤凰出版社 2005 年版。

（宋）欧阳修：《欧阳文忠集》（上下册），商务印书馆 1936 年版。

（元）朱公迁：《诗经疏义》，北京师范大学出版社 2013 年版。

（清）崔述：《崔东壁遗书》卷三，顾颉刚编订，上海古籍出版社 1983 年版。

（清）王聘珍：《大戴礼记解诂》，中华书局 1983 年版。

（清）胡培翬：《仪礼正义》，江苏古籍出版社 1993 年版。

（清）朱彬：《礼记训纂》，中华书局 1996 年版。

二　中文著作类

A

［美］安乐哲：《和而不同：比较哲学与中西会通》，温海明译，北京大学出版社 2002 年版。

［美］安乐哲、罗思文：《〈论语〉的哲学诠释》，余瑾译，中国社会科学出版社 2003 年版。

［美］安乐哲：《自我的圆成：中西互镜下的古典儒学与道家》，彭国翔编译，河北人民出版社 2006 年版。

［美］安乐哲、罗思文：《生民之本：孝经的哲学诠释及英译》，何金俐译，北京大学出版社 2010 年版。

［美］安乐哲、郝大维：《切中伦常：〈中庸〉的新诠与新译》，彭国翔译，中国社会科学出版社 2011 年版。

［美］安乐哲：《儒家角色伦理学》，孟巍隆译，山东人民出版社 2017 年版。

B

［美］本杰明·史华兹：《古代中国的思想世界》，程刚译，刘东校，江苏人民出版社 2004 年版。

［美］本杰明·巴伯：《强势民主》，彭斌、吴润洲译，吉林人民出版社 2006 年版。

C

［新加坡］陈素芬：《儒家民主——杜威式重建》，吴万伟译，中国人民大学出版社 2014 年版。

陈大齐：《孔子学说》，中正书局 1964 年版。

陈来：《古代思想文化的世界》，生活·读书·新知三联书店 2009 年版。

陈来：《现代中国哲学的追寻》，人民出版社 2001 年版。

D

杜维明：《杜维明文集》第三卷，武汉出版社 2002 年版。

杜维明：《中庸：论儒学的宗教性》，段德智译，生活·读书·新知三联书店 2013 年版。

F

冯契：《中国古代哲学的逻辑发展》第 1 卷，上海人民出版社 1983 年版。

冯友兰：《中国哲学史新编》（中卷）第 2 版，人民出版社 2007 年版。

费孝通：《乡土中国》，上海人民出版社 2007 年版。

G

［英］葛瑞汉：《后期墨家的逻辑、伦理学和科学》，香港中文大学出版社 1978 年版。

［英］葛瑞汉：《论道者》，张海晏译，中国社会科学出版社 2003 年版。

顾颉刚：《史林杂识初编》，中华书局 1963 年版。

顾廷龙：《续修四库全书经部·孝经类》，上海古籍出版社 2002 年版。

辜鸿铭：《西播〈论语〉回译》，王京涛译注，东方出版中心 2013 年版。

H

［美］郝大维、安乐哲：《汉哲学思维的文化探源》，施忠连译，江苏人民出版社 1999 年版。

［美］赫伯特·芬格莱特：《孔子：即凡而圣》，彭国翔、张华译，江苏人民出版社 2002 年版。

［美］郝大维、安乐哲：《通过孔子而思》，何金俐译，北京大学出版社 2005 年版。

［美］郝大维、安乐哲：《期望中国：中西哲学文化比较》，施忠莲、何锡蓉、马迅、李琍译，学林出版社 2005 年版。

［美］郝大维、安乐哲：《先贤的民主——杜威、孔子与中国民主之希望》，何刚强译，江苏人民出版社 2010 年版。

［德］黑格尔：《哲学史讲演录》（第 1 卷），商务印书馆 2011 年版。

［美］郝大维、安乐哲：《孔子哲学思微》，蒋弋为、李志林译，江苏人民出版社 2012 年版。

黄怀信：《尚书注训》，齐鲁书社 2002 年版。

K

［美］柯文：《在中国发现历史：中国中心观在美国的兴起》，林同奇译，中华书局 1989 年版。

［英］凯伦·阿姆斯特朗：《轴心时代》，孙艳燕、白彦兵译，海南出版社 2010 年版。

L

［俄］列宁：《列宁选集》第 4 卷，人民出版社 1972 年版。

［德］罗哲海：《轴心时期的儒家伦理》，大象出版社 2009 年版。

刘殿爵：《〈论语〉逐字索隐》，商务印书馆 1915 年版。

劳思光：《新编中国哲学史》二卷，广西师范大学出版社 2005 年版。

李明辉：《当代儒学之自我转化》，台北国学出版社 1994 年版。

李明辉：《孟子思想的哲学探讨》，"中央研究院"中国文哲研究所 1995 年版。

李学勤：《失落的文明》，上海文艺出版社 1997 年版。

李泽厚、刘绪源：《中国哲学如何登场?》，上海译文出版社 2012 年版。

林语堂：《生活的艺术》，陕西师范大学出版社 2006 年版。

林存光：《孔子新论》，人民出版社 2012 年版。

梁涛：《郭店竹简与思孟学派》，中国人民大学出版社 2008 年版。

梁涛：《新编中国思想史二十二讲》，高等教育出版社 2012 年版。

M

牟宗三：《中国哲学的特质》，台湾学生书局 1963 年版。

牟钟鉴：《涵泳儒学》，中央民族大学出版社 2011 年版。

牟钟鉴：《在国学路上》，中国物资出版社 2011 年版。

N

［美］尼布尔：《光明之子与黑暗之子》，北京大学出版社 2011 年版。

南怀瑾：《易经别讲》，复旦大学出版社 2002 年版。

Q

秋风：《儒家式现代秩序》，广西师范大学出版社 2013 年版。

T

唐君毅：《中国哲学原论·原性篇》，新亚研究所 1968 年版。

唐君毅：《中国哲学原论·原性篇》，台湾学生书局 1984 年版。

唐君毅：《中国哲学原论·原道篇》上册，中国社会科学出版社 2006 年版。

滕新才、曾超、曾毅：《中华伦理范畴·仁》，中国社会科学出版社 2006 年版。

W

［日］武内义雄：《儒教之精社》，高明译，太平书局 1942 年版。

汪受宽：《孝经译注》，上海古籍出版社 2004 年版。

王文东：《礼仪与德行》，天津人民出版社 2013 年版。

王成兵：《一位真正的美国哲学家：美国学者论杜威》，中国社会科学出版社 2007 年版。

伍晓明：《"天命：之谓性"片读〈中庸〉》，北京大学出版社 2009 年版。

X

［法］谢和耐：《中国与基督教——中西文化的首次撞击》，耿昇译，商务印书馆 2013 年版。

萧公权：《中国政治思想史》，辽宁教育出版社 1998 年版。

徐复观：《中国人性论史》（先秦篇），上海三联书店 2001 年版。

谢谦：《国学词典》，中国人民大学出版社 2011 年版。

Y

［美］约翰·杜威：《哲学的改造》，张颖译，陕西人民出版社 2004 年版。

余英时：《士与中国文化》，上海人民出版社 2003 年版。

殷昆：《尚书》，当代世界出版社 2006 年版。

杨朝明、宋立林：《孔子家语通解》，齐鲁书社 2009 年版。

Z

张立文：《帛书周易注释》，中州古籍出版社 1992 年版。

三 英文著作类

A. N. Whitehead, *Process and Reality*, New York: Macmillan,

1929.

Arthur Walty, *Three Way of Thoughtin Ancient China*, London, 1939.

A. C. Graham, *Disputers of the Tao. La Sslle*, IL: Open Court. 1989.

Chan, Wing-tsit, *A Source Book in Chinese Philosophy*, Princeton: Princeton University Press, 1963.

Creel, Herrlee Glessner, *The Origins of Statecraft in China*, London: University of Chicago Press, 1970.

Choi, Chongko, *Confucianism and Human Rights*, New York: Columbia University, 1998.

Dewey, John, *Reconstruction of Thinking.* New York: New American Lbrary. 1920.

David L. Hall, Roger T. Ames, *Thinking Through Confucius.* Albany, New York: SUNY press, 1987.

G. H. Merd, George Herbert, *Mind, Self and Society. Edited by C. Morris.* Chicago: University of Chicago Press, 1934.

Lucien Price, *Dialogues of Alfred North Whitehead*, New York: Mentor Books, 1954.

Neville, Robert Cummings, *Boston Confucianism: Portable Tradition in the Late-Modern World*, Albany: Sunny Press, 2000.

Needham, Joseph, *Science and Civilisation in China*, Cambridge: Cambridge University Press, 2009.

Code, Murray, *Process and Reality, Donald Sherbourne correct edtion*, New York: Free Press, 1985.

Roger T. Ames, *Confucian Role Ethics: A Vocabulary.* Hong Kong: Chinese University Press, Chinese University of Hong

Kong，2011.

Samuel P. Huntington，*The Third Wave*：*Democratization in the Late Twentieth Century*，Norman：University of Oklahoma Press，1991.

See Ewert Cousins，*Christ of the* 21*th Century*，Rockport，MA：Element，1992.

四 期刊论文类

唐君毅：《孟子性善论新释》，《文化先锋》1946 年第 4 期。

本杰明·史华兹：《古代中国的超越》，《代达罗斯》104（春），1975 年。

罗思文：《〈孔子：即凡而圣〉的评论》，《东西方哲学》1976 年第 4 期。

孟旦：《美国哲学家眼中的中国价值形态》，载特里尔《中国特征》，纽约哈佩与罗出版社 1979 年版。

刘泽华：《战国时期的"士"》，《历史研究》1987 年第 4 期。

安乐哲：《试论东西方文化的结合》，李志林译，《时代与思潮》1991 年。

郭沂：《〈中庸〉成书辨正》，《孔子研究》1995 年第 4 期。

安乐哲：《差异比较与沟通理解——当代西方学者研究中国哲学的倾向及障碍》，张燕华译，《时代与思潮》1998 年。

廖名春：《"仁"字探源》，《中国学术》第 8 辑，中华书局 2001 年版。

王琨：《17、18 世纪欧洲文化视野中的孔子》，《孔子研究》2001 年第 4 期。

安乐哲：《〈中庸〉新论：哲学与宗教性的诠释》，《中国哲学史》2002 年第 3 期。

安乐哲：《孟子的人性概念：它意味着人的本性吗?》，载《孟子心性之学》，社会科学文献出版社 2005 年版。

葛瑞汉：《孟子人性理论的背景》，《孟子心性之学》，社会科学文献出版社 2005 年版。

华蔼仁：《孟子的人性论》《在〈孟子〉中人的本性与生物学的本性》，载《孟子心性之学》，社会科学文献出版社 2005 年版。

刘述先：《孟子心性论的再反思》，载《孟子心性之学》，社会科学文献出版社 2005 年版。

刘辉：《儒家理想人格略论》，《社会科学战线》2005 年第 4 期。

王丰先：《孔子的理想人格思想》，《兰州交通大学学报》2005 年第 2 期。

余江：《士之溯源及其早期衍变》，《文史哲》2006 年第 3 期。

安乐哲：《我的哲学之路》，《东方论坛》2006 年第 6 期。

安乐哲：《儒家式的民主主义》，《东方论坛》2006 年第 6 期。

牟钟鉴、安乐哲、单纯：《全球化背景下的中国文化反思——牟钟鉴、安乐哲对话录》，《中国图书评论》2007 年第 1 期。

约瑟夫·格伦治：《“齐物之论”——以此纪念郝大维》，载《先贤的民主——杜威、孔子与中国民主之希望》（第 2 版），江苏人民出版社 2007 年版。

安乐哲：《当代西方的过程哲学与中国古代哲学》，载《中国思想史前沿》，陕西师范大学出版社 2008 年版。

孙熙国：《中国古代和谐思想的两大源头——以〈易经〉和〈尚书〉为中心的考察》，《理论学刊》2008 年第 8 期。

刘笑敢、梁涛：《老子、经典诠释与二十一世纪的中国哲学》，载《中国思想史前沿》，陕西师范大学出版社 2008 年版。

翟小波：《自由主义民主之反思》，《中外法学》2009 年第 1 期。

温海明：《安乐哲比较哲学方法论简论》，《云南大学学报》（社会科学版）2009 年第 1 期。

安乐哲：《儒家的角色伦理和人格认同》，《中国社会科学报》2010 年 1 月 26 日。

安乐哲：《从儒学自身理解其宗教性》，《首届尼山世界文明论坛》2010 年 9 月 1 日。

南乐山：《文化哲学家郝大维》，《先贤的民主：杜威、孔子与中国民主之希望》，江苏人民出版社 2010 年版。

杨泽波：《性的困惑：以西方哲学研究儒学所遇困难的一个例证——〈孟子心性之学〉读后》，载氏著《孟子性善论研究》，中国人民大学出版社 2010 年版。

方钦：《中国的"传统"与"现代"》，《读书》2010 年第 8 期。

李钢：《〈论语〉翻译的哲学之维——论安乐哲、罗思文〈论语〉英译》，《译林》2011 年第 10 期。

耿昇：《法国汉学界对于中西文化首次撞击的研究》，《中国与基督教——中西文化的首次撞击》，商务印书馆 2013 年版。

安乐哲、李慧子：《儒家的角色伦理学与杜威的实用主义：对个人主义意识形态的挑战》，《东岳论丛》2013 年第 11 期。

安乐哲：《儒学与杜威实用主义关于"人"概念的对话》，

张少恩译，载《尼山铎声——"当代儒学创新发展"专题》，人民出版社 2013 年版。

安乐哲：《以礼仪为权利：儒家的选择》，梁涛、高如辰译，《江汉论坛》2013 年第 6 期。

贝淡宁：《平等社会下的礼仪等级》，《邯郸学院学报》2013 年第 1 期。

牟钟鉴：《人文与宗教的互补：儒释道融合的重要经验》，《探索与争鸣》2014 年第 4 期。

刘宏：《"儒家角色伦理"国际学术研讨会述评》，《当代儒学》2014 年第 1 期。

田辰山：《儒学国际化的必然途径是中西比较哲学阐释》，《孔子研究》2014 年第 1 期。

方朝晖：《本质论与发展观的误区：性善论新解》，《国学学刊》2014 年第 3 期。

安乐哲、孟巍隆：《儒家角色伦理》，《社会科学研究》2014 年第 5 期。

李慧子：《儒家伦理学对西方伦理学的挑战——评安乐哲的"儒家角色伦理学"》，《社会科学研究》2014 年第 5 期。

彭彦华：《探赜"君子"人格》，载《第六届世界儒学大会学术论文集》，文化艺术出版社 2014 年版。

五　学位论文类

杨鹤澜：《美国汉学家安乐哲的儒学研究》，硕士学位论文，华东师范大学，2006 年。

石书蔚：《安乐哲孔子哲学研究与中西哲学会通》，硕士学位论文，吉林大学哲学社会学院，2007 年。

李双燕：《安乐哲过程哲学翻译研究》，硕士学位论文，河北师范大学，2010年。

谭晓丽：《和而不同——安乐哲儒学典籍合作英译研究》，博士学位论文，复旦大学，2011年。

辛颖：《论美国汉学界对〈论语〉中"君子"的研究》，硕士学位论文，华东师范大学，2011年。

白丽：《〈论语〉两个英译本的杂合对比研究——以安乐哲和辜鸿铭的译本为例》，硕士学位论文，山西大学，2011年。

丁水芳：《后殖民翻译理论视角下〈中庸〉英译研究——以辜鸿铭和安乐哲译本为例》，硕士学位论文，长沙理工大学，2011年。

李美玲：《安乐哲中西哲学比较研究及其对文化外交的启示》，硕士学位论文，北京外国语大学，2012年。

吴振宇：《郝大维、安乐哲中西思想比较之研究——以郝大维、安乐哲"中西思想比较三部曲"为中心》，硕士学位论文，上海师范大学，2013年。

赵万详：《进化与宽容——约翰·杜威的民主观探析》，博士学位论文，吉林大学，2014年。

后　记

时光荏苒，转眼博士毕业已两年有余，论文几经修改，今日即将付梓，内心依然惶恐。在学术路上，越前行越觉知识的浩瀚，越前行越觉自己功底的浅薄，像个一脸茫然的孩子。幸而，我的心却静下来了，好之乐之，懂得了慢慢去品味学有所得、学有所用带来的那些愉悦。

孟子曰："有为者，辟若掘井。掘井九轫而不及泉，犹为弃井也。"恩师梁涛先生常引用孟子这段话来教导我们。做学问，犹如掘井，选准"点"很重要，这需要一定的智慧，当然更需要刻苦钻研的耐心。2012 年进入国学院学习，梁老师并没有要求我跟从他的研究方向做学问，而是根据我之前的学术积累，建议我潜心研读史料，尝试在先秦礼学方面找出自己的兴趣点，不用着急选定毕业论文的题目，可以先写两篇论文。当确定好思路去找梁老师请教时，他总是帮我做出非常严谨的分析，"我不一定赞同你的观点，但是我会帮你找这方面最专业的老师"，梁老师对待后学可谓尽心竭力。

经过较长时间的学习和思考，我并没有找寻到一个合适的切入点。开题在即，梁老师给出两个建议：一是西方汉学家的礼学研究，二是安乐哲儒家思想研究。这两个题目都是我非常感兴趣的，考虑到第一个题目需要查阅大量英文资料，需要很成熟的英文功底和较长的研究期限，决定今后再做安排。几年前接触到安乐哲先生的思想，其学术观点让我记忆尤深，当时写过一篇文章发表在《国学新视野》，此后也较多关注安先生的学术动向。现如今，安乐哲先生的著述越来越多，而且几乎都被翻译成中文，影响越来越大，可是其思想缺乏梳理和考察。将安先生的思想介绍给中国读者，这很有意义，值得去尝试。于是，我决定选择第二个题目。梁老师对主体框架给予了指导，帮我安排与安乐哲先生、田辰山教授、方朝晖教授等见面请教，搜集资料、访谈和写作都进展得非常顺利。

现在算来，与安乐哲先生见面数次，来往邮件近百封，对他的学术观点和儒学事业渐渐熟悉。这位海外鸿儒，对中国文化的挚爱已经超越国界，也在用毕生精力去履行着一位西方哲学家对美国乃至整个西方所应尽的责任，其宽广的心胸使他拥有了更加开阔的全球视野，其对中西文化的精深把握使他在中西方哲学的沟通中找到"突破"。"儒家角色伦理学""互系性思维模式"等学术理论的提出不仅是对哲学的贡献，也是对中西文化交流的贡献。然而，与安先生相处，完全感觉不到大学者的压力，他和蔼可亲、风趣幽默，谈话时习惯性地用手臂支撑着下巴，耐心地聆听，温和地表达着自己的看法，每次邮件都能很快得到他的回复。在此，郑重感谢安先生的支持和帮助。这本拙著虽已成形，但是因为个人才疏学浅，只能大致梳理出安先生在儒家哲学方面的贡献，并不能将安先生的学术成就充分展现出来，今后还要进行专题研究。

借此机会，我想特别感谢牟钟鉴先生。无论是在以往的学习过程中，还是在这次论文的写作中，牟先生都给予了我精神上的鼓励和莫大的帮助。2003 年，幸运地被调剂到中央民族大学哲学系攻读硕士，牟先生是哲学系德高望重的长辈，是我们做人和治学的榜样。当我把毕业论文题目告诉牟先生时，他充分肯定了做这一研究的价值，对我的论文提纲作出补充，并向我推荐了几位相关方面的老师。2015 年 9 月，牟先生与夫人来曲阜参加世界儒学大会，当时我还在孔子研究院工作，很荣幸邀请到两位长辈为犬子思哲的开笔礼做正宾，牟先生扶着小儿的手写下他人生的第一个毛笔字"仁"，并以《论语》"下学而上达"这句话作为劝勉，甚为感动，这也是对我的鞭策。

本书能够出版，凝聚着很多人的心血。在写作过程中，多次向田辰山教授请教问题，不管多忙，他都一一为我解答，感激之情，铭记在心。感谢杨庆中教授、韩星教授、黄朴民教授、宋洪兵教授、温海明教授前期的指导，在他们学术研究的沾溉下，使我拓宽了学术视野和知识面。感谢吴光教授、彭永捷教授、向世陵教授、方朝晖教授、曹峰教授的修改意见，使我弥补了一些知识积累上的不足。感谢我的硕导王文东教授一直以来的关心和帮助。感谢孔子研究院对我的培养，感谢杨朝明院长对我的提携，感谢刘续兵院长对我学习的支持和理解，感谢学术交流部路则权、卢巧玲、武宁、房伟等同仁们对我工作上的担待，感谢图书馆张咏、魏珍、杨冬梅对我的关心和帮助。感谢我的室友高丹，以及段真子、连国义、王彪等同窗，我们相携度过了三年难忘的博士生活。感谢我的师弟张兴、表弟灿强对我论文写作中的帮助。感谢山东社会科学院各级领导对我的接纳和认可，为我提供了一个更加宽广的研究平台，感谢国际儒学研究与交流中心孙聚友主任等各位同仁对我的厚爱，感恩一路上有你们并肩前行。书稿得以出版，还要感谢出版社孙萍老师为此付出的辛勤劳动！

最后，需要感谢的是我的亲人。谢谢我的婆婆对孩子无微不至的照顾，使我免除了学习上的后顾之忧。谢谢我的丈夫丁飞多年以来对我的支持和爱护，在我学习的这段时间里把儿子培养成了一个聪明健康的小小男子汉。致敬我的父母，即使再苦再难也要培养我们姐弟四人读书成才。

这是我平生首部专著，虽然单薄，但依然满怀崇敬地将它奉于日夜牵挂我的父母！

李文娟

丁酉年秋

济南舜耕